KB037929

그들이
PLAIN 사는
마을

단순한 삶은 풍요로움이다

그들이 사는 마을

좋은 삶을 살아가는 아미쉬 공동체의 기록

스콧 새비지 엮음 · 강경이 옮김 | 320쪽 | 13,000원

그들이 사는 마을

그들이
PLAIN 사는
마을

좋은 삶을 살아가는 아미쉬 공동체의 기록

스콧 새비지 엮음 강경이 옮김

갈라파고스

오
래
된

친
구

詩
박
노
해

아미쉬 공동체의 가을 성찬식에서
여든일곱 살인 대드 할아버지와
아흔 살인 요나스 할아버지는
서로 주름진 발을 씻겨주었나
먼저 한 사람이 상대편을 씻겨준 뒤
반대로 자리를 바꿔서 또 씻겨주었다
그분들은 말없이 이런 대화를 나눈 듯하다

우리가 같은 마을에서 생활한 지도
벌써 63년이라는 세월이 지났는데
나는 여전히 자네가 필요하네그려

그분들은 봄 성찬식을 보지 못하고
그해 겨울 마을 옆 묘지에 함께 묻혔다

하나의 꿈을 갖고 희망을 키워오면서
서로 돕고 나누고 서로를 필요로 하면서
기쁨과 슬픔, 성취와 실패, 보람과 시련을
함께 겪고 이겨내온 오래된 친구는
죽음에 이르기까지 서로를 필요로 한다는 듯이

차 례

진정한 기쁨으로의 초대

빌 맥키번

나는 평생 교회를 다니긴 했지만 대학을 졸업하고 나서야 성서를 붙들고 진지하게 읽기 시작했다. 나는 천천히 읽어나가기 위해 한 자 한 자 옮겨 쓰며 읽었다. 그러자 엄청난 충격이 나를 엄습했다. 성서는 위험하고도 전복적인 책이었다. 우리에게 지금 사는 것처럼 살아서는 안 된다고 분명하게 말하고 있었다. 책장을 넘길 때마다 "문제는 경제가 아니라니까, 바보야!"라는 외침이 곳곳에서 들려왔다. 그리고 우리를 에워싼 온갖 방해물에서 벗어나 진정한 삶에 집중하라고, 그렇게 한다면 누구든 한 모금의 기쁨을 맛 볼 수 있다고 망설임 없이 약속하고 있었다.

지금 당신이 손에 들고 있는 이 책 또한 그런 느낌을 줄 것이다. 당연하다. 이 책은 속속들이 전복적이며 이 시대에 상상할 수 있는 가장 불온한 삶의 기록이다. 새천년이 코앞에 다가온 지금, 전복적인 삶만큼 어려운 일도 없을 것이다. 우리를 둘러싼 소비문화는 어떤 비판이든 포섭하여 되팔아버린다. 예전에는 헤이트 애시버리(샌프란시스코에 있는, 1960년대 히피문화의 본산으로 개성적인 옷 가게와 카페가 많다-옮긴이)의 누더기 패션이 백화점에 걸리기까지는 여러 달이 걸렸다. 그러나 요즘에는 조금이라도 저항의 기미가 보일라치면, 그것이 하나의 일관된 생각으로 성장하고 성숙한 태도로 무르익기 전에 MTV가 휙 낚아채어 CD 한 장 가격에 팔아버린다. 우리는 금기라는 게 없는 세상을 살고 있다.

그러면 대체 어떻게 사람들을 깨울 수 있을까? 고함을 지를 수는 없는 노릇이다. 안 그래도 우리는 이미 도처에서 고함을 질러대는 세상에 살고 있다. 그러나 나지막하게 말을 건넬 수는 있다. 그것이 바로 이 책의 글들이 처음 실렸던, 아름다우면서도 소박한 잡지 「플레인Plain」이 하는 일이다.

「플레인」의 편집자들은 인터넷에 「플레인」이 거론될 때마다 (옛날처럼 소박한 방식으로) 편지를 보내 인터넷은 자신들의 이야기를 하는 데 적절한 장소가 아니므로 언급하지 말아 달라고 정중하게 부탁한다. '소박한 삶을 위한 모임Center for Plain Living'(이 책을 엮은 스콧 새비지와 그의 아내 매리 앤 새비지가 현대의 테크놀로지 사회를 벗어나 소박한 삶을 살려는 사람들을 돕기 위해 만든 모임으로 잡지 「플레인」을 발행함-옮긴이)이 조직했던 제2차 러다이트 회의(1996년 4월 오하이오 반즈빌에서 열린 행사로, 우리의 삶에서 기술의 지배를 줄이는 방법을 토론함-옮긴이)가 전국의 모든 TV 채널에 방영될 수도 있었지만 준비자들은 행사장에 카메라를 허락하지 않았다. 그래도 소문이 퍼졌다. 조용하게, 조심스럽게, 그러나 힘 있게.

사람들은 이런 종류의 전복에 목말라있었다. 이 책에 그려진 삶을 찾고 있었다. 그 삶이 편안한 길이거나 또 다른 '진보'로 가는 길이기 때문이 아니라 오히려 힘든 도전의 길이기 때문이다. 그러한 삶을 살기 위해서는 우리가 선물 받은 모든 근육과 감정, 재능을 조화롭게 사용해야 한다. 소파에 기대어 리모컨이나 누르기 위해 인간이 이토록 정교하고 경이롭게 만들어지지는 않았을 것이다. 자동차에 앉아 고작 발목을 몇 도쯤 내려 가속기를 밟으며 언덕길을 오르기 위해 이 모든 근육을 갖고 태어났단 말인가? 사회적 동물인 우리가 TV와 컴퓨터 화면을 통한 간접적 만남에 만족할 수 있을까? 자제력을 발휘할 수 있는 유일한 생물 종인 우리 인간이 그 능력을 깡그리 무시한 채 끊임없이 쇼핑을 한다는 게 말이 되는가?

이 책에 소개된 삶의 방식은 우리의 본성에 호소하기에 더욱 전복적이다. 웬델 베리의 글을 읽으면 농부가 되고 싶다는 소망을 품지 않을 수 없다. 실제 그의 글을 읽고서 귀촌한 사람들이 적지 않다. 데이비드 클라인의 글을 읽으면 아미쉬(Amish, 재세례파 계통의 개신교 종파로, 종교 박해를 피해 18세기에 신대륙으로 이주했으며 미국과 캐나다에 흩어져 공동체를 이루고 있다. 주류사회로부터 떨어져 땅을 일구며 사는 소박한 삶을 강조한다-옮긴이)처럼 사는 것도 괜찮겠다는 생각을 하게 된다.

이런 전복적인 생각을 떨쳐내는 가장 좋은 방법은, 우리 같은 사람은 흉내 낼 수 없는 슈퍼맨처럼 특별한 사람이나 그런 삶을 살 수 있다고 생각해버리는 것이다. (그래서 마더 테레사를 성인이라 부르는 게 훨씬 편하다. 마더 테레사가 성인이라면 우리 같은 평범한 사람들은 그녀를 따라 할 수도 없고, 따라 할 필요도 없으니까.) 이 책은 우리에게 그렇지 않다는 것을 보여준다. 그것이 바로 이 책이 우리에게 선사하는 위험한 선물이다. 글쓴이들은 신중하면서도 재미있고 겸손한 어조로 말을 건넨다. 말과 마차의 세상에 처음 들어선 경험을 그린 세스 힌쇼의 글이 대표적이다. 힌쇼의 글을 읽으면 이렇게 생각하게 된다. '저건 나도 할 수 있겠어. 말 대신 적어도 자전거라도 탈 수 있지 않을까.'

물론 이 모든 일에는 현실적이고 실용적인 의미도 있다. 나는 지구온난화를 멈추기 위한 조약을 협의하기 위해 일본 교토에서 열린 대규모 회의에서 막 돌아왔다. 열흘에 걸친 힘든 회의 끝에 지구온난화를 막는 일이 21세기를 살아갈 우리의 정치적, 경제적 삶의 중심이 되리라는 사실을 다들 분명히 이해했다. 그리고 우리가 화석연료에서 벗어나지 않는다면 생태계에 깊은 상처를 입히리라는 것 또한 깨달았다. 여전히 정치인들은 기술적 해답과 대규모 프로젝트에 정신이 팔려있지만 그것은 해법의 일부일 뿐이다. 지구온난화 문제를 해결하려면 우리의 기대와 욕망, 행동 전반을 변화시켜야 하며 우리를 세상의 중심으로 여기는 서구적 소비주의 또한 버려야 한다. 버리는 게 힘들다면 수정이라도 해야 한다. 그러나 어떻게 그런 일을 해낼 수 있을까? 어떤 면에서 이 책은 그 구체적 방법을 알려주는 안내서이기도 하다. 우리의 삶을 전복하는, 그리고 어쩌면 우리 주변 사람들의 삶도 전복할 수 있는 안내서 말이다.

　모든 금기가 무너진 이 시대에 전복적 삶을 사는 유일한 방법은 다른 사람보다 더 즐겁게 사는 것이다. 우리의 가슴과 삶터를 더 큰 기쁨과 온기, 즐거움으로 채우는 것이다. 디즈니와 쇼핑몰, 채팅룸이 던져주는 정신없고 조금은 한심하고 구차한 가짜 행복이 아니라 진짜 행복으로 말이다. 결국 이 책은 진정한 기쁨에 대한 책이다. 책을 읽는 동안 절망에 빠질 수도 있겠지만 그 절망이 지나간 뒤, 당신은 놀라운 일을 하게 될 것이다.

빌 맥키번Bill McKibben은 미국의 환경운동가, 작가, 언론인으로 저탄소운동과 기후온난화 방지운동을 활발히 펼치고 있다. 2009년 국제환경단체 '350.org'를 설립하여 점점 증가하고 있는 이산화탄소 농도를 350ppm으로 줄이자는 운동을 세계적으로 벌이고 있다. 저서로는 『자연의 종말The End of Nature』, 『우주의 오아시스 지구Eaarth』 등이 있다.

나로부터 일으키는 혁명

스콧 새비지

나는 아주 작은 잡지 「플레인」의 편집을 맡고 있다. 「플레인」
은 아미쉬와 퀘이커 교도, 러다이트(신기술 반대자. 19세기 초반, 산
업혁명으로 인한 기계화에 저항하며 기계를 파괴했던 노동자들의 운동에
서 유래했다─옮긴이) 계열의 출판물로 이 책의 글들이 처음 실렸
던 잡지이다. 이 잡지의 정기구독자인 로버트라는 친구에 대한
이야기를 먼저 해야 할 것 같다.

1996년, 로버트는 「플레인」이 후원한 '제2차 러다이트 회의'에
참가하기 위해 뉴멕시코에서 오하이오까지 버스를 타고 찾아왔
다. 나 또한 그 자리에 있었다. 최초의 러다이트 집회를 열었던
사람들은 영국의 원조 러다이트로 초기 산업혁명에 반기를 든
직조공들이었다. 이번 제2차 러다이트 회의는 미국 안팎에서
큰 관심을 끌었고, 로버트의 모습을 포착한 기사도 있었다.

로버트 씨는 주말 내내 스틸워터 친우회 회관의 관람석 위층 끄트머리에 조용히 앉아 자신처럼 현대 기술문명의 빠른 속도를 우려하는 연사들의 말에 열심히 귀를 기울였다. 어제 제2차 러다이트 회의가 끝나갈 무렵, 로버트는 자신이 다니던 거대 정유회사의 컴퓨터 시스템 분석가 일을 그만두기로 결심을 굳혔다. "이제 끝입니다." 그가 말했다. "오클라호마에 농장을 하나 사려고요. 지난 주말에 충분히 많은 사람과 이야기를 나누었고 농사를 지으면서 살아갈 수 있다는 걸 깨달았어요. 이제 더는 비인간적인 회사를 위해 일하지 않을 겁니다. 그럴 필요도 없고요."(오하이오 주, 반즈빌)

이런 행사란 게 어떤지 잘 알 것이다. 시간 관리를 다루든 양자 비즈니스 역학을 다루든 행사에 참석한 동안은 그 주제에 몰두하게 하지만, 행사가 끝나고 집으로 돌아오는 사이에 그 자료들은 통째로 쓰레기통에 처박히고 만다. 그러나 제2차 러다이트 회의는 그런 시간 관리 세미나와는 정반대였다. 이 회의에서 오간 이야기들은 시간이 갈수록 참가자들의 영혼 깊숙이 파고들었다. 회의가 끝난 지 1년하고도 하루가 지난 날, 로버트는 사무실 컴퓨터에 앉아 동료들에게 다음과 같은 이메일을 보냈다.

발신: 로버트

날짜: 1997년 4월 16일 오전 9시 19분

제목: 우주로 도약하며

저는 1997년 5월 16일 자로 회사를 그만두고자 합니다. 그래서 한 달 전인 오늘 이 공지 메일을 보냅니다.

저와 제 아내 제리는 기업의 혹독한 경쟁문화를 벗어나라는 손짓을 한동안 느껴왔습니다. 사실 그 손짓을 몇 해 동안 무시했지요. 그런데 작년에야 비로소 우리가 어디로 가야 할지 깨달았습니다. 저희는 친척들이 있는 오클라호마로 돌아가 가족농이 되고자 합니다. 식물이든 동물이든 우리의 먹을거리를 스스로 기르며, 단지 살아남기 위해서가 아닌 삶을 살아가기 위한 터전을 일구고 싶습니다.

더 자세히 알고 싶은 분들을 위해 제가 이런 결정을 내리게 된 배경을 말씀드리고자 합니다.

첫째, 우리 경제제도의 특성상 기업이 살아남으려면 성장해야 합니다. 수천 개의 기업이 성장하려면 결국 온갖 자연 자원을 최대치로 소비할 수밖에 없습니다. 이렇게 자연 자원을 써대다 보면 후손들에게 물려줄 게 남아있지 않겠죠. 저는 그런 세상을 물려주고 싶지 않습니다. 그러니 더는 기업의 성장을 돕지 않으려 합니다.

둘째, 경쟁을 강요하는 경제제도 속에서 회사에 고용된 사람들은 달리고 또 달리고 쉼 없이 달려야만 합니다. 소비자에게 질

좋은 서비스와 상품을 제공하기 위해 시간을 들이기보다는 그런 서비스와 상품을 제공하는 것처럼 소비자를 속여야 할 때도 많습니다. 그때마다 저는 양심의 가책을 느낍니다.

셋째, 이러한 경제제도를 움직이는 것은 무엇일까요? 서양의 모든 사람은 왕족처럼 살길 원합니다. 편안하게 이동하고 좋은 음식을 먹고 멋진 옷을 걸치고 힘을 지니기를 바랍니다. 그렇게 왕족처럼 살려면 온갖 변덕에 장단을 맞춰줄 하인 군단이 필요한 법이지요. 예전에는 소수가 왕족이고 나머지는 노예였지만, 요즘에는 모든 사람이 왕족이고 (또는 왕족이 되기를 원하고) 기계가 우리를 대신해 노예처럼 일합니다. 이런 체제는 당분간은 괜찮을지 몰라도 결국에는 무너질 수밖에 없습니다. 계속 이렇게 살아간다면 에너지가 고갈되거나 환경이 파괴되어 삶 자체가 끔찍한 고통이 될 테니까요. 물론 산업시대는 역사상 근사한 전환이었지만, 이제 제리와 저는 원래 궤도로 돌아가 미래를 향해 뚜벅뚜벅 걸어가려 합니다.

넷째, 하루의 긴 시간 동안 아이들을 아빠로부터, 요즘에는 엄마로부터도 떨어뜨려 낯선 사람에게 내맡겨야 하는 사회제도 때문에 우리는 너무나 불행합니다. 농사를 지으며 홈스쿨링을 한다면 (저희가 이미 하고 있는 대로) 가족 모두가 있어야 할 자리인 집에 함께 머물 수 있을 것입니다.

다섯째, 날마다 책상 앞에 앉아있느라 우리의 몸이 죽어가고 있습니다. 저 또한 허리 병으로 고생하고 있습니다. 자리에서 일어나 몸을 쓰는 활동적인 일을 한다면 우리는 더 건강해질 것입니다. 물론 저는 트랙터에 앉아있기만 할 생각이 아닙니다.

여섯째, 저는 평생을 사무실에 박혀있느라 신이 주신 선물을 놓치게 될까 두렵습니다. 이제 바깥세상으로 걸어나가 그동안 놓쳐온 많은 즐거움을 누리고자 합니다.

경솔하게 내린 결정이 아니라는 것을 잘 아시리라 생각합니다. 많은 고민을 했고 충분한 토론을 나누었고 기도도 드렸습니다. 하지만 일단 결정을 내리고 나니 많은 일이 잘 풀렸고 이 길에 대한 확신이 생겼습니다. 저는 이 모든 일을 은퇴한 다음으로 미루지 않을 것입니다. 아이들이 저희와 함께 지내고 우리가 아직 젊을 때, 이 결심을 실천하려고 합니다.

돌이켜보면 이곳에서 근무하는 동안 즐거움도 많았습니다. 여러분들, 특히 '컴퓨터랜드'의 동료들을 알게 된 것은 큰 기쁨입니다. 그동안 저를 도와주고 격려하고 웃음을 주신 모든 분께 감사드립니다. 저는 결코 쓸쓸한 마음이 아니라 더 나은 삶을 살겠다는 기대를 품고 떠납니다.

신이시여, 저를 지켜주소서. 이제 제가 갑니다!

로버트가 컴퓨터 키를 눌러 자신의 일자리를 저 멀리 날려 보내던 바로 그 순간, 나는 제2차 러다이트 회의에서 스스로 했던 약속을 지키기 위해 걸어서 오하이오 주의 주도 콜럼버스에 들어서고 있었다. 나는 운전면허를 반납하기 위해 반즈빌의 집에서 193킬로미터를 걸어오는 길이었다. 우리의 이야기는 어쩌면 경계해야 할 이야기로 들릴지 모른다. 대체 누가 완벽한 직장을 그만두고 자급자족 농부가 되려 한단 말인가? 대체 왜 운전할 수 있는 권리를 주 정부에 반납한단 말인가?

이 책을 읽고 나면 아마 이해할 수 있을 것이다. 「플레인」을 취재하고자 찾아왔던 첫 「뉴욕타임즈」 기자가 왜 2주 뒤에 직장을 그만두고 정유와 가스산업으로부터 서부 미시건 지역을 지키는 풀뿌리운동을 시작했는지도 말이다. 용감하고 훌륭하게 자신의 삶을 변화시킨 이야기가 담긴 편지가 매주 십여 통씩 우리 사무실로 도착한다. 이런 편지를 읽노라면 현 체제에 저항하는 「플레인」의 외침이 작지만 얼마나 위력적인지 알게 된다.

몇 년 전 「플레인」을 창간한 '소박한 삶을 위한 모임'은 주로 소박한 삶을 꿈꾸는 퀘이커 교도로 이루어진 작은 비영리단체로, 재세례파(16세기에 등장한 급진적 기독교 교파로 유아세례를 인정하지 않고 개인의 신앙고백 이후 세례를 베풀어야 한다고 주장하여 재세례파라 불린다. 교회의 권위를 인정하지 않고 종교에 대한 국가의 간섭을 반대하는 성향이 있으며 후터파와 메노파 등 다양한 교파를 포함한다-옮긴이)와 퀘이커 전통을 전파하고자 한다. 공동 창립자인 매리 앤 새비지(필명-매리 앤 리저Mary Ann Lieser)와 나는 소박한 삶을 찾아가는 길에서 우리가 얻은 놀라운 깨달음이 기존의 인쇄매체에는 잘 소개되지 않는다는 것을 알게 됐다. 우리에게 정말 중요한 내용을 담아내고 토론할 수 있다면 다른 매체들과는 전혀 다른 성격의 잡지를 만들 수 있으리라는 결론에 이르렀고, 그렇게 「플레인」이 탄생했다.

의료제도의 비용이 걷잡을 수 없이 치솟고 그 대가가 산업국의 최빈곤층에 전가되는 현실에 대해 언론이 머리를 긁적이는 동안, 우리는 산파의 도움으로 집에서 아기를 낳았고 약초와 좋은 영양섭취가 건강에 어떤 도움을 주는지를 배웠다. 최고의 전문가 집단이 모여 제구실을 못하는 공교육에 대한 비판서를 몇 권이나 써내는 동안, 우리 아이들은 학교를 그만두고 집에서 배움을 시작했다. 미디어가 O. J. 심슨 사건, 폴라 존스 사건, 팀 맥베이의 오클라호마 폭탄 테러 사건 등을 뒤쫓는 동안, 우리는 모든 전자제품을 치우고 명상의 시간을 보내기 시작했다. 그렇게 우리 가족은 현대사회에서 보기 드문, 지속가능한 문화를 실천하는 가족으로 차츰 변모해갔다. 우리는 소박하게 살게 되었다.

「플레인」은 이런 대안적 삶을 살아가는 사람들이 서로의 경험을 말할 수 있는 매체가 되었다. 창간한 지 얼마 지나지 않아 발행부수가 5,000부에 이르렀고 자체 유지가 가능할 만큼 성장했다. 아마도 작은 규모를 유지하기 위해 구독 신청을 '거절'하는 잡지는 「플레인」밖에 없을 것이다. 「플레인」의 제작 과정은 컴퓨터 이전 시대로 거슬러 올라가는 동시에 진보했다. 우리는 한 장 한 장 손으로 활자를 조판하고 목판화를 새기고 오래된 태양열 수동 인쇄기로 인쇄했다. 다른 이유는 없었다. 그렇게도 잡지를 만들 수 있다는 것을 보여주고 싶었다.

우리는 조용히 그리고 천천히 잡지를 만들면서 사람을 컴퓨터로 대체하는 대신 컴퓨터를 사람으로 대체했다. 그 결과, 좋은 노동의 정수라 할 수 있는 배려가 가득 담긴 잡지가 탄생했다. 우리는 바구니를 하나하나 엮듯 지혜롭고 선한 것을 가득 담아 세상에 내보내는 마음으로 잡지를 엮었고 「플레인」의 강렬한 글들은 더욱 빛을 발했다. 우리의 진정한 목적은 삶을 바꾸는 촉매제가 되는 것이었다. 우리는 많은 독자를 통해 우리가 그 목적을 이루었음을 알 수 있었다.

어쩌면 이렇게 물을 수도 있을 것이다. 왜 기술에 의존하지 않고 소박하게 영적으로 살아가는 삶을 다룬, 손으로 인쇄한 이 글들이 그토록 설득력 있는 것일까? 개개인의 이야기를 진솔하게 들려주기 때문이라고 나는 생각한다. 「플레인」은 요즘 잡지 치고는 흔치 않은 길을 선택했다. 요즘이 어떤 시대인가? TV에서는 어떻게 살아야 하는지를 놓고 온갖 이론과 전문 지식, 비판이 반복되지만 결국 아무런 결론도 내리지 못한 채 중간 광고 시간이 되고 만다. 우리는 더 나은 사회를 만드는 일은 불가능하다고 자신에게 거듭거듭 주문을 거는 사람들 같다. 그 결과 사회

운동가들의 무시무시한 경고에도 꿈쩍도 못할 만큼 무력해졌으며 대부분의 사람들이 위험이 임박했다는 이야기에 무감해진 것도 사실이다. 엘모 스톨은 「함께 살아간다는 것」(227쪽)이라는 글에서 이렇게 지적한다. "이 세계는 가속도가 붙은 채 내리막을 빠르게 달려가는 기차와 같다. 많은 사람들이 기차가 향하는 방향을 바라보며 경악하지만 아무도 안전하게 뛰어내리는 법을 찾지 못해 그저 앉아있는 듯하다."

이 책은 선택의 여지가 없다는 무력감을 날려주는 해독제가 될 것이다. 글쓴이들이 나누고자 하는 멋진 메시지는 바로 이것이다. 자동응답기와 디지털 기기에 대고 말하는 것을 중단한다면, TV 플러그를 뽑는다면, 지역에서 키운 먹을거리를 먹기 시작한다면, 혹은 직장을 그만두고 가족과 공동체로 돌아간다면, 내리막길로 곤두박질치듯 달려가는 현대의 삶으로부터 용감하게 한 걸음만 물러서 본다면, 우리는 예상치 못했던 놀라운 선물을 받게 될 것이다.

나는 이 지상에 머무는 동안 단순하게 살고 소박하게 옷을 입으며 느리게 이동하고 좋은 일을 하며 살아가는 길을 선택했다. 나의 결정은 불완전하나마 신의 뜻을 따르려는 노력이기도 하다. 그러니 어떤 의미에서 나는 선택하지 '않기로' 선택했다. 적어도 나의 개인적 선택이나 평균적인 미국인들의 선택에 따라 살지는 않기로 했다. 나는 영성이 이끄는 대로 살아가며 그에 따라 일상적인 결정을 내렸다. 이러한 선택들은 나를 완전히 변화시켰다. 나는 소박하게 일하기 위해 종이 위에 연필로 글을 쓰거나 타자기를 사용했다. 그러면서 워드프로세서를 쓸 때와는 다르게 생각하는 방식, 더 논리적으로 생각하는 방식을 경험하게 되었다. 그런 경험은 글을 쓰지 않을 때도 영향을 미쳤다. 결코 예상치 못했던 결과였다.

소박한 삶을 살기 위해서는 어떤 도구를 선택하느냐가 대단히 중요하다. 컴퓨터 전문가들이 말하듯 아미쉬 사람들이 기술 시대의 부적응자이기 때문에 말과 마차를 타고 다니는 것은 아니다. 아미쉬 사람들이 말과 마차를 끄는 이유는 자동차 소유로 생기는 여러 가지 사회 문제들을 피하기 위해서다. 매리 앤은 「지금이 아니면 할 수 없는 일」(295쪽)이라는 글에서 비슷한 주장을 한다. "나는 컴퓨터를 경우에 따라 우리가 좋게 또는 나쁘게 이용하는 도구에 불과하다고 생각하지 않는다. 컴퓨터 역시 우리를 이용한다." 존 테일러 개토가 「학교가 빼앗아간 아이들의 시간」(275쪽)에서 하는 이야기도 이와 비슷하다. "물리적 기계든 학교나 제도 혹은 세계적 기업 같은 사회적 기계든, 기계를 중심으로 살아가는 사람들은 속속들이 그 기계의 영향을 받는다. 냉정하게 말해서, 자신이 지나치게 의존하는 그 기계를 섬기는 노예 기계가 되고 만다."

이제 편리함과 즐거움을 선사하는 기계들이 위대하고 복잡한 자연을 대체하기에 이르렀다. 사람들은 이러한 기계의 진군에 맞서 단순한 삶으로 돌아가기를 소망한다. 그리고 시장은 '사과나무가 있는 마당에서 행복하게 레모네이드를 홀짝이던 할아버지들의 세상'으로 돌아가고 싶은 대중의 소망을 잘 포착해 솜씨 좋게 활용한다.

그러나 웬델 베리는 더 단순하게 사는 게 아니라 '더 복잡하게' 살고 싶다고 내게 말한 바 있다. 소박한 삶마저도 상품화하려는 미디어에서 떠들어대는 그 모든 표현의 홍수 속에서 정신이 번쩍 들게 하는 말이 아닌가. 안락함과 편리함을 내세우는 거대기술사회 바깥에서 살아가고자 한다면 우리는 길들여진 것보다 더 많은 관계를 맺고, 더 많은 책임을 지고, 더 많이 헌신해야 한다. 모든 것을 잊고 소박한 삶을 살아가고자 한다면 우리가 관계 맺는 물건과 장소, 사람들의 구체적인 필요를 세세한 부분까지 다시 배워야 한다.

기술사회는 기술이야말로 개인의 개성과 이익을 지켜주는 투사라고 공공연하게 선전한다. 하지만 복잡하게 산다는 것은 결코 개인적 해결책을 찾는 삶이 아니라 다른 존재와 함께하는 온전한 삶을 받아들이고 그렇게 살기 위해 애쓰는 것을 뜻한다. 개인적 해결책으로는 온전한 삶을 살 수 없다. 외따로 떨어져 실천하는 소박한 삶으로는 우리의 생존을 보장할 수 없다.

익히 알려진 대로, 기술문명은 우리가 살아가는 터전(미디어가 '환경'이라고 모호하게 부르는)뿐 아니라 인류 공동체의 문화와 건강까지 위협한다. 산업국가와 초국적 기업이 창조한 세계경제 때문에 생태계가 무너지고 있다고들 하지만 실은 우리 자신조차 붕괴되어 가고 있다. 원주민과 소수민족, 종교적이고 지역적인 문화와 공동체가 사라지고 있다. 점령군의 군홧발이 아니라 맥도날드와 TV의 진군 앞에 말이다. 우리가 짐작할 수 있는 게 있다면, 모두를 똑같이 만들어버리는 이 행군이 앞으로 더욱 거세지리라는 것이다.

일렉트로닉 프론티어 재단Electronic Frontier Foundation의 존 페리 바로우John Perry Barlow는 이렇게 말한다. "원하든 원치 않든 우리는 모두 그곳으로 가고 있다. …… 우리 모두 사이버 공간에서 함께할 때 서로 관계를 맺으려는 인간의 근본적 욕망과 영혼이 그곳에서 무엇을 창조할지 알게 될 것이다. 마지못해 끌려가는 망명자의 심정이 아니라 열린 마음으로 신나게 그 모험에 나선다면 결과는 분명 더욱 유익할 것이라고 나는 믿는다."

어떤 의미에서 우리는 이미 '그곳' 사이버 공간에 들어서있다. 기술세계는 이미 끝없는 소비와 쉼 없는 오락이라는 가상현실로 우리를 둘러쌌다. '가상'이라는 말은 '그다지 진짜는 아닌'이라는 뜻이다. 현대사회가 제공하는 가상의 삶은 그다지 진짜 삶이 아니다.

예수는 "너희 가운데 누가 빵을 달라는 아들에게 돌을 주겠느냐?"라고 물었다. 그러나 기술세계는 우리에게 돌을 줄 뿐 아니라 그게 빵이라고 우긴다. 가상현실과 가상공동체, 신처럼 움직여 다닐 수 있는 교통수단과 풍요(이 모든 게 재생불가능한 에너지로 지탱된다)를 제공하고 완벽한 건강과 영원한 젊음이라는 복음을 퍼뜨리며 인간이라면 피할 수 없는 질병과 죽음을 준비할 기회를 우리에게서 앗아간다.

그러나 현대의 필수품인 기계가 삶의 구석구석까지 잠식해 들어오는 세상에서 벗어나 기계의 손길이 미치지 않는 곳에서 삶을 살아가는 사람들이 있다. 그들이 있기에 우리는 진정한 삶이 어떤 것인지, 삶이 얼마나 신성한 것인지 되새길 수 있다. 소비사회의 한가운데서도 충만하고 진실하며 의미 있는 삶을 살려는 공동체가 존재한다는 사실은 놀랍고도 기적적인 일이다.

이 책의 몇몇 필자들이 주는 한 가지 희망은 바로 작은 것을 아름답게 여기고 지역 사회를 가꾸며 사람과 사람의 만남을 가치 있게 여기는 공동체를 다시 창조할 수 있다는 것이다. 아마쉬를 그런 공동체의 예로 볼 수도 있다. 그러나 웬델 베리와 아트 기쉬 등이 지적한 대로, 현대문명의 진군 속에서 살아남은 아미쉬 같은 공동체들은 단지 현재의 물질주의적 삶에 반감을 품은 이런저런 개인들이 우연히 모여 만든 집단이 아니다. 많은 현대인과 달리 아미쉬들은 인간의 본성을 타락한 것으로 보기 때문에 타락한 미국적 생활방식에 성공적으로 저항할 수 있었다. 인간의 불완전함을 인정했기에 겸허한 마음으로 함께 모일 수 있었던 것이다. 공동체를 가리켜 '형제애'라고 표현하는 아미쉬들은 개개인의 불완전함으로부터 구원받기 위해 공동체로 모여 사는 길을 선택했다.

이러한 겸손이야말로 우리 삶을 지속적으로 지배하는 현대성(그것을 기술문명이라 부르든, 소비문화 혹은 쾌락을 좇는 관료주의라 부르든)을 가장 크게 위협한다. 어떤 물건이나 소비재로도, 미디어가 홍보하는 어떤 라이프스타일이나 일회성 행사로도 우리 삶이 온전해질 수 없음을 깨닫는 일은 매우 중요한 출발지점이다.

한편 기술문명에 맞서 대안을 제시하는 일이 과연 사회적 저항운동이 될 수 있을까? 최근의 경험으로 보건대 조직화된 저항운동은 이제 어려울 것 같다는 생각이 든다. 세계 시장은 엄청난 식욕을 과시하며 각양각색의 문화적 창조물을 집어삼킨 뒤 상품으로 토해내 되팔고 있다. 인간의 열정과 창조성으로 만들어낸 그 표현물들이 애초에 시장 자체를 지지했는지 비판했는지는 문제되지 않는다. 모든 것이 시장이라는 제분소를 거치며 으깨어진다. 소박한 삶을 살자는 운동이 하나의 흐름을 만들어내면, 유행에 민감한 시장은 부지런히 그것을 빨아들여 상품화시킨다. 사회저항운동쯤은 기술문명의 아침 식사거리에 불과하다.

상황이 이러하니 현대의 패러다임과 대적하려 힘을 써봐야 소용이 없다. 특히 전자매체는 인간의 창조적 능력을 빨아먹으며 성장하고 있다. 그렇다고 해서 아무 소리 말고, 아무것도 하지 말라는 뜻은 아니다. 대중 행동과 선전 같은 방법으로는 '늙고 병든 사회'의 지배를 약화시키기 어렵다는 사실을 깨달아야 한다는 뜻이다. 그렇다면 우리는 무엇을 '할 수 있을까?' 그 실마리는 기술문명의 기저에 깔려있는 메시지에서 찾을 수 있다. "되돌릴 수 없어, 너에게는 선택의 여지가 없어"라고 말하며 우리를 벙어리로 만드는 절망의 메시지 말이다. 하지만 우리가 그런 말을 믿지 않겠다고 나선다면, 주변 사람들을 직접 만나 그건 사실이 아니라고 전한다면 어떤 일이 벌어질까?

그러면 희망과 더불어 한 가지 깨달음이 불현듯 우리를 찾아올 것이다. '플러그를 뽑기만 한다면' 우리 삶을 틀어쥔 이 기계문명의 악력을 쉽게 약화시킬 수 있다. 우리와 기계의 연결고리를 잘라낸다면 기술문명은 더는 우리의 에너지를 먹고 클 수 없다. 내가 그렇게 해보았으므로 말할 수 있다. 현대문명에 관련된 것이라면 듣지도 보지도 사지도 않겠다고 전면적으로 거부하자, 내 행동과 생각을 지배하던 그 힘이 사라지기 시작했다. 내가 제공하던 '한 사람분'의 에너지만큼 기술문명의 힘이 약화된 셈이다. 무엇보다 나의 저항은 시장에 포섭되지도, 새로운 소비로 이어지지도 않았다. 왜냐하면 이제 시장은 손을 뻗어 나를 잡을 수 없기 때문이다.

누군가 이렇게 시장을 거부할 때마다 우리 삶을 짓밟는 기술 문명과 물질주의 힘이 전반적으로 줄어든다. 그 힘은 전적으로 우리에게서 나오기 때문이다. 아미쉬들은 다른 사람을 비판하는 걸 무척 싫어하지만 주류사회에서 살아가는 사람들이 단지 기계문명의 희생자인 것만은 아니라고 내게 여러 번 말했다. 그들이 바로 기계를 돌아가게 하는 장본인이기도 하다는 뜻이다.

저항의 과정이 처음부터 끝까지 즐겁기만 하다면 얼마나 좋겠는가? 나는 시장을 거부하려고 마음먹은 후 내게 없는 것, 그전에는 필요한 줄도 몰랐던 것들을 스스로 찾아 나서야 했다. 이를테면 진짜 공동체와 영적으로 성숙한 문화 같은 것들 말이다. 그런데 그것들을 어디에서 찾는단 말인가? 나는 어디에서 시작해야 할지 몰랐다. 그러나 일단 내리막길을 내달리는 기차에서 뛰어내리기만 한다면 신이 나를 도울 것이라 믿었고 그로부터 새로운 선택이 끊임없이 펼쳐졌다.

나는 이제 사람들과 진짜 관계를 맺는다. 나를 둘러싼 풍요로운 자연과도, 신과도 진정한 관계를 맺는다. TV 프로나 유명 스포츠 선수, 라디오 토크쇼 진행자와의 가상의 관계 같은 것은 맺지 않는다. 당연히 자동응답기에 대고 말하지도 않는다. 나는 소비자나 혹은 그 어떤 대상으로 취급받거나 행동하기를 거부한다. 이렇듯 내 마음의 창을 가리던 먼지가 사라지자 나는 말로만 듣던 소박하고 좋은 삶을 실제로 경험하게 되었다.

나에겐 희망이 있다. 내게 삶은 의미 있는 것이다. 결국에는 선함이 이기리라는 것을 믿으므로 나는 예전처럼 불안하거나 초조하거나 우울하지 않다.

전원 플러그를 뽑는다고 해서 정말 그런 변화가 생길까 하는 의구심이 들 것이다. 미디어에 등장해 기적의 건강식품을 먹거나 혹은 〈스타트랙〉 재방송을 보고 삶이 바뀌었다고 말하는 사람들을 볼 때처럼 말이다. 우리는 우리처럼 살면 완벽한 삶을 살 수 있다고 말하는 게 아니다. 물론 당신을 비판하려는 것도 아니다. 나를 포함해 이 책에 글을 쓴 이들의 경험은 다른 사람들에게 용기를 주기 위한 사례일 뿐이다.

혹여나 당신이 기술문명을 대단히 중요하게 여기며 거기서 벗어난 삶에 대해 회의적인 생각을 갖고 있다 해도, 이 책의 이야기에 조금만 귀 기울여봤으면 좋겠다. 기계 세상의 일부를 잠시 '내려놓으면' 생각이 얼마나 달라지는지 시험해봐도 좋을 것이다. 직장에서 일주일(또는 한 달)간 컴퓨터를 사용하지 않고 다른 방법으로 일해볼 수 있을까? 어쩌면 도서관에 가서 직업 안내서를 넘겨보며 기계를 사용하지 않고도 '행복하게' 생계를 꾸려가는 모습을 상상해볼 수도 있을 것이다. 당분간 TV를 벽장 속으로 치워두면 어떨까? 할 수 있다면 걸어서, 또는 자전거로 출근해보는 것은? 그리고 난 뒤, 이 책을 다시 펼쳐보며 얼마나 공감할 수 있는지 보라.

이 책에 실린 글을 읽다가 당신이 첫 발자국을 내딛기로 마음 먹는다면 그 얼마나 근사한 일인가? 적어도 이 책에 담긴 목소리가 당신에게 말을 걸 기회라도 주었으면 좋겠다. 그러면 TV에서도 인터넷에서도 들을 수 없는 이야기들을 듣게 될 것이다.

희망으로 가득한 세상에 첫발을 내디딘 걸 환영하며, 부디 이 책을 다른 이들과 함께 나누기를 바란다. 우연히 이 책을 들고 있는 사람을 만난다면 그에게 다가가 나도 이 책을 읽었노라고 말을 거는 건 어떨까? 그것이야말로 TV 없이 말과 마차를 끄는 가족농이 사는, 이 이상하고 다른 세상의 소식을 퍼뜨리기에 가장 어울리는 방식이 아닐까? 더 깊이 들여다보면 이들이 살아가는 거꾸로 된 세상이야말로 진짜 똑바로 된 세상임을 모두가 알게 될 것이다.

그렇다. 우리는 분명 그 세상으로 돌아갈 수 있다.

스콧 새비지Scott Savage는 「플레인」지의 편집자이다. 공공 도서관 사서로 십여 년간 일했으며 귀촌한 뒤 아내 매리 앤 리저를 비롯한 여러 사람과 함께 '소박한 삶을 위한 모임'을 공동 창립했고, 1996년 오하이오 주 반즈빌에서 열린 제2차 러다이트 회의를 조직했다. 저서로는 『행복한 걷기: 운전면허증을 반납한 어느 미국인의 이야기』가 있다.

1
자 유 롭 기

자 유 롭 기

어쩌다가 삶은 사라지고 그저 생존이 그 자리를 차지하게 됐을까? 이 질문에 얽혀있는 온갖 시끄러운 주변 문제를 쫓아가봐야 그 해답을 찾을 수 없다. 예컨대 모든 건강한 성인이 고용되어 일할 수 있도록 그들의 아이를 맡아주는 보육제도가 더 필요할까, 아니면 '전통적' 가족으로 돌아가자는 보수 정치인들의 주장에 귀를 기울여야 할까? 이런 것들은 아무런 결론 없이 제자리만 맴도는 무의미한 논쟁일 뿐이다. 왜냐하면 단어의 정의를 제대로 내리지 않은 질문이기 때문이다.

개념적으로 (그리고 현실적으로) 고용이 무조건 좋은 것이 아니라 일방적으로 받아들여야만 하는 어떤 것이라면? 고용되는 것의 반대가 실업이 아닌 자족하는 삶이라면? 아빠는 출근하고 엄마는 집에서 연속극을 보는 것이 '전통적' 가족의 풍경이 아니라면? 내가 바라는 세상은 엄마가 집에 있는 세상이 아니라 모든 사람이 집으로 돌아가는 세상이라고 한다면 당신은 무어라 답하겠는가? 산업혁명이나 세계 경제체제 시대 이전에는 모두 집에서 일하지 않았던가?

제2차 러다이트 회의의 개회식에 참가한 수백 명의 사람은 수십 년간 공허한 논쟁으로 제자리를 맴돌고 있는 우리 사회가 어떻게 변화할 수 있는지 물었다. 아미쉬 농부이자 자연에 대해 글을 쓰는 데이비드 클라인은 '고용'의 세상으로부터 자유로워지려면 우정과 협력 그리고 공동체가 필요하다고 말했다. 선동적인 대안 농부 진 록스던은 20세기 말, 그러니까 지금 시대에 펼칠 수 있는 게릴라전의 비결을 알려주기도 했다. "현재와 같은 경제 독재체제에서 독점적 계란 공장이 들어서는 걸 막을 수는 없습니다. 하지만 닭을 키워 여러분이 먹을 계란을 스스로 얻을 수는 있습니다."

　우리는 제2차 러다이트 회의에 참석했던 한 사람 한 사람을 대표로 여긴다. 당신이 서로 다른 지역과 직업을 대표하는 사람들에 둘러싸여 120년 역사의 스틸워터 친우회 회관의 긴 의자에 앉아있다고 상상해보라. 이제 한 사람씩 일어나 자리에 모인 사람들에게 자신의 마음속 이야기를 펼쳐놓는다.

돈이 지배하는 사회에서 자유를 되찾기

진 록스던

어떠한 위선이나 모순 없이 기술에 대한 저의 우려를 이야기할 수 있을지 모르겠습니다. 넓게 보자면 기술은 분명 삶의 일부이기 때문입니다. 하늘 높이 날며 바위에 조개를 떨어뜨려 깨뜨리는 갈매기도 기술을 사용합니다. 아메리카 꾀꼬리가 짓는 둥지는 기술의 훌륭한 예이지요. 인간적인 측면에서 우리에게 화장지를 제공해주는 기술에 고마움을 느끼기도 합니다.

저는 자동차를 좋아하지 않기 때문에 자동차를 다시 탈 수 없다 해도 전혀 아쉽지는 않을 겁니다. 하지만 자동차가 없다면 여기까지 와서 회의에 참석하지 못했겠지요. 물론 자동차가 없다면 이런 회의를 개최하는 이유도 없었겠지만 말입니다.

솔직히 말씀드리자면, 저는 기술이 안겨준 지적 딜레마를 풀지 못합니다. 다만 모든 일에는 절제가 미덕인 법인데 더는 우리가 기술을 절제할 수 없다는 것만은 분명히 알고 있습니다. 운동 경기를 할 때 우리는 기술에 제한을 둡니다. 야구 방망이를 어떻게 만들어야 하는지, 무게는 어느 정도여야 하는지 정해놓았지요. '담장을 넘으면 아웃'이라고 규정한 경우도 있습니다. 이렇듯 경기에서는 기술을 제한해야 한다고 생각하면서 실제 생활에서는 그런 필요를 느끼지 못하니 이상한 일이 아닌가요? 다른 분야에서도 기술을 제한하려는 시도가 미미하게나마 있긴 합니다. 그런데 속도제한을 시속 100킬로미터로 정해놓고는 시속 160킬로미터까지 달릴 수 있는 자동차를 만듭니다. 도대체 이게 말이 되는 일일까요?

기술에 관한 한 우리는 만족을 모릅니다. 최초의 컴퓨터는 집채만 했지만 이제는 생쥐처럼 작은 컴퓨터도 있습니다. 공학자들은 갈수록 작아지는 칩에 더 많은 정보를 집어넣을 수 있다고 자랑하는가 하면, 더욱 높은 마력을 뿜내는 더 큰 트랙터를 만들며 뿌듯해합니다. 컴퓨터 칩 하나에 얼마나 많은 정보를 담아야 만족할까요? 유럽까지 얼마나 더 빨리 날아가야 만족할까요? 출발하자마자 도착하면 만족할까요? 트랙터는 얼마나 더 커져야 할까요? 우리는 분명 한계에 도달했습니다. 한 걸음만 더 내디딘다면 이 기술문명은 버티지 못하고 넘어지거나 기술의 벼랑으로 곤두박질치고 말 것입니다.

제가 아는 농부 한 명은 끊임없이 땅을 사들이다 보니 가장 큰 트랙터로도 농사를 지을 수 없는 지경에 이르렀습니다. 결국 그 농지를 다른 농부에게 빌려줬지요. 이미 엄청난 부자인데도 왜 계속해서 더 많은 땅을 차지하려 할까요? 기술문명이 우리를 그렇게 만든 것일까요, 아니면 절제를 모르는 인간의 본성 때문일까요? 아무리 고민을 해봐도 저 역시 납득할 만한 답을 아직 찾지 못했습니다.

한계를 모르는 기술 덕에 권력에 대한 욕망 또한 한계라는 걸 모르게 되었습니다. 기술의 힘이 한계를 모르고 커질 때 독재가 번창하는 법입니다. 요즘이라면 셔우드 숲 같은 울창한 숲이 남아있다 한들 그곳에 로빈 후드가 숨어 지낼 수 있을까요?

오늘날 우리를 노예로 만들려고 하는 독재는 정치 독재나 군사 독재보다 더 교활합니다. 우리는 경제 독재의 거미줄에 붙들려있습니다. 정치 독재자는 쉽게 알아볼 수 있지만 기업 독재자를 알아보기란 쉽지 않습니다. 정보기술의 무한한 힘으로 광고와 학교, TV 드라마를 장악한 돈의 신이 우리 앞에 나타나 돈만 있으면 행복할 수 있다고 관대한 친구처럼 우리를 유혹합니다. 가치 있는 것은 무엇이든지 시장에서 판매됩니다.

어느 시대에나 돈의 유혹을 뿌리치기란 힘들었지만 요즘만큼 돈이 우리의 삶을 지배한 적이 또 있을까요? 저의 증조할아버지는 자신이 원하는 삶을 살 수 없었던 조국 독일을 떠나, 지금 제가 사는 이 땅에서 도끼 한 자루와 소 한 마리로 당신이 원하던 삶을 일구셨습니다. 오늘날 누가 그렇게 할 수 있을까요? 요즘은 남과 다른 북소리를 따라 살아가는 사람을 찾아보기 힘듭니다. 너나없이 한 방향으로 달려가는 이 치열한 경주에 끼지 않는 것도 힘듭니다. 소박한 집과 적은 소득에 만족하며 자신이 살고 싶은 곳에서 살고 싶은 대로 사는 일마저 쉽지가 않습니다.

보험과 세금, 인플레이션 같은 것들을 감당하느라 수수하게 사는 것도 쉽지 않습니다. 블루칼라든 화이트칼라든 돈을 벌기 위해서 너무나 오랜 시간을 일해야 합니다. 가정에서 정말 삶다운 삶을 살거나 돈의 쳇바퀴를 벗어난 삶을 살아갈 시간도 기회도 우리에겐 없습니다. 그렇게 직업은 우리의 신이 되고, 모든 것이 되고 말았습니다. 일에 매여 살지 않았더라면 스스로 만들 수도 있는 것들을 구매하기 위해 직장에 매여 지내야 합니다. 노에 묶여 쉴 없이 노를 젓는 갤리선의 노예들처럼 직장에 묶여있는 것이지요. 훗날에 작게나마 자유를 누리기 위해 그동안 모아둔 돈을 다 쏟아 붓는 짧은 휴가나 한순간의 사치 말고는 직장 밖의 삶이 우리에겐 없습니다.

저는 지금 컴퓨터와 자동차, 비행기, 트랙터, 유전공학 등을 거부하자고 말하는 것이 아닙니다. 어마어마한 의료비용을 감당하기 위해 어린아이를 보육시설에 맡겨두고 일하러 나가야 하는 부모들의 삶에 대해 말하는 것입니다. 또한 아이들을 소비자로 프로그래밍해야 할 로봇처럼 다루는 학교제도에 돈을 내야 하는 상황에 대해 이야기하는 것입니다. 아이들이 소비자로 프로그래밍되어야 정치 독재자에게 많은 세금을 낼 테고, 세금을 내고 난 나머지 돈으로 기업 독재자의 배를 불릴 테니까요.

제가 하고픈 이야기는, 어느 날 아침에 일어났더니 세계 최대의 계란 공장이 바로 농장 옆에 지어지고 있더라는 겁니다. 저를 비롯해 오하이오의 몇몇 주민들에게 일어난 일입니다. 그 공장은 작은 농장을 위협할 뿐 아니라 우리 지역의 공기와 물과 공간을 더럽히겠지요. 물론 계란이 부족해서 그런 공장이 세워지는 게 아닙니다. 그 공장은 오하이오 주 전체 생산량에 맞먹는 계란을 단일공정으로 생산할 수 있는 기술이 있다는 이유만으로 지어졌습니다. 이것은 오하이오 주의 계란 시장을 궁지에 몰아넣는 경제적 침략이라고밖에 볼 수 없습니다.

어느 날 아침에 눈을 떴더니 필요치도 않은 새 고속도로가 농장 한가운데를 가로지르게 되었다는 사실을 알게 된 농부도 있습니다. 저와 같은 지역에 살던 그 농부는 이튿날 심장마비로 세상을 떠났습니다.

인간은 늘 권력에 굶주려왔습니다. 저는 해결책을 알지 못합니다. 어느 시대를 보더라도 대부분의 싸움에서 탐욕이 승리했습니다. 그러나 선함은 언제나 패배를 견뎌냈으며 몸을 추스르고 일어나 또 다른 탐욕에 맞서기를 반복해왔습니다.

제가 너무 비관적으로 생각하는 것인지는 모르겠으나, 기술을 윤활유 삼아 굴러가는 권력이라는 대형전함을 멈출 방법은 없는 것 같습니다. 그 스스로가 침몰하기 전까지는 말입니다. 저는 철학이론이나 정치운동을 펼치기보다는 개인적 행동으로 이 상황에 맞서고자 합니다. 저는 기술을 피하는 것이 아닙니다. 기술로 저를 지배하려는 사람들과 맞서 싸우기 위해 적정한 선에서 기술문명을 이용하고자 할 뿐입니다.

정보고속도로가 미래의 물결이라면 저는 정보시골길을 만들어 여행자들이 더 느린 걸음으로, 더 빨리 진실에 닿을 수 있도록 할 것입니다. 경제 독재자들이 기술을 이용해 식품산업을 독점하려 한다면 저는 텃밭을 가꾸는 농부들이 어떻게 기술을 이용해 그들을 교란시킬 수 있는지 보여줄 것입니다. 현재와 같은 경제 독재체제에서 독점적 계란 공장이 들어서는 걸 막을 수는 없습니다. 하지만 닭을 키워 여러분이 먹을 계란을 스스로 얻을 수는 있습니다. 돈을 벌기 위해서가 아니라 자신이 먹기 위해 계란을 생산하는 사람이 많아진다면 식품산업의 독점 권력은 무너지고 말 것입니다.

그래서 저는 책을 씁니다. 쓰고 또 씁니다. 많은 사람이 어떻게 탐욕의 경제를 벗어나 가정을 토대로 안정적 경제를 일궈가고 있는지 씁니다. 이 나라 사람들의 25퍼센트만이라도 탐욕의 경제에서 벗어난 삶을 선택한다면, 기술을 신중하게 사용하여 개인의 힘을 키운다면, 그래서 시장 독점을 분산시킨다면, 우리 사회는 더 민주적이고 더 건강한 경제로 되돌아갈 수 있습니다.

저의 목표는 저 스스로 그런 삶을 사는 것뿐입니다. 그건 무척 아름다운 삶이니까요. 그리고 그런 삶을 열망하면서도 그렇게 살 수 있다는 사실에 눈뜨지 못한 사람들에게 알려주고 싶습니다. 언제나 무엇이든 지금 시작하는 게 가장 좋습니다. 기업의 감원 정책으로 새로운 삶을 모색하는 사람들이 늘고 있습니다. 공장에서 생산된 질 낮은 음식 앞에서, 집에서 멀리 떠나 즐기는 비싸고 위험한 오락거리들 앞에서 새로운 변화를 고민하는 사람들이 많아지고 있습니다.

사람들은 제게 묻습니다. 우리가 할 수 있는 일이 무엇이냐고요. 저의 대답은 한결같습니다. 작은 땅을 구해 그 땅이 선사하는 혜택을 맛보십시오. 1에이커도 충분합니다. 5에이커나 20에이커라면 더 좋겠지요. 독점 기업이 채가기 전에 작은 땅을 차지하십시오. 그 땅에 살고 땅을 돌보며 사랑에 빠진다면 분명 멋진 일들이 일어날 것입니다.

진 록스던Gene Logsdon은 오하이오 주 와이언도트 카운티의 30에이커 면적의 땅에서 농사를 지으며 십여 권의 책과 수백 편의 에세이를 썼다. 저서로는 『외고집 농부』, 『신성한 똥』, 『다시 집으로 돌아갈 수 있다』 등이 있다. 이 글은 '제2차 러다이트 회의'의 연설 내용을 정리한 것이다.

흙humus과 함께 살아가는 사람human

데이비드 클라인

공동체는 오래 입은 외투와 같다는 말이 있습니다. 없어지기 전에는 그 존재를 의식하지 못한다는 말이지요. 여러분과 저의 차이는 아마 이 공동체에서 비롯될 겁니다. 저는 기술력이 낮은 농촌 공동체에서 나고 자랐습니다. 어린 시절에는 바깥세상을 동경하며 더 진보된 기술 속에서 살기를 소망했지요. 그런데 여러분은 그런 바깥세상에서 태어나 물질주의가 덜 거세고 공동체 의식이 더 강한 세상에서 살기를 바라는 분들이겠죠?

베트남전에 징집되어 대도시의 한 병원에서 2년간 자원봉사를 하던 때, 저는 비로소 공동체가 무엇인지 깨닫게 되었습니다. 저의 낡은 아미쉬 외투가 그때 벗겨진 것이지요. 그 이야기는 조금 이따 다시 하도록 하겠습니다.

죄송합니다만, 저는 마음먹은 만큼 이 연설을 잘 준비해오지 못했습니다. 어제는 밭을 갈았는데 원래는 말이 쉬는 틈에 연설 내용을 쓸 생각이었죠. 그런데 그때 손님이 찾아왔습니다. 캔자스 출신의 젊은이로 클리블랜드까지 화물을 운반하는 트럭 기사였어요. 그 친구가 저희 농장 옆에 대형트럭을 세우더니 제가 밭 가는 걸 '도우러' 왔습니다. 청년은 말 쟁기로 밭을 갈고 있던 저와 함께 걸으며 이야기를 나눴습니다. 할아버지가 미네소타에서 말로 농사를 지으셨다더군요. 자기도 트럭 운전 일을 그만두고 농장을 가꾸며 멋진 브라운스위스 젖소를 키우고 싶다고 했어요. 저는 그 친구의 꿈이 꼭 이루어지길 바랍니다.

랄프 월도 에머슨은 밭에 서있는 사람은 그 밭을 볼 수 없다고 말했습니다. 어린 시절의 제가 그랬던 것 같습니다. 그림에 코를 너무 바싹대고 있었다고 할까요? 열두 살이 될 무렵 사정이 조금 달라졌습니다. 아이젠하워가 대통령이던 시절, 미 농림부가 휴경보조금제도(1950년대 말부터 1960년대 초까지 미 연방정부가 잉여 농산물을 줄이기 위해 실시했던 정책으로, 토지 은행에 기탁한 농지에 보조금을 주는 제도-옮긴이)를 시행하던 기간에 정부는 농부들의 밀 재배량을 정해주었습니다. 그리고 그 제도를 잘 지키는지 확인하기 위해 기술자를 파견해 땅을 측량하게 했지요. 더 많은 밀이 재배됐으면 잘라내서 건초로 만들든지 목초 저장소에 저장하든지 해야 했어요. 그때 우리 농장을 찾아온 젊은 실무자가 자기 자동차 보닛 위에 동네 전체를 찍은 큼직한 항공사진을 꺼

내 펼쳐놓았고, 아버지는 그 사진을 보며 어느 밭에 밀을 심었는지 알려주셨지요.

저는 하늘에서 내려다본 그 풍경에 감탄했습니다. 들판 위로 높이 날아오른 붉은꼬리매의 관점에서 찍은 듯한 그 사진에는 우리가 낚시도 하고 알몸으로 먹을 감던 작은 시내가 목초지 사이로 굽이쳐 흐르고 있었어요. 온갖 흥미로운 생물이 가득한 숲도 있었고요. 교실 한 칸짜리 학교와 교문 옆에 서있는 커다란 백참나무, 야구 백네트 옆 적참나무도 보였지요. 막 기름을 먹인 교실 바닥의 냄새가 풍겨 나오는 듯했고 어서 9월이 되어 새학기가 시작되었으면 좋겠다고 생각했지요. 3에이커 넓이의 그 학교는 자연과 창조, 언어, 음악, 산수, 소프트볼이 한데 어우러진 곳이었습니다. 그 사진을 보며 제 생각의 지평이 넓어졌습니다.

하지만 공동체가 정말 무엇인지 깨닫기 시작한 것은, 제 양심을 따라 베트남전 참전을 거부하고 그 대신 도시에서 대체복무를 할 때였습니다. 11월부터 복무를 시작했고 한 달이 지나지 않은 어느 날 눈이 내렸습니다. 저는 주인집 차고에서 눈삽을 찾아 집 앞 인도의 눈을 치우기 시작했어요. 그게 농장일과 비슷하게 몸을 쓰는 일인지라 신이 나서 몇 시간 동안 길을 오가며 눈을 치웠지요. 그런데 집에 돌아와 보니 주인은 몹시 기분이 상해있었습니다. "왜 그러세요?" 제가 물었습니다. "데이비스 부인네 앞 길까지 쓸었잖아요. 내가 그 사람을 얼마나 싫어하는데……."

저는 곧 깨달았습니다. 도시 사람들은 우리와 옷만 다르게 입는 게 아니라 생각도 다르게 한다는 걸요. 저는 농장을 떠나 도시로 가면서 어쩌면 고향으로 돌아오지 않을지도 모른다고 생각했습니다. 저도 모르게 기술 중심의 삶에 빨려 들어갈지 모른다고 생각했거든요. 하지만 저는 결국 농장으로 돌아왔습니다.

농장이야말로 빌 맥키번이 묘사한 대로 '흙humus과 사람 human이 어우러지는' 곳입니다. TV 드라마 〈페이튼 플레이스〉 대신 찌르레기와 나비를 볼 수 있고 땅의 가르침에 귀 기울일 수 있는 곳 말입니다. 제가 돌아온 공동체는 육체노동을 신성하다고 믿으며 손으로 일하기를 선택한 곳입니다. 기술을 제한적으로 사용하고 '책으로 배운 지식'에 눈살을 찌푸리며 찬송가마저 악보 없이 입에서 입으로 전하는 곳입니다. 이런 문화에서는 무언가를 배우려면 스승을 보고 배워야 합니다. 당신에게 필요한 기술이나 재능을 가진 사람이 늘 있기 마련이지요.

저는 집으로 돌아오자마자 제가 따라 해야 할 사람들은 유명 연예인이 아니라 바로 제 이웃들이라는 것을 알게 되었습니다. 농부이자 다독가인 옆집에 사는 삼촌은 『천국의 작은 목동』이나 『뷔글 앤의 목소리』 같은 책에 나오는 개에 대한 이야기로 저를 매혹했습니다. 말을 잘 다루는 이웃 어른 한 분은 밭일에 쓰는 순한 말을 어떻게 다루고 돌보는지 가르쳐 주었습니다. 그분은 암으로 후두를 잃고 난 뒤에도 (흡연자는 아닙니다만), 고삐를 살짝만 건드려도 그분의 말을 알아듣는 말들 덕에 농사를 계속 지을 수 있었습니다.

제 삶의 길잡이가 되어주었던 분들은 이제 대부분 동네 곳곳의 언덕배기 묘지에 누워계십니다. 최초의 아마쉬 교도들은 퀘이커 교도인 윌리엄 펜(William Penn, 17세기 영국의 퀘이커 교도로 펜실베니아에 퀘이커 교도를 중심으로 자유로운 신앙의 땅을 건설함-옮긴이)의 초청으로 종교의 자유를 찾아 미국에 왔다고들 합니다. 맞는 말입니다. 하지만 아미쉬들은 농장을 일구기 위해 온 것이기도 합니다. 그리고 그분들은 자신들이 경작한 땅에, 자신과 가족을 먹여 살린 바로 그 땅에 묻혔습니다.

우리가 가축을 사용해 농사를 짓고 짐을 나를 때, 다른 곳에서는 화석연료를 사용하는 농기계로 갈아타고 있다는 사실을 우리 젊은이들이 모르는 바 아닙니다. 네드 러드(Ned Lud, 18세기에 직조기를 파괴했다고 알려진 직조공으로, 그의 이름에서 러다이트 운동이 유래했다고 하나 실존인물인지는 확실치 않음. 러드 장군, 킹 러드 등의 애칭으로 불리며 전설적 인물이 되었다-옮긴이)에 대해 들어본 적이 없는 저는 아버지에게 이렇게 말하곤 했어요. "아버지, 저 말들을 없애고 다른 걸 이용하면 열 마리가 넘는 젖소를 키울 수 있어요." 아버지의 대답은 늘 똑같았지요. "하지만 그러면 그 좋은 말똥거름을 얻지 못하잖니. 게다가 말 대신 트랙터를 쓰면 땅이 너무 굳어지고 만단다."

우리가 사는 곳에서 불과 16킬로미터 거리에 월마트가 있는데도 아미쉬 공동체와 마을들(베를린, 마운트호프, 참, 파머스타운, 프레데릭스버그, 키드론)은 번창하고 있습니다. 저희는 그게 다 말 덕분이라고 생각합니다. 멀리 가봐야 7, 8킬로미터쯤 떨어진 소도시에 볼일 보러 가는 정도지요. 물론 월마트에 가는 아미쉬도 있지만 매주 꼬박꼬박 가지는 않아요. 이 마차용 말들은 세계적으로 사고하고 지역적으로 행동하도록 우리를 돕습니다.

이렇게 작은 마을과 시장은 인근 주민들에게도 도움이 됩니다. 얼마 전 마운트호프에서 매주 열리는 농산물 경매시장에 달걀을 들고 갈 때였습니다. 나이 든 농부 한 분이 차 트렁크를 열고 달걀 상자들을 꺼내더군요. 번호판을 보니 우리 동네 서쪽으로 몇 카운티나 떨어진 곳에서 온 차였어요. '왜 이렇게 먼 우리 시장까지 달걀을 들고 온담?' 하고 생각했습니다. 그러다 문득 그 농부가 사는 곳의 작은 도시와 시장들이 사라졌다는 사실을 깨달았고 그가 안쓰럽게 느껴졌습니다.

반갑습니다, 친구들. 우리는 이곳에 찾아온 여러분들을 진심으로 환영합니다.

데이비드 클라인David Kline은 『위대한 소유: 아미쉬 농부의 일기』, 『우드척을 쓰다듬으며: 아미쉬 농장의 자연』을 썼다. 오하이오 주 홈스 카운티의 120에이커 면적의 농장에서 다각농업을 실천하고 있다. 이 글은 '제2차 러다이트 회의'의 연설 내용을 정리한 것이다.

집에서 만들 수 있는 모든 것

데이비드 벤들리, 엘리자베스 벤들리

여러분은 자신이 원하는 가정에 살고 있으신가요? 우리는 그렇지 않았습니다. 우리 뜻대로 할 수 없었지요. 사회의 영향에 따라 우리의 잣대는 끊임없이 달라져야 했습니다. 우리에게 가정이란 줏대 없는 타협의 장소였습니다. 우리의 선택에 영향을 미치려고 경쟁하는 것들이 사뭇 많았는데 몇 가지 예를 들자면 잡지와 신문, TV, 영화, 광고, 패션산업, 공교육제도 같은 것들이죠. 이 모든 것이 집을 좌지우지하게 될 즈음이면 신이 축복을 내린 가정은 무너져버리고 맙니다.

'자유' 국가에 살다 보니 쉽사리 이런 영향에 사로잡히게 됩니다. 그런 걸 자유라고 생각할 수도 있겠지만, 그런 것들에 영향을 받지 '않을' 능력도 자유입니다. '…로부터 벗어날 자유!' 우리 집에는 '…를 누릴 자유'보다 '…로부터 벗어날 자유'가 훨씬 더 필요했습니다. 세상은 미디어나 사회적 지위, 기술, 금전적 풍요를 이정표로 삼지만 우리는 다른 잣대로 몸을 돌렸습니다.

한때는 우리도 미국의 평균적인 소비자 가정이었습니다. 필요한 것뿐만 아니라 그냥 사고 싶은 것들도 사들이며, 이웃보다는 우리 자신의 안락을 우선시했습니다. 둘 다 기독교 집안 출신이었던 우리는 교회에 다녔지만 대체로 습관적으로 그랬을 뿐입니다. 그리고 이제 우리는 아미쉬가 되었습니다. 아미쉬로 태어난 게 아니라 아미쉬로 살기를 선택한 것입니다. 그것은 너무나 방대하고 사적인 이야기여서 이곳에서 다 털어놓을 수는 없지만 아미쉬의 삶을 선택한 뒤 우리 가정이 어떻게 달라졌는지 다양한 측면에서 이야기할까 합니다.

우리는 이 세상의 주인이 아니라 이 세상을 빌린 사람이며 이 세상을 가꾸고 관리하는 청지기라고 생각합니다. 바로 그 점을 마음 깊이 새기며 우리 가족의 생활방식을 신중하게 선택하고자 했습니다.

우리가 처음 새롭게 선택한 생활방식은 옷차림이었습니다. 그다지 유행을 따르지 않는 우리였지만 옷을 고를 때면 옷 가게와 디자이너에게 의존할 수밖에 없었습니다. 다른 선택의 여지가 없다는 사실에 낙담할 때도 있었죠. 가게에서 파는 옷들은 마음에 들지도 않고 실용적이지도 못할 때가 많았으니까요. 그래서 엄마는 바느질을 배우기 시작했습니다. 7학년 가정시간에 배운 기억을 되살리며 엄청난 시행착오를 거쳐야 했습니다. 가게에서 파는 옷의 형태를 조금씩 바꿔가면서 편안하게 입을 수 있는 옷을 만들기까지는 몇 달이나 걸렸습니다. 결국 소박한 옷본을 파는 가게를 찾아냈답니다. 나중에는 적당한 가격에 소박한 옷감을 파는 가게를 발견해서 돈도 제법 아낄 수 있었습니다. 초창기 엄마의 재봉틀에서는 괴상한 옷이 많이 탄생했지만, 기쁘게도 우리는 결국 대부분 옷을 만들어 입게 되었습니다.

옷을 만들어 입기 시작하자 여러모로 자유로워졌습니다. 소비주의라는 거대한 괴물로부터 해방된 것이지요. 천을 고르고, 문양을 선택하고, 스커트 길이와 셔츠 색깔을 정하는 것도 '우리'였습니다. 더 많은 것을 '우리' 마음대로 할 수 있었습니다. 그렇게 해서 가족이 입는 옷의 기준을 우리의 잣대로 정할 수 있게 되었습니다. 엄마가 요령을 터득하고 나서는 더 편안한 옷을 입어 몸도 더 편안해졌습니다. 스스로 선택하고 만든 옷을 입으니 더 안정감 있고 자연스러운 느낌이 들었지요. 이렇게 우리는 옷을 짓는 수고보다 더 큰 기쁨을 누리게 되었습니다.

또 다른 변화는 음식이었습니다. (처음에는 경제적 이유로) 텃밭을 가꾸고 다양한 저장음식을 만들었습니다. 일단 도서관에서 빌린 책과 선물 받은 병조림 찜기에서 시작해보았습니다. 가족 텃밭과 매주 이웃 도시에서 열리는 농산물 경매시장 덕택에 우리는 풍요로웠고, 상당한 경제적 이익도 얻을 수 있었습니다.

모여 앉아 계산을 해보니 우리가 일한 것 이상으로 많은 이익이 남았습니다. 또한 슈퍼마켓에서 그냥 스쳐 지나가는 코너가 생겼는데, 필요 없는 물건을 쌓아둔 통로를 몇 개나 지나치는지 시합을 벌이는 기분이었습니다. 우리는 엄마가 집에 머묾으로써 많은 일을 할 수 있다는 것을 알게 되었습니다. 보육비와 교통비, 옷값 등을 빼고 나니 엄마는 직장에 나가 버는 것만큼 (혹은 그 이상) 돈을 버는 셈이었죠.

도시 외곽의 주택단지에 살다가 시골로 이사를 오고 나서, 우리는 가축을 키워 필요한 유제품과 달걀과 고기 등을 얻을 수 있었습니다. 허드렛일과 도축을 해야 하는 수고가 있긴 하지만 슈퍼마켓에 가서 물건을 사올 일은 거의 없어졌지요. 어느 모로 보나 집에서 손수 만든 게 가장 좋았습니다. 우리가 더 많은 선택과 자유를 누릴 수 있으니까요. 소비문화로부터 더욱더 자유로울 수 있지요.

또한 우리는 세상의 여러 공적기관들로부터 독립했습니다. 미디어가 그 첫 번째였습니다. 요즘 TV에 볼만한 게 없다고 한탄하는 소리를 자주 듣곤 합니다. 그러면서도 대부분은 "플러그를 뽑아야 해. 하지만……"이라며 변명을 하거나 예외를 둡니다. 우리는 진짜로 플러그를 뽑았습니다. 그리 어렵지는 않았습니다. 볼만한 프로도 거의 없는 데다 TV를 보는 이점보다는 해악이 훨씬 많았기 때문이죠. 신문과 잡지를 끊는 것도 쉬웠습니다. 그

것들을 끊으니 당장 압박감이 사라졌죠. 더는 엄청난 양의 전문적 견해에 영향을 받지 않아도 되었습니다.

그렇다고 세상 소식을 모르는 것은 아닙니다. 큰 사건들은 말로 전해 듣고, 더 알고자 '선택'한다면 '우리'가 고른 경로로 더 자세히 알아봅니다. 우리는 이제 우리에게 영향력을 행사하기 위해 밀려드는 모든 것들을 신중하게, 천천히, 직접 요모조모 따져볼 수 있는 안전막을 세우게 되었습니다.

공교육의 영향으로부터도 벗어나기로 결심했습니다. 처음에 고귀한 의도로 세워졌던 공교육제도는 이제 본래의 목적을 벗어나 사회 통제를 위한 것이 되어버렸습니다. 우리는 아이들이 그 모든 잘못된 정보 속에서 학문을 오해하고 무시하지 않도록 해로운 공교육의 가르침을 붙들고 노상 씨름하고 싶지는 않았습니다. 그렇게 일일이 옥석을 가리는 일만도 어른 하나가 온종일을 매달려야 할 성가신 일이었습니다.

고맙게도 우리에게는 대안이 있었습니다. 동네 사람들과 교회가 운영하는 교실 한 칸짜리 학교가 있었지요. 그 학교가 없었더라면 우리는 집에서 아이들을 가르쳤을 것입니다. 공교육은 처음부터 우리의 선택지에 없었으니까요. 기초교육이 중요하다는 생각에는 동의하지만 그렇다고 매일 대여섯 시간씩 우리 스스로 아이들의 마음을 보살필 기회를 포기하고 싶지는 않았습니다.

의료제도에서는 아직 완전히 벗어나지 못했지만 적어도 그 영향을 줄이긴 했습니다. 책을 참고하면서 효과적인 (그리고 더 순한) 연고와 치료약을 만들어 의약품의 소용돌이에서 멀어지려고 애썼습니다. 심각한 병에 걸리면 병원에 가기도 하지만 출산처럼 살아가면서 자연스럽게 겪는 과정으로 병원을 이용하지는 않았습니다. 우리는 출산을 언제라도 온갖 문제가 터질 질병으로 보기보다는 은밀한 삶의 여정으로 여깁니다.

제 마지막 두 아이는 신의 은총과 유능한 산파의 도움 속에 조용하고 안전하게 집에서 태어났습니다. 물론 현실적으로 언제 어디서나 그런 출산이 가능하지는 않을 것입니다. 가정 출산을 불법으로 규정하는 지역마저 있으니까요. 우리도 병원에서 별 탈 없이 네 아이를 낳았지만, 최고의 출산 장소는 집이었습니다. 집에서 아이를 낳는 일은 위험보다 이점이 훨씬 커서 우리는 주저 없이 가정 출산을 선택했습니다. 생명이 위태로운 경우에 병원에 갈 수 있다는 것은 고마운 일이지만, 우리 삶에 의료제도를 얼마나 개입시킬지에 대한 결정은 스스로 내려야 한다고 저는 생각합니다.

우리가 말과 마차를 타고 다닌다는 사실보다 더 많은 변화가 우리에게 일어났습니다. 우리는 세상과 세상의 속박으로부터 대단히 자유로워졌습니다. 모두가 사는 대로 살아야 한다는 올가미에서 벗어나 우리의 길을 찾으니 우리 가정은 온전히 우리 것이 되었고 신의 뜻대로 살아갈 수 있었습니다. 그렇게 살아가려다 보니 일이 많아진 건 사실입니다. 하지만 우리가 지상에서 보내는 나날 동안 달리 무엇을 해야 할까요? 어리석은 일들과 자기만족을 좇아야 할까요?

요즘 사람들은 '일'을 매우 부정적으로 생각합니다. 일에 대한 미국인의 생각(또는 알레르기)을 잠깐 들여다봅시다.

오늘날 미국인들이 기술을 사랑해 마지 않는 이유 중 하나가 고된 일은 나쁘다고 생각하기 때문입니다. 똑똑한 사람이라면 몸을 써서 노동하기보다 더 빠르고 쉽게 일하는 법을 찾아낸다고 생각하지요. 힘든 노동으로 손이 더럽혀지지 않을수록 더 존경받고 돈도 더 많이 법니다. 일반적으로 어느 공장이건 블루칼라에서 화이트칼라가 되는 것을 인생의 주된 목표로 삼는 사람들이 있기 마련입니다. 할아버지가 광산에서 죽도록 고생하며 아버지를 대학에 보냈다는 이야기는 흔한 이야기죠. 요즘에는 아들이 자기 방에서 개인용 컴퓨터로 숙제할 수 있도록 아버지가 사무실에서 죽도록 일한다는 이야기를 들을 수 있습니다. 도대체 기술의 바벨탑을 얼마나 더 높이 쌓아야만 그 탑이 무너질지 상상하기도 힘듭니다.

우리의 의문은, 노동을 하는 게 무슨 문제냐는 것입니다. 물론 아무런 문제도 없습니다. 일은 건강에 좋고 생산적이며 만족감을 줍니다. 게다가 시간도 잘 가지요. 우리 가족이 TV 앞에 앉아있었던 적이 언제였는지 모릅니다. 그렇게 즐기는 것보다는 몸을 쓰고 일을 하는 것이 시간을 잘 보내는 길입니다. 우리는 가벼운 쾌락이 아니라 만족과 생산성을 목표로 여깁니다. 가족이 함께 감자를 분류하고 토마토를 갈고 복숭아 항아리를 헤아리고 나란히 서서 병을 씻고 상표를 붙이고 염소젖을 짜는 일, 그것이 우리의 즐거움입니다. 우리 가족의 가장 소중한 추억은 두 장소에 깃든 일입니다. 낡은 집을 함께 개조하던 일, 그리고 텃밭에서 함께 하던 일.

가정. 그 강력한 단어. 가정은 지금 우리가 살고 있는 터전이기도 하지만 궁극적으로 도착하고픈 천국을 뜻하기도 합니다. 우리는 그 목표를 기준으로 삼았고, 그로부터 우리 삶을 돌아봅니다. 그 목표를 염두에 두는 한 다른 것은 그리 문제가 되지 않습니다. 그곳을 향해 걸어가는 동안 우리를 둘러싼 환경에 감사하며 책임 있게 그 환경을 돌보는 한편, 그 일에만 너무 매몰되어 우리가 궁극적으로 가야 할 집을 잊어서는 안 될 것입니다.

가족농, 귀촌인, 구도자, 순례자 등의 단어는 우리 같은 사람들, 그러니까 영적인 이유로 표준적인 미국인의 삶에서 벗어나야 한다고 생각하는 사람들을 잘 나타내줍니다.

가정. 우리에게 가정이란 노동의 장소, 대단히 생산적이며 가치 있는 노동을 하는 곳입니다. 신의 도움 아래 우리는 집에서 가꾼 신선한 농산물과 우리가 키운 우유와 계란과 고기 등을 풍요롭게 누릴 수 있었습니다. 옷에서부터 시리얼과 국수에 이르기까지 모든 것을 집에서 만들 수 있었습니다. 무엇보다 우리는 이런 노동 속에서 자신을 절제하며 만족할 줄 아는 사람, 신을 위해 일할 준비가 된 사람이 커 나오기를 기도합니다. 그것이 우리 가정의 진정한 숙제, 홈워크homework입니다.

―

데이비드 벤들리와 엘리자베스 벤들리David and Elizabeth Vendley는 미시건 주 매리온의 아미쉬 공동체에서 일곱 명의 자녀를 키우며 살고 있다.

2

창 조 하 기

　　우리가 막 결혼했을 당시, 매리 앤과 내게는 65,000달
러(1998년 기준)가량의 연봉과 의료보험혜택이 있었다. 지금
생각해보면 상당히 큰돈이다. 그로부터 8년이 흐르고 네 아
이를 둔 지금 우리 여섯 식구는 그 시절에 비해 3분의 1밖
에 안 되는 소득으로 기본 생활을 영위하고 있다. 그 사이
16,000달러의 빚도 다 청산했다. 그리고 우리는 그 시절보다
손으로 만든 더 좋은 옷을 입고 더 좋은 음식을 먹으며 살아
간다. 옛날과 비교해보면 마치 계층상승이라도 한 듯한 느낌
이다. 진정한 의미의 상승 말이다.

　　이 모든 일은 우리 가족이 이웃과 친구들과 함께 나누는
법을 배우면서 시작되었다. 우리는 공동체의 도움 속에 세계
경제체제로부터 점차 벗어나고 있다. 예전에는 꼭 필요하다고
생각했던 것들을 내려놓자 기대치 않은 선물을 받게 되었다.
물론 우리는 홀로 싸움에 나선 영웅이 아니다. 우리는 세계
경제를 벗어나기만 한 게 아니라 서로 사랑하고 책임지는 관
계를 바탕으로 한 새로운 경제로 들어섰다. 이 새로운 관계가

왜 즐거움을 주는지 설명하기는 힘들지만 데이비드 클라인이
표현한 것처럼 '그냥 좋다'.

소유를 줄이고 향유를 늘리기

빌 듀싱

나와 돈의 관계는 파란만장하다. 돈은 변덕스럽고 다루기 힘든 물건인 데다 강력하며 종종 파괴적인 힘을 발휘하기도 한다. 따라서 우리 삶에서 돈의 위력을 줄이는 것은 해볼 만한 가치가 있는 일이다.

물론 우리 가족은 아직 화폐 경제를 벗어나지 못했고 조만간 떠날 수 있을 것 같지도 않다. 하지만 물물교환을 하고, 더 적게 더 신중하게 (가능한 한) 지역에서 소비하고, 가격에 연연하지 않는 법을 연습하면서 돈의 영향력에서 조금씩 벗어나고 있다. 이런 전략은 우리 삶을 더욱 풍요롭게 한다.

지난 한겨울의 어느 날, 친구 게리가 장작이 필요하냐고 전화를 걸어왔다. 그는 우리가 이어왔던 물물교환의 일부로 내게 장작을 주려는 듯했는데 나는 그럴만한 일을 한 것 같지 않았다.

게다가 겨울치고는 매우 따뜻했고 장작도 조금 남아있었기 때문에 (잘 건조되거나 다듬어지지는 않았지만) 나는 제리에게 힘들게 장작을 갖고 오지 말라고 말하고 싶었다. 그가 장작을 날라 주려면 적어도 32킬로미터를 와야 했으니까 말이다. 하지만 그는 그 상식을 꼭 주고 싶어 했고 나는 "좋아!"라고 대답했다.

하루 이틀쯤 뒤 날씨가 돌변하더니 매서운 날씨가 이어졌다. 게리가 가져온 (그리고 우리 집 뒷문 바로 옆에 쌓아두라고 고집을 부린) 땔감 한 더미는 비농기 교육프로그램으로 한창 바쁠 때 찾아온 그 혹독한 추위를 견디는 데 정말이지 긴요했다.

게리가 때마침 갖다 준 땔감은 예전에 그에게 돼지 반 마리를 준 것에 대한 보답이었다. 하지만 그가 돼지 두 마리를 자르고 포장하는 일을 도와준 데다, 그 돼지를 현금으로 팔 수 있는 손님까지 소개해줬으니 나는 그것으로 되었다고 생각했다. 몇 년 전 게리가 닭과 칠면조를 키울 때 우리도 닭과 칠면조 잡는 일을 돕고 그 보답으로 몇 마리를 받아서 냉동실에 얼려놓곤 했다.

게리와 나는 물물교환이란 단어를 쓰지는 않았지만, 그가 내게 콘도의 지붕 공사하는 법을 알려주었던 70년대 초반부터 물물교환을 이어왔다. 덕택에 나는 땅을 사느라 빌린 돈을 갚아나갈 수 있었고 내가 일하는 동안 게리는 휴가를 갈 수 있었다. 시골 출신인 게리는 코네티컷 대학의 농학과를 갓 졸업했을 때였고 도시에서 자란 나는 처음으로 시골 생활을 시작할 때였다.

그 후 줄곧 게리와 나는 지식과 열정을 나누며 서로를 도왔다. 요즘은 일 년에 두세 번밖에 만나지 못하지만 여전히 활발하게 이것저것을 나누는 관계이다. 내가 이 글을 쓰는 동안에도 게리는 내게 전화해 자신이 키운 블루베리와 내가 키운 마늘을 바꾸자고 제안했다.

우리 가족은 게리 말고도 몇몇 가까운 이웃들과 다양한 교환 관계를 맺고 있다. 로버트는 컴퓨터에 대한 조언과 수리를 도와주고, 신시아는 우리 집 주변의 유독한 담쟁이덩굴을 없애준다. 그 대가로 우리는 돼지고기와 달걀, 감자, 그리고 우리 농장의 텃밭을 제공한다. 이런 교환은 세세히 값어치를 계산하면서 이루어지는 게 아니다. 서로의 자원과 우정을 나눈다는 생각을 토대로 이루어진다. 끝없이 지속되는 이런 교환은 우리 공동체를 결속시키는 모르타르-시멘트 반죽-와 같다.

우리 자신이 사용하거나 이웃과 교환하기 위해 재화와 용역을 생산할 때는 새로운 가치가 생겨난다. 우리 노동의 결실은 사실상 세금을 물지 않는 소득이기 때문이다. 또한 우리의 텃밭과 부엌, 조림지, 남향 창문, 나무 그늘은 귀중한 재화와 용역일 뿐 아니라 삶에 질감과 깊이를 더해준다. 적은 돈으로 씨앗과 텃밭 도구, 유리병을 사서 우리의 노동을 약간 더하면 음식과 안락을 함께 얻을 수 있다. 손수 키워 먹는 채소, 겨울에 남향 창문으로 내리쬐는 햇살, 아름드리나무가 선사하는 시원한 그늘, 빨랫줄에서 보송보송하게 마른빨래, 그리고 저녁 식탁에 둘러앉아 가족과 친구들과 두런거리는 즐거움까지 모두 세금 한 푼 내지 않고 누리는 것들이다.

만약 이런 것들-캘리포니아산 채소, 쿠웨이트 석유, 원자력 발전소에서 생산된 전기, 뉴저지 정제소의 프로판 가스, 헐리우드의 오락물-을 돈으로 구매하려면 소득세와 판매세를 비롯한 여타의 세금을 내고 나서도 재화와 용역을 살 수 있을 만큼 돈을 벌어야 한다. 평균적으로 1달러를 벌어야 60센트 어치 채소나 에너지를 살 수 있다. 그 정도의 돈을 벌기 위해서 더 많은 돈이 들어갈 때도 종종 있는데, 통근비나 옷 구입비까지 써야 하기 때문이다.

이렇게 생각해보면 텃밭에서 키운 상추, 집에서 즐기는 여흥, 햇살의 온기로 훈훈해진 방의 금전적 가치는 엄청나게 커진다. 텃밭을 가꾸는 즐거움 또는 한겨울에 햇볕이 가득한 집에 사는 느낌, 직접 키운 먹을거리의 신선함과 맛과 영양, 햇볕에 말린 옷의 좋은 향기, 가족들과 나누는 대화가 주는 혜택을 생각하면 우리가 집에서 하는 일은 값으로 따질 수 없을 만큼 소중하다.

먹을거리를 직접 생산해보면 실제로 비용이 얼마나 들어가는지도 감을 잡을 수 있다. 채소를 직접 키워본 사람은 슈퍼마켓에서 500그램에 10센트씩에 팔리는 감자나 헐값에 팔리는 상추를 볼 때 보조금이 쓰였거나, 눈에 보이지 않는 희생이 있거나,

지켜야 할 원칙이 제대로 지켜지지 않았으리라는 걸 알아차릴 수 있다. 먼 거리를 이동해오는 음식과 오락물 그리고 에너지가 그렇게 값싸게 팔릴 수 있는 이유는 정부가 어마어마하게 많은 세금을 보조금으로 들이붓기 때문이다. 텃밭에서 수확해 창고에 저장한 농산물의 금전적 가치를 계산하고 싶다면, 겨울철 유기농 양파와 감자의 시장 가격에다 그 시장까지 운송되는 비용을 더해보면 된다.

그런 사실을 알고 나면 가격에 연연하지 않게 된다. 우리 사회의 주요 신조 가운데 하나는 가격이 낮을수록 좋다는 것인데, 낮은 가격은 인위적으로 조작된 경우가 많고 더 현실적인 가격으로 물건을 파는 가게나 농부를 시장에서 쫓아내려는 수작일 때도 잦다. '합리적 쇼핑'을 위해 차를 몰고 동네 가게를 그냥 지나쳐 거대 할인점으로 간다면 어떻게 될까? 지역의 가게들이 다 문을 닫고 나서야 우리는 비로소 선택권이 줄어들었을 뿐 아니라 더 많은 시간을 차에 앉아 보내야 하는 불행을 자초했음을 깨닫게 될 것이다. 결국 온전한 공동체를 약화시킨 셈이다.

가격은 보이지 않는 엄청난 비용에 대해 침묵하며 자주 우리를 속인다. 담배와 살충제, 지뢰, 휘발유, 정크푸드는 이런 속임수의 전형이다. 이들은 장기간에 걸쳐 우리 사회가 감당해야 할 높은 비용을 낮은 가격 뒤에 숨기고 있다.

우리가 돈을 어떻게 쓰는지, 어떻게 투자하는지에 따라 세상이 달라진다. 주류문화는 이렇게 속삭인다. "괜찮아. 그냥 최저가로 사. 최고의 수익이 나올 곳을 찾아 투자해." 그러나 좋은 일을 하는 사람, 가치 있는 상품을 만드는 사람에게 우리의 돈을 쓸 때 그들은 살아갈 힘을 얻는다. 우리에게 중요한 사업은 우리가 북돋아주어야 한다. 그런 사업은 대체로 사업주가 우리 지역에 살면서 직접 일을 하는 경우들이다.

대기업의 제품을 사지 않고 대기업에 투자하지 않는 행위는 결과적으로 우리에게 득이 된다. 특히 숲을 파괴하거나 담배와 자동차, 정크푸드, 분유, 무기, 살충제, 원자력 등을 밀어붙이는 대기업들 말이다. 이런 대기업에서 워낙 다양한 상품이 쏟아져 나오기 때문에 하나하나 구매거부를 실천하다 보면 어느새 삶의 습관이 달라지고 소박하게 살아갈 수밖에 없게 된다. 또한 돈을 정당하게 쓸 곳이 많지 않고 뿌듯한 심정으로 투자할 만한 곳이 점점 줄어든다는 걸 깨닫게 되면, 돈이 많아 봐야 짐스러울 뿐이고 물물교환이나 스스로 만들어 쓰는 일이 늘어나게 된다. 돈이 그다지 필요하지 않게 되는 것이다.

지역 공동체 내에서 돈을 써야 할 또 다른 이유가 있다. 세계 외환 딜러들이 말하는 것과는 달리 돈의 가치는 지역적이며 시간과 장소에 따라 다르다. 예를 들어, 1890년과 1990년에 1달러가 지니는 가치는 대단히 다르며 마찬가지로 뉴욕과 인도의 시골 마을에서 1달러가 지니는 가치도 대단히 다르다. 지난 몇 년간 부동산과 외국의 통화가치가 얼마나 급격하게 변했는지 보여주는 사례는 무수히 많다.

내 아들 댄은 지속가능한 공동체를 연구하기 위해 작년 겨울을 인도에서 보냈다. 아들은 손으로 자은 면사를 다시 손으로 짜서 만든 아름다운 면직물을 가져왔다. 노동과 기술이 집약된 그 옷감 1야드에 1.25달러를 주었다고 했다. 그와는 대조적으로 댄은 올여름에 이웃이 집 짓는 일을 도우면서 그런 옷감을 10분마다 1야드씩 살 수 있을 만한 임금을 받았다. 국제 무역상들은 이런 차이나 이보다 격차가 작은 다른 차이를 착취해 이윤을 남기며 많은 재앙을 일으키고 있다. 이런 착취는 인간의 삶에서 변함없는 가치를 지닌 것들–서로 사랑하는 동료들, 보람을 주는 텃밭, 활기찬 공동체, 건강한 가족 식사–을 망가뜨린다.

그러나 공동체 내부에서 쓰일 때 돈은 무척 일관된 가치를 지닐 수 있다. 뉴욕 주 이타카에서 발행하는 '시간화폐Hours'(1991년 만들어진 화폐로 1시간은 10달러 정도의 값어치를 지닌다. 이는 당시 일반적인 사람이 그 지역에서 한 시간 동안 일해서 벌 수 있는 돈이 10달러였기 때문이라고 한다–옮긴이)나 서부 매사추세츠에서 마른 땔감 한 묶음을 기준으로 가치가 매겨지는 '벅쉐어즈Berkshares'(E. F. 슈마허 학회가 1980년대 중반 서던 벅셔즈Southern Berkshires에서 만든 지역 화폐–옮긴이) 같은 지역 화폐의 장래가 촉망되는 까닭이다. 벅셔즈 휴양지는 (도시에서 번 두툼한 달러 뭉치를 들고) 휴가를 온 많은 뉴욕 사람들과 그들만큼 부유하지 못한 지역 주민 사이의 만남이 일어나는 곳인데, 지역에서만 사용할 수 있는 '벽 쉐어즈'는 이런 격차를 중재하는 한 방법이 된다.

살면서 나는 돈이 거의 없던 시절을 겪기도 했다. 그 시절에 돈 없이도 어떻게 살 수 있는지, 돈의 의미가 무엇인지 배울 수 있었다. 돈이 꽤 많았던 시절도 더러(아주 가끔) 있었지만 오히려 불행했다. 내가 가치 있게 여기는 일을 하면서 적은 수입이라도 꾸준히 얻을 수 있는 다양한 통로를 갖고 있는 게 가장 균형 있게 사는 방법인 것 같다.

돈에 의존하지 않는 행복의 원천을 찾아야 한다. 가족, 텃밭, 신앙, 공동체, 자연, 즐겁고 유의미한 일, 건강이 있다면 돈에 덜 의존하면서도 진정으로 의미 있는 일을 하며 초연하게 살아갈 수 있다. 우리 삶에서 돈이 차지하는 자리를 줄이며 균형을 찾는 일은 상당한 도전이 될 것이다. 돈으로 살 수 없는 것들의 가치를 이해하고 우리가 쓰는 돈의 연결고리와 그것이 미치는 효과를 이해한다면, 우리는 돈을 제자리로 돌려놓을 수 있다. 돈은 거대한 범위에서는 대단히 파괴적인 영향을 발휘하지만 지역사회 안에서는 유용한 교환의 도구가 될 수 있다.

빌 듀싱Bill Duesing은 코네티컷 주 옥스퍼드에 살며 유기농 농사를 짓는 농부이자 환경 교육가, 작가, 예술가로 활약하고 있다. 저서로는 에세이집 『지구에서 살기』가 있다.

그냥 좋은 일

데이비드 클라인

농사짓는 일이 어려워진 시대가 닥쳤다. 계약재배(대규모 유통 조직 또는 식품가공업자와 계약을 맺고 작물을 재배하는 것-옮긴이)를 하지 않고 소규모 다각농업을 하는 축산 농가들은 특히나 어려움을 겪고 있다. 돼지 값은 삼십 년 만에 최저점을 찍었고 암소 가격도 바닥을 쳤다. 우리 지역 공동체의 버팀목인 우유 가격 역시 떨어졌다. 이웃에 사는 어떤 이는 지난 7월에 우유를 팔고 받은 돈이 13년 만에 가장 적었다고 한탄하기도 했다. (식품의약청이 성장 호르몬 사용을 승인한 것도 우유값 하락에 한몫을 했다. 이 성장 호르몬은 몬산토가 발명한 인위적인 합성 호르몬으로, 젖소에게 주사하면 더 많은 우유를-우리에게 필요하지 않은 우유까지-생산하게 된다. 그러니 우리 농부들이 몬산토의 젖 값을 치르는 셈이다.)

농업 경제가 침체된 이러한 상황이 주는 한 가지 이점이 있다면, 농장의 수익을 조금이라도 올리는 데 이웃의 도움이 얼마나 중요한지 깨닫게 해준다는 것이다. 그러니까 돈이 오가지 않는 품앗이 말이다. 나는 이웃 농장에 일하러 갈 때 지갑이나 수표책을 들고 가지 않는다. 이웃이 나를 위해 이미 해주었거나 앞으로 해줄 일을 나의 노동으로 되갚으러 가는 길에 지갑이 왜 필요하겠는가.

품앗이는 단지 돈이 오가지 않는 노동을 나누는 데서 그치지 않는다. 우리는 농기구와 농사법을 공유하고 거름과 씨가축도 주고받는다. 어느 해인가 우리에게는 필요 이상으로 목초가 많이 생겼는데 가축을 방목하기에는 그 목초지가 너무 멀었다. 그래서 우리는 건초가 더 필요한 이웃과 거래를 했다. 그는 6에이커 면적의 건초(약 200묶음)에 대한 보답으로 여섯 포대의 분뇨거름을 목초지에 뿌려주었고 수레를 끄는 종마도 빌려주었다.

품앗이를 할 때 시간을 정확하게 계산하지는 않는다. 대개 한나절이나 하루 내내 일한다. 지난가을, 나는 이웃집에 가서 기계로 옥수수 껍질을 벗기고 절단하는 작업을 도와주었고 그는 내게 빚진 하루치 노동을 갚기 위해 울타리 두르는 일을 도와주기로 했다. (울타리가 튼튼해야 이웃 사이가 좋은 법이다.) 게다가 그에게는 울타리 기둥을 박을 구멍 파는 전동기구가 있으니 그 도구 사용 비용까지 포함하면 내가 해준 육체노동보다 더 많은 일을 해주는 셈이다. 그럼에도 우리가 함께 만든 울타리를 뿌듯한 마음으로 쳐다볼 때면 그는 틀림없이 그것이 공평한 품앗이였다고 말할 것이다.

이런 품앗이는 "네 이웃을 네 자신처럼 사랑하라", "네가 대접받고 싶은 대로 남을 대접하라"와 같은 성서의 내용과도 통한다. 같은 교회를 다니든 아니든, 종교가 있든 없든 이웃은 이웃이다. 그렇게 나는 그를 돕고 그는 나를 돕는다. 우리는 서로가 필요하다.

몇 년 전 우리 공동체의 나이 든 농부 한 분이 세상을 떠났을 때, 나는 이웃을 사랑한다는 게 어떤 뜻인지 분명히 깨달았다. 그 농부 가족은 우리 교구 끄트머리에 살았는데 그는 자신이 다니는 교회 묘지가 아니라 우리 동네 묘지에 묻히길 소망했다. 많은 시간을 함께 보낸 이웃들 곁에 머물고 싶다는 뜻이었다. 농장일을 도와주고 필요할 때면 늘 달려와 주고 함께 웃고 사냥하고 즐겁게 식사를 나누던 이웃들 곁에 말이다. 마음이 넓은 사람이었던 그 역시 이웃들을 많이 도와주었다.

이런 품앗이가 우리 농부들에게 경제적으로 얼마나 도움이 될까? 경제적 가치를 따지기에 우리는 품앗이에 너무 익숙해져 있지만, 우리가 생각하는 것 이상으로 큰 도움이 되리라는 것은 분명하다. 우선 품앗이를 하면 기계와 화석연료를 적게 사용하면서도 작물을 재배할 수 있다. 올여름에 그런 사실을 깨달을 만한 일이 있었다.

우리처럼 말을 이용해 농사짓는 사람들에게는 말의 먹이로
쓰이는 귀리가 여전히 중요한 작물이다. 귀리는 돼지와 닭, 젖소
의 먹이로도 쓰이고 우리의 겨울철 아침 식사인 롤드오츠(rolled
oats, 귀리를 쪄서 압착한 것-옮긴이)에도 필요하다. 이런 까닭에 큰
폭풍이 몰아쳐 오는 여름이 되면 우리 머릿속에 처음 떠오르는
생각은 '아이고, 귀리를 어째!'이다. 특히 귀리 이삭이 패어 비바
람에 쓰러지기 쉬운 6월 중순엔 걱정이 더 커진다. 귀리밭에 큰
폭풍이 네 차례나 지나간 지난여름에는 걱정이 이만저만이 아
니었다. 폭풍이 사방에서 몰아쳤다. 동쪽에서 불어온 첫 폭풍은
우박까지 동반했다. 서쪽에서 불어닥친 네 번째 폭풍이 지나갈
무렵, 귀리는 우리의 희망과 더불어 푹 꺾이고 말았다.

바인더로 베어낼 수 있는 상황이 아니었으므로 우리는 콤바
인 수확 기술자를 불렀다. 10에이커당 225달러가 들어갔다. 귀
리가 너무 젖어 그대로 저장할 수 없던 탓에 귀리를 말릴 일손도
고용했다. 추가로 180달러가 들어갔다. 폭풍 피해가 없었더라면
이웃의 품앗이와 바인더 연료비 10달러로 모든 귀리를 수확했
을 텐데 말이다. 흔히 말하듯 안 쓰면 번다는 말이 맞다.

품앗이를 하면 하나의 장비를 여러 용도로 사용할 수 있어 돈
을 아낄 수 있다. 이번 주에 우리는 사일리지(silage, 목초나 옥수수
의 줄기, 잎 등을 가늘게 잘라 진공 보관하여 발효시킨 가축 사료. 목초를

잘라 저장고로 옮기는 일은 일손이 많이 필요해 보통 마을 사람들이 함께 모여 서로 돕는다-옮긴이) 저장 두레의 마지막 사일로(silo, 사일리지를 만들기 위해 목초를 저장하는 원탑형 창고-옮긴이)를 채워 넣는 일을 했다. 위버 가족이 옥수수를 늦게 심는 바람에 9월 말이 되어서야 사일로에 저장할 수 있었던 것이다.

우리는 일곱 대의 짐마차로 옥수수 묶음을 날랐다. 이 마차와 말들은 우리가 건초를 만들 때, 타작할 때, 장작과 사과를 나를 때, 화창한 가을 오후에 학교마다 다니며 아이들을 태우고 소프트볼 게임을 하러 갈 때를 비롯해 농장의 수많은 다른 일에도 출동한다.

사일로를 채울 때 특수하거나 값비싼 장비는 필요치 않다. 우리 대부분은 사일로를 채우는 오래된 장비를 갖고 있는데 이 기계는 비싸지도 않고 보관도 용이하다. 그리고 또 대부분은 옥수수를 잘라 다발로 묶을 때 쓰는 옥수수 바인더를 갖고 있다. 내가 쓰는 바인더는 1940년대에 제조된 것이다. 겨울철 가축들의 잠자리에 필요한 말린 옥수숫대를 자를 때도 이 바인더를 사용하니, 바인더 또한 여러 용도로 쓰이는 셈이다.

9월의 화창한 어느 날, 일곱 대의 짐마차 팀은 옥수수 묶음을 마차에 실어 날랐다. 이렇게 함께 모여 일하기에 더없이 좋은 날이었다. 쌀쌀한 밤공기가 남아있어 외투를 입고 일하던 우리는 햇볕이 따사로워지자 외투를 벗어 던졌다. 대머리수리와 붉은꼬리 말뚱가리가 상승기류를 찾아 날아다니고 있었다. 이제 따뜻하게 덥혀진, 눈에 보이지 않는 기류에 몸을 싣고 짙은 코발트빛 하늘로 날아오를 것이다. 제왕나비는 멕시코의 시에라마드레 산맥을 향해 하늘하늘 날아갔다. 큰어치들은 잔소리하듯 지저귀고 까마귀는 까악까악 시끄럽게 울어댔다.

우리는 8월 말부터 한 달간 (매일은 아니고 일주일에 이틀쯤) 함께 일했다. 일꾼들은 활기가 넘쳤다. 밭에서 일하는 동안 이야기가 끊이지 않았다. 농촌 경제가 화제에 오른 저녁 식탁에서의 대화는 더욱 활기찼다. 낮은 우유 가격과 굼뜨게 회복 중인 돼지 값도 화제에 올랐다. 이런 자리에서 무엇보다 소중한 것은 이야기이다. 해마다 되풀이되는 슬프고 재미있는 이야기들.

저녁 식탁에 둘러앉아 함께 밥을 먹는 동안, 나는 이런 품앗이가 금전적 가치로 환산될 수 없는 것이라고 생각했다. 이웃을 도울 수 있어 기분이 좋다. 그냥 좋다. 그것은 말로 표현하기 힘든 느낌이다.

이렇게 함께 일하다 보면 잔잔한 흐름 속에 거대한 힘을 품은 고요하고도 아름다운 강이 눈앞에 그려진다. 강은 무언가를 지배하는 힘이 아니라 평화롭고 충만한 힘이다. 화폐 경제의 손아귀를 벗어나 이렇게 노동하며 살아가고 있다는 사실에 마음이 든든해진다. 마지막 옥수수 묶음을 내리며 나는 눈앞의 비옥한 계곡을 훑어보았다. 시냇가에 늘어선 미루나무와 버드나무 우듬지 너머로 지난 한 달간 우리가 함께 일했던 농장들이 보였고 멀리 우리 농장도 보였다. 노동을 나누고 사랑을 나눌 줄 아는 이웃들과 함께 살아가는 것이 얼마나 큰 축복인지 감사하며 나는 큰 숨을 내쉬었다.

데이비드 클라인David Kline은 『위대한 소유: 아미쉬 농부의 일기』, 『우드척을 쓰다듬으며: 아미쉬 농장의 자연』을 썼다. 오하이오 주 홈스 카운티의 120에이커 면적의 농장에서 다각농업을 실천하고 있다.

내 손으로 집 짓기

마크 코번

1995년 여름, 미국 북동부 지역에 연일 뜨겁고 건조한 날씨가 이어졌다. 기록상 가장 건조한 날씨라고들 했다. 캐나다 국경 근처 버몬트 주의 낙농업자들에게는 좋지 않은 날씨였지만 우리가 하는 일에는 잘 맞는 조건이었다. 우리는 스트로베일(밀이나 벼, 호밀, 귀리 짚단을 육면체로 압축한 건축자재-옮긴이)로 집을 짓고 그 위에 스터코(회반죽과 비슷한 마감재로, 소석회에 대리석 가루나 점토를 섞어 만든다-옮긴이)를 바르고 있었다. 추위가 시작되는 10월 무렵까지 집을 완성해야 했기에 비가 내린 딱 하루만 빼고는 작업을 계속했다. 두 겹의 스터코로 영구적인 보호막을 씌울 무렵에 스트로베일은 잘 마른 상태였다.

우리 가족은 두 명의 정교회 수도사와 함께 인근 퀘벡의 홀리 트랜스피겨레이션 수도원에서 매일 이곳으로 출근했다. 고맙게도 수도사들은 집을 짓는 동안 우리 가족이 머물 수 있도록 수도원의 빈방을 내주었을 뿐 아니라 여름 내내 집 짓는 일을 도와주겠다고 했다. 우리가 가진 예산은 12,000달러에 불과했기에 그분들의 도움이 없었다면 집을 완성하기 힘들었을 것이다.

우리는 집을 설계하면서 건축적인 면만을 고려하지 않았다. 먼저 당연히 생태적 측면을 고민했다. 현대 건축은 집과 집을 구성하는 재료 사이의 관계, 그 재료가 거주자와 환경에 미치는 영향을 잊어가고 있다. 아무 재료나 치대어 지붕과 벽과 바닥을 만든다고 저절로 집이 되는 게 아니다. 우리는 이 집이 뿌리내릴 생태계와 사람들의 건강에 해로운 스티로폼과 플라스틱, 비닐 외장재, 플라스틱 소재의 카펫, 합판, 화학 처리된 목재 같은 합성물질은 피하고 싶었다.

또한 기업 공산품을 최소로 사용하는 대신에 지역에서 생산되고 재생가능하며 낮은 기술을 활용한 자연적 자재를 활용하고 싶었다. 우리는 부분적으로 그 목표를 이루었다. 수천 마일이나 떨어진 캐나다 서부 브리티시컬럼비아산 목재를 판매하는 시내 목재소 대신 동네 목재소를 찾아가 이 지역에서 자란 목재를 구입했다. 스트로베일은 가까운 퀘벡의 밀밭에서 나온 것으로 구입했다. 우리가 벽재로 스트로베일을 선택한 이유는 뛰어난 단열효과로 북부 버몬트의 추운 날씨에 적합하고, 건조한 상태를 유지하는 한 영구적으로 쓸 수 있으며, 집이 수명을 다했을 때는 아무런 해를 끼치지 않고 땅으로 되돌아가는 재료이기 때문이다.

우리는 집 안에 전기를 설치하지 않기로 했다. 조명은 등유 램프와 양초로 대신하고 물은 부엌 싱크대의 수동 펌프를 사용해 3미터 깊이의 우물물을 끌어다 쓴다. 그리고 집에서 30미터 떨어진 숲 속에 옥외 화장실을 마련했다. 우리는 현대 기술문명의 미친 속도에서 벗어나고 싶었으며, 그 문명을 지탱하기 위해 무거운 짐을 진 사람들의 수고를 조금이라도 덜기 위해서 낮은 기술에 의존해 살기로 선택했다.

무절제한 현대적 삶의 대가를 우리 형제자매들이 치르고 있다는 사실을 갈수록 분명히 깨닫게 된다. 세상의 많은 사람들이 충분한 식량을 얻기 힘든 데는 다 이유가 있다. 너무도 많은 사람들이 견딜 수 없는 가난의 무게에 짓눌려있는 데도 다 이유가 있다.

북미와 서유럽의 생활방식이 어떻게 다른 지역 사람들의 엄청난 고통과 연결되어있는지 스스로에게 물어야 한다. 아무런 연결점을 찾지 못했다면, 우리의 생활방식 때문에 타인의 고통에 이미 무감해진 탓은 아닐까? 최첨단 기술에 의존하는 소비지향적인 삶을 사느라 사람과 생물 따위에 신경 쓸 필요가 없다고 생각하게 된 것은 아닐까? 컴퓨터 사회에서 살다 보니 점점 비인간적으로 변해가는 것은 아닐까?

우리는 이런 문제를 고민하기 위해 할 수 있는 한 기술문명의 지배에서 벗어났다. 많은 편리를 포기하고 나니 소비사회의 몇몇 전제에서 벗어나 다른 각도로, 더 본질적인 차원에서 삶을 바라볼 수 있었다. 물과 음식은 땅으로부터 오는 것이며 쓰레기를 책임 있게 처리하지 않으면 되돌아와 우리를 오염시킨다는 사실을 깨닫게 됐다.

의미 있게 살기 위해 꼭 필요한 것은 무엇일까? 영적 삶에 '꼭 필요한 한 가지'는 필연적으로 물질적 삶에도 영향을 미친다. 소박한 삶을 살다 보면 물질적 삶과 영적 삶이 서로 영향을 미치며 깊이 연결돼있으며 결국 하나라는 사실을 알게 된다. 그것을 깨닫고 삶으로 경험하다 보면, 가난한 사람들의 짐을 덜어주고 전쟁의 근본 원인을 해결할 방법을 찾을 수 있을 것이다.

15년간 목수로 일했던 내게 전동 도구 없이 집을 짓는 일은 색다르면서도 즐거운 경험이었다. 물론 일은 더 많았지만 사랑하는 동료들과 함께할 수 있어서 좋았다. 전동 도구를 사용하지 않으니 고요한 분위기에서 묵상하듯 마음을 집중할 수 있었고 서로 이야기도 나눌 수 있었으며, 아이들도 힘을 다해 거들 일이 있었다. 일을 도와주러 온 손님들도 그 평화로움을 만끽하는 듯 했다.

목수 일로 생계를 유지해야 하는 지금, 나는 여전히 전동 도구를 사용한다. 아마 나중에는 생계를 유지할 다른 길을 찾을 수 있겠지만 어떤 일을 하든 결벽하게 순수한 원칙을 따르는 게 중요한 것은 아니다. 그보다는 비폭력과 사랑의 길을 충실히 걸어가며 구체적인 삶의 방식을 모색하고, 신과 이웃에 대한 사랑을 영적 삶의 토대로 삼고 싶다.

한 가족이 그렇게 산다고 해서 뭐 그리 대단한 변화가 생기겠느냐고 말하는 사람도 있다. 하지만 영적 차원에서 모든 것이 연결되어있다고 믿는다면, 우리는 서로에게 영향을 주고 서로를 변화시킬 수 있다. 한 사람의 믿음은 중요하다. 성서에도 완전한 파멸로부터 세상을 구한 노아의 믿음이 나오지 않는가. 그리고 그리스도의 믿음을 보라. 한 사람의 믿음이 역사적으로 얼마나 많은 것을 성취했는가. 우리의 일이 무엇이든, 그것이 크든 작든, 우리는 믿음을 실천한 이 위대한 전통을 따르고 싶다.

마크 코번Mark Korban은 버몬트 주 브라우닝턴에서 '아직 완성되지 않은' 스트로베일 하우스에서 살아가고 있다.

단순하고 아름다운 도구 예찬

척 트랩커스

"아주아주 오래전에는 이렇게 옷을 지어 입었어." 한 여자가 나를 가리키며 다소 무관심한 표정의 아이들에게 말했다. 직접 키운 아마를 자아 리넨을 만들고 있던 나는 목구멍까지 올라온 말을 꾹 참았다. '물론 그렇긴 하죠. 하지만 나는 요즘도 이렇게 옷을 만든답니다.' 대부분의 사람들은 이런 민속공예 축제에서가 아니면 나처럼 실을 잣는 사람이 없을 거라고 생각한다.

바로 그때, 가장 어린 꼬마가 물레 발판 위에서 까딱거리는 내 발을 보고 소리쳤다. "엄마, 엄마, 이 아저씨가 저걸 발로 돌리고 있어!" 꼬마와 나는 둘 다 놀랐다. 꼬마는 사람의 힘으로 기계를 움직일 수 있다는 사실에 놀랐고 나는 꼬마가 너무 놀라는 바람에 놀랐다. 아마도 꼬마는 자전거와 프리스비(던지면서 노는 플라스틱 원반-옮긴이) 말고는 사람의 힘으로 움직이는 기계를 본 적이 없을 것이다.

서너 세대 전만 해도 물레는 어디에서나 흔히 볼 수 있는 기계였다. 그리고 그로부터 몇 세대 전만 해도 아마 가공은 요즘으로 치면 비닐 랩만큼이나 흔했다. 그러나 이제는 아마 가공을 비롯해서 흠 잡을 데 없이 좋은 너무나 많은 기술이 지나간 시대의 진기한 유물이 되고 말았다. 지나간 시대란, 인간이 온전히 존재하던 1960년대 이전을 말한다.

이윽고 아이의 엄마가 다른 관람객을 보며 말했다. "옛날 사람들은 어떻게 저 많은 일을 할 시간이 있었는지 모르겠어요." 요즘 사람들이 그 문제에 대해 생각해본 적이 있다면 대부분 이렇게 물을 것이다. 전기와 증기기관, 내연기관이 없던 시절에 사람들은 어떻게 살았을까? 어떻게 집을 짓고 잔디를 깎고 냉난방을 하고 요리를 하고 TV를 보았을까?

우리는 옛날, 그러니까 이른바 원시사회에 관한 영화를 많이 봤으니 옛날 사람들이 그 모든 일을 어떻게 했는지 어느 정도는 알 것이다. 옛사람들은 도끼와 베틀, 손도구, 화덕, 동물, 풍차 등을 이용했다. (이 글에서 나는 사람의 힘으로 움직이는 기계들을 다루지만 가축과 풍력, 수력, 태양열 등을 활용한 낮은 단계의 대안적 기술 또한 감탄하고 격려할 만하다.)

그러나 물레를 돌리는 내 모습을 보면서 옛날 사람들은 어떻게 그 많은 일을 했는지 모르겠다고 말하던 여인과 같은 생각을 품은 독자도 있을 테니 한 가지를 분명히 짚고 넘어가야겠다. 모든 사람이 전기 제빵기로 빵을 만들지는 않는다. 모든 사람이 전화를 사용할 수 있는 건 아니다. 모든 사람이 냉장고, 자동차, 토스터, 전기톱을 갖고 있지는 않다. 지금 우리와 같은 땅 위에 살아가는 수십억 명의 사람들은 전기나 원자력, 화석연료로 움직이는 도구나 장치를 미국인들보다 훨씬 덜 사용한다. 그중 적어도 수백만 명은 밀가루를 손수 갈거나 직접 짠 옷감으로 옷을 지어 입는다. 옛날 사람들은 어떻게 그 모든 일을 했을까가 아니라 지금도 많은 사람들이 어떻게 그 모든 일을 하는지 물어야 한다. 그리고 우리 미국인들이 인간의 생존에 필요한 근원적인 것들에 얼마나 무지한지 인정해야 한다.

그보다 더 좋은 질문은 '어떻게 그리고 어쩌다 우리가 손으로 일해 온 수천 년의 전통으로부터 멀어져 직접 생존 수단을 지배해온 오랜 삶에서 떨어져 나왔을까?'하는 것이다. 어쩌다 우리는 낫으로 풀 베는 법은 모르면서 리모컨 사용법은 그리 잘 알게 되었을까? 사실 원격 조종이라는 그 근사한 원리에 대해서도 아는 게 거의 없지 않은가. 기껏해야 제너럴일렉트릭사나 파나소닉사가 알려주고 싶은 만큼만 알 뿐이다. 그러니 기업이 우리를 지배하는 셈이다.

우리와 크게 다를 바 없는 사람들이 수천 수백 년 동안 실을 잣고 그 실로 옷감을 짰다. 다른 점이 있다면 훨씬 재주 있게 자신들의 물질적 욕구를 충족시켰다는 것이다. 진보와 발전, 경제 세계화의 깃발을 내세운 산업화라는 사악한 역병에 아직 정복되지 않은 지역의 사람들은 여전히 직접 실을 잣고 옷감을 짠다. 그 옛날에 쓸모 있었던 기술은 오늘도 여전히 쓸모 있다.

사람의 힘을 활용하는 기술을 권장하는 일은 중요하다. 왜냐하면 첫째, 그런 기술이 지금도 유용하며 인류의 초창기부터 줄곧 유용했기 때문이다. 나는 샐러드슈터(샐러드 자르는 기계) 때문에 1만 년의 역사를 지닌 칼과 도마가 구식이 되어버리는 상황을 이해할 수 없다.

둘째, 지속가능하다는 점에서 화석연료를 사용하는 기술보다 뛰어나다. 휘발유 자동차는 마차만큼 오래 살아남지 못할 것이다. 이유는 간단하다. 그런 재생불가능한 연료는 지상의 모든 사람이 전형적인 미국 시민처럼 낭비할 만큼 충분하지 않다. 모든 사람이 쓸 수 없는 에너지를 왜 부유한 자들만 낭비할 수 있단 말인가? 이 지상의 다른 사람들의 몫을 빼앗는 것은 우리가 그들보다 더 중요하기 때문인가? 우리는 삶을 편리하게 만들어준다는 도구들 때문에 세상의 다른 사람들을 지옥으로 밀어 넣고 있다! 그러니 그런 도구를 피해야 하는 게 당연하다!

셋째, 화석연료와 원자력 기술은 오염물질과 유독성 폐기물로 악명이 높다. 화석연료를 태워 지구온난화를 가속하는 화단용 진공청소기 대신, 갈퀴로 낙엽을 모으고 빗자루로 청소하면 지구를 뜨겁게 만들지 않을 수 있다.

넷째, 미국 사회는 가만히 앉아서 단추나 눌러대는 과체중자들의 사회로 빠르게 변하고 있다. 에스컬레이터와 엘리베이터는 신체적 이유로 계단을 쓸 수 없는 사람이나 무거운 짐을 지고 가는 사람에게는 유용하지만 그렇지 않은 사람들에게는 말도 안 되는 기계이다. 전자식 통조림 따개는 관절염에 걸린 사람이나 한쪽 팔이 없는 사람에게는 도움이 되지만 대부분의 사람에게는 우스꽝스러운 기계이다. 컴퓨터 단말기 앞에 앉아 하루를 보내고 소파에서 포테이토칩을 먹어대며 뒹구느라 부족해진 운동량을 채우기 위해 다시 헬스클럽 회원권을 구입해 건성으로 역기를 들었다 놨다 하는 모습은 정말 아이러니하지 않은가?

그래도 많은 사람은 자동차와 컴퓨터, 전동칫솔 덕택에 삶이 편해졌다고 주장할 것이다. 나는 묻고 싶다. 누구의 삶이 편해지는가? 그런 기계를 살 수 없는 사람의 삶은 분명 아니다. 오염되어 황폐해진 지구를 물려받을 세대의 삶도 아니다. 비인간적인 공장에서 몇 푼 안 되는 일당을 받으며 곧 유행에 뒤떨어질 수명이 짧은 놀라운 기계들을 만드느라 땀 흘리는 수많은 사람의 삶도 아니다. 이것이야말로 계급이기주의가 아닌가?

두 번째로 묻고 싶은 질문은 이것이다. 그래서 우리의 삶이 진정으로 나아졌는가? 현대의 기술사회는 '플러그를 꽂아! 기름을 채워!'라고 소리치며 거의 예외 없이 우리를 더 어리석고 나

태하며 더 소극적이고 덜 자립적인 인간으로 만들고 있다.

사람의 힘을 이용한 기술 가운데 사용이 쉽고 공기 오염을 줄이며 우리 몸도 건강하게 만들어주는 한 가지 방법은 자동차 대신 자전거를 타는 것이다. 요즘 대학 도시 같은 곳에서는 도로나 건물 앞에서 자전거를 많이 볼 수 있지만, 여전히 사람들은 이동수단으로서 자전거의 가치를 제대로 모르는 것 같다. 잘 관리된 자전거는 빠르고 값싸고 깨끗하며 차에 비해 공간도 덜 차지할 뿐 아니라 가장 효율적인 이동수단이다.

70년대 듀크 대학에서 이루어진 연구에 따르면 10단 기어 자전거를 탄 성인의 이동 효율성이 새와 물고기, 곤충, 동물, 비행기, 자동차 등을 통틀어 가장 높았다. 연구자들은 여러 동물과 교통수단을 대상으로, 1킬로미터를 이동할 때 중량 1그램당 얼마만큼의 에너지를 소비하는지 계산했다. 자전거를 탄 사람은 2위를 차지한 연어보다 거의 세 배, 걷는 사람보다 다섯 배 정도 효율적이었다. 자동차는 순위에서 한참 뒤에 있었다.

나는 가까운 거리를 오갈 때나 조금 먼 거리를 이동할 때도 자전거를 이용한다. 앞으로도 더 많이 이용하고 싶다. 흔히 자전거를 타는 게 재미있는 일이라 생각하지만 내 경우에 단지 '기분 전환'을 위해 자전거를 타는 경우는 드물다. 물론 자전거를 타는 일은 언제나 즐겁다. (작년 어느 날 어둑할 무렵, 슈거 계곡 근처의 가파르고 구불구불한 자갈길에서 길을 잃었을 때를 제외하

면 말이다.) 나는 자전거 뒤에 손수 만든 바구니를 매달아 식료
품과 텃밭 수확물, 내 아들 이삭과 폴, 신문 묶음을 담아 나른다.

이 외에도 나는 사람의 힘으로 움직이는 다음과 같은 도구들
을 사용한다. 릴을 감아 작동하는 오래된 수동 잔디 깎기. 날을
잘 관리하고 제대로 조종하면 잔디도 잘 깎일뿐더러 운동도 된
다. 휘발유나 전기로 움직이는 잔디 깎기보다 창고 공간을 덜 차
지하고, 더 가볍고 안전하고 조용하고 관리가 쉬우며, 구입과 유
지 비용도 적게 든다.

발판을 굴려 돌리는 재봉틀. 이 페달 재봉틀 외에 두 대의 전
기 재봉틀도 두루 사용한다. 그중 하나는 별의별 기능을 다 갖
추고 있지만 할머니가 구입해 쓰시던 이 단순하고 견고한 재봉
틀과는 비교가 안 된다. 지그재그 스티치와 박음질 기능이 없긴
해도 여러 번 접은 데님 솔기나 두 겹으로 된 나일론 끈을 무난
하게 박을 수 있고, 천이 질기거나 미끄럽거나 실이 어떤 종류건
간에 땀을 빠뜨리지 않으며, 장치를 이용해 실의 장력을 조절할
필요도 없다. 몇 해 동안 쉴 새 없이 사용하다 몇 년간 쓰지 않고
내버려두어도 가끔 기름칠만 잘 해주면 문제없이 작동한다.

나의 목공 도구들. 발로 작동하는 목공 선반은 가볍고 부드러
운 목재로 만들어졌으며 분리할 수 있고 최대 30센티미터 지름,
1.2미터 길이의 목재를 회전시킬 수도 있다. 자전거 페달로 작동
하는 드릴프레스(천공반, 테이블에 고정된 드릴 장치-옮긴이)는 빠르

고 능률적인 데다 사용법도 재미있다. 한때는 전기테이블 톱에 푹 빠져있었는데 이제 보니 날이 잘 드는 활톱으로 길고 단단한 목판을 켜는 게 생각보다 훨씬 쉽다. 쐐기와 손도끼, 양쪽으로 당겨 깎는 칼만 있으면 한 시간 만에 통나무를 나무 숟가락으로 만들 수 있다. 전기를 사용하지 않는 도구가 더 빠르지는 않지만 (가끔 더 빠를 때도 있다) 대체로 비용이 적게 들고 다루기 쉬우며 더 조용하고 안전한 데다 고치기도 쉽고 훨씬 오래간다.

유명한 언더우드 수동 타자기. 당신이 지금 읽고 있는 이 글도 수동 타자기로 쓴 것이다. 그밖에도 나는 손으로 돌리는 식품 분쇄기, 귀리 압착기, 회전식 채칼/강판, 수동 손전등, 휴대용 주판, 부채, 어쿠스틱 기타를 잘 사용한다.

물론 필요하다면 가끔 전기와 내연기관으로 작동하는 도구를 사용하기도 한다. 이런 도구는 특히 공동으로 사용하거나 장애인을 위한 장치에 필요하다. 그러나 우리는 화석연료로 움직이는 장치를 쓰는 것에 더 인색해져야 하며 이 기술문명의 피라미드에서 가능한 한 낮은 곳에 존재하는 방법을 고민해야 한다.

우리는 충분히 그렇게 살 수 있으며, 지금도 그렇게 살아가는 사람들이 있다. 당신의 손과 발을 움직여라!

—

척 트랩커스Chuck Trapkus는 일리노이 주 록아일랜드의 가톨릭 일꾼의 집에서 일하며 살아간다. 「더 가톨릭 래디컬」 신문을 편집하고 삽화를 그린다.

햇볕과 바람의 손빨래

브렌다 베일즈

손으로 빨래를 한다고 생각하면 누구든 겁이 날 것이다. 그 불안과 두려움은 충분히 이해할 만하다. 옷을 깨끗하게 빨 수 있을까? 끔찍하게 따분한 일이지 않을까? 나는 손빨래할 시간이 없는걸!

그러나 방법만 제대로 알면 손빨래는 따분하지도, 시간을 많이 잡아먹지도 않는다. 게다가 일단 빨아보면 결코 지울 수 없을 것이라 생각했던 얼룩도 희미해진다.

누구든 자기 옷을 손으로 빠는 방법을 익혀야 한다. 살면서 꼭 해야 할 일들을 무조건 기계에 의존해서 해결하려는 것은 어리석은 일이다. 손빨래 기술은 캠핑여행에서도 쓸 수 있고, 세탁기를 돌리기에는 적은 양의 빨래를 할 때도 유용하다. 특히 천기저귀를 빨 때 더할 나위 없이 좋다(천 기저귀는 가장 빨기 쉽다.

반면에 청바지는 가장 빨기 힘들다). 무엇보다 전기를 사용하지 않으므로 환경에 미치는 영향을 줄일 수 있다. 또한 빨래에 썼던 물을 텃밭에 뿌려 재활용할 수도 있다.

나는 세탁기 한 대 분량의 빨래를 10분이면 할 수 있다. 그리고 5분 정도 빨랫줄에 빨래를 널고 나면 끝이다. 정말 간단하다. 비결은, 우선 옷을 물에 담가 두는 것이다.

손빨래의 기본 순서: 두 개의 통에 물을 가득 채운다. 하나는 빨래할 때, 다른 하나는 헹굴 때 쓴다. 필요하다면 표백제(또는 생분해성 과산화수소)와 비누를 빨래통에 넣는다. 옷에 달린 세탁 주의사항과 더러운 정도에 따라 적절한 시간만큼 물에 불린다. 불려두었던 옷을 하나씩 집어 들고 다섯 번 정도 두 손으로 비비면서 휘저은 다음, 물을 짜서 헹굼통에 넣는다. 이렇게 빨래통의 옷들을 헹굼통으로 다 옮긴 뒤에는 몇 차례 휘저으며 헹군다. 물을 짜내어 바구니에 담고 빨랫줄에 널어 말린다.

세탁기에 넣기 전처럼 빨랫감을 종류별로 분류하고 싶은 사람도 있겠지만 나는 그 단계는 건너뛴다. 모든 빨래를 한꺼번에 빨래통에 넣되 진한 색깔의 옷과 상하기 쉬운 소재의 옷을 위쪽에 둔다. 그런 옷들은 먼저 씻어서 건져내고 나머지 옷은 하루정도 불리면 된다.

손빨래 준비물: 손빨래의 준비물은 18리터 부피의 양동이와 당신이면 충분하다! 대부분의 경우, 빨래를 충분히 불리면 비누

를 쓸 필요가 없다. 특별히 기름때가 많이 묻은 옷이 있다면 그 부분에만 비누를 칠한 뒤 불리면 된다. 비누를 지나치게 사용하는 사람이 많은데 옷에서 비누 냄새가 난다면 비눗기가 남아있다는 뜻이다. 그런 옷은 피부를 자극하거나 알레르기를 유발할 수 있다. 게다가 비누는 하수로를 오염시키고 하수로 안의 유익한 박테리아를 죽인다.

비누보다 훨씬 실용적인 해결책은 옷을 깨끗이 빤 다음 빨랫줄에 널어 신선한 공기와 햇볕에 말리는 것이다. 그렇게 하면 더 깨끗하고 좋은 냄새가 난다. 바람에 펄럭이며 잘 마른 빨래는 빨래 건조기에서 말렸다고 생각할 만큼 포근한 느낌을 준다.

때를 빼다기보다는 '보송보송함'을 유지해야 하는 것들, 이를테면 이불과 수건 같은 것들은 물에 불린 다음 꼭 짜서 널어두기만 해도 된다. 비누를 쓰지 않으면 대개는 헹굴 필요도 없다. 빨랫물이 잉크처럼 까매지지 않는 이상 다른 빨래를 불릴 때 재사용할 수 있다.

일반적으로 심하게 때 묻은 옷은 최소 스물네 시간 정도 물에 담가 두어야 한다. 손상되기 쉬운 옷을 제외하고는 때가 묻지 않은 옷이라 해도 최소 세 시간은 담가 둔다. 레이스와 실크, 색깔이 빠지거나 옅어지기 쉬운 옷은 15분에서 30분 정도 담근 뒤 빨면 된다. 미지근한 물에 비누나 표백제를 아예 또는 거의 쓰지 않는다면 흰옷의 경우에는 적어도 스물네 시간, 밝은 색의 옷과 손상이 쉬운 옷은 그보다 짧게 담가 두는 게 좋다.

얼마나 오래 담가 둘지 판단할 때 옷에 달린 세탁 주의사항을 참고하면 도움이 된다. 처음 손빨래를 시도할 땐 아마도 몇 번씩 빨래통을 들여다보며 옷과 얼룩의 상태를 확인하고 싶을 것이다. 농사를 짓는 우리 가족은 웬만해서는 손상되지 않는 옷을 주로 입지만, 그중에서도 좋은 옷을 빨 경우에는 빨래통 맨 위에 한 시간 정도만 담가놓는다.

얼룩이나 기름때가 심한 옷은 비누나 시판용 얼룩 제거제를 칠해 잘 문지르고 불려놓은 다음, 헹구기 전에 다섯 번 정도 더 문질러준다.

내가 일상적으로 사용하는 유일한 첨가제는 염소 표백제이다. 뚜껑으로 한두 번 분량만 뿌려놓으면 바빠서 이틀 정도 잊고 있더라도 빨랫물에서 쉰내가 나지 않으며, 기저귀를 더 하얗고 깨끗하게 만들어준다. 아니면 과산화수소를 넣어도 좋다.

뚜껑이 달린 두 통짜리 옛날 에나멜 대야는 손빨래에 그만이다. 철제 대야는 옷에 녹 때를 남길 수 있기 때문이다. 통이 하나만 있어도 충분하다. 옷을 빨아 개수대나 깨끗하고 납작한 바위에 올려두고, 빨랫물을 버리고 깨끗한 물을 채운 다음 다시 옷을 넣어 헹구면 된다. 물론 헹굼통이 따로 있다면 빤 옷을 바로 깨끗한 물에 넣어 시간을 절약할 수 있을 것이다.

빨래를 밖으로 나를 때는 단단한 통을 이용하는 것이 좋다.

요즘 유행하는 싸구려 플라스틱 바구니에 넣었다가는 뚝뚝 떨어지는 물에 발을 다 적실 테니 말이다.

온수: 나는 뜨거운 물로 빨래하는 법이 없다. 물을 데우려면 석탄이든 나무든 전기든 자연 자원을 써야 하기 때문이다. 그런 자원은 요리와 목욕을 위해 아껴두는 편이 낫다. 빨래를 불려놓으면 온수를 사용하지 않아도 얼룩을 지울 수 있다. 또한 온수를 쓰지 않으면 옷이 줄어들거나 물이 빠지거나 하는 손상도 줄일 수 있다.

빨래판: 빨래판을 쓰면 일이 너무 많아질뿐더러 '할머니' 같다는 둥의 농담을 듣기 딱 좋다. 얼룩진 부분과 다른 부분을 두 손으로 문지르기만 해도 충분하다. 더 세게 문질러야 할 경우, 수건을 대고 문지르면 어설프게 빨래판에 대고 문지르는 것보다 더 깨끗해진다.

탈수기: 내다 버릴 것. 단추와 지퍼를 손상시키고 시간만 잡아먹는다. 옷 하나를 빨고 나서 가볍게 비틀어 짠 다음 다른 옷을 빠는 게 좋다. 물기를 남김없이 다 짜내려고 기를 쓰며 시간을 허비하지 마라. 물이 조금 '뚝뚝' 떨어져도 상관없다. 햇볕이 알아서 해결해 줄 테니까.

헹굴 때도 옷을 몇 차례 휘저은 다음 물기를 짜내 바구니에 넣고 빨랫줄로 옮기면 된다. 이때에도 물방울을 남김없이 짜내느라 몸을 혹사시킬 필요가 없다. 자동 세탁기는 당연히 물을 꼭 짜내야 한다. 안 그러면 빨래 건조기가 제대로 빨래를 건조할 수 없을 테니까. 그러나 내가 애용하는 태양과 바람 건조기는 꽤나 변덕스럽긴 하지만, 나에게나 환경에나 한 푼도 요구하지 않으면서 옷을 말려주고 보송보송하게 해주고 향기까지 더해준다.

마지막으로 덧붙이자면, 가족과 함께하면 더 좋다. 수돗가가 좀 떨어져있다면 남편은 물을 길어오고 아이들은 빨래를 널고 마른빨래를 걷을 수 있을 것이다. 각자가 자신의 빨랫감을 통에 담그고 세탁된 옷을 자기 방으로 가져가는 일도 할 수 있다. 이런 일을 통해 가족 모두는 깨끗한 옷과 깨끗한 환경을 누리며 책임을 나누는 일의 즐거움을 배우게 될 것이다.

브렌다 베일즈Brenda Bayles는 캔자스 주 프레도니아에서 농사를 지으며 글을 쓴다.

3
치 유 하 기

만약 산업혁명이 없었다면 건강관리에 대한 우리의 생각은 지금과는 매우 달랐을 것이다. 현대 의학을 특징짓는 기술과 조직화된 시스템이 없었다면 우리의 건강은 더 좋아졌을까, 더 나빠졌을까? 현대 의학의 주장과 현실 사이의 깊은 괴리를 경험한 나로서는 그런 의문을 품지 않을 수 없다.

우리 가족은 기성 의학에 대한 대안으로 약초와 자연 치료, 좋은 영양 공급, 가정 분만 같은 방법을 사용했고 효과를 보았다. 이런 대안 치료법들은 현대 이전의 '민속' 의학을 정교하게 다듬고 확대한 것들로, 우리 문화가 '병을 고치는' 기술에 기반을 둔 의료 모델로 방향을 틀기 전에는 '건강을 지키는' 것을 더 중요하게 여겼음을 보여준다.

산업혁명이 없었다면, 그리고 병을 고치는 기술에 쏟는 열망과 노력을 건강을 유지하는 기술에 쏟아 부었더라면 우리는 현대 의학 모델보다 몇 배는 더 인간적인 관점에서 건강을 이해하게 되었을 것이다. 어쩌면 탄생과 성장, 노화, 죽음이라는 자연스러운 과정을 삶에 잘 통합하는 법을 배웠을 것이다.

다행히도 소박한 삶을 사는 사람들은 전통적 건강관을 잊지 않았다. 그리고 요즘 들어 많은 다른 사람들도 전통적 건강관의 가치를 재발견하고 있다(의료산업 종사자들은 아닐지라도 적어도 의학 연구자들은 뒤늦게나마 관심을 기울이고 있다). 전통적 건강관에서 정신과 몸과 영혼은 온전한 전체의 부분이며 하나의 연속체로 연결되어있다. 웬델 베리는 이 진실을 인식하고 "건강은 공동체다"라고 정확히 표현했다.

치유, 온전한 존재가 되는 것

웬델 베리

끊임없이 건강을 걱정하고 갈수록 그 걱정이 커가는 것을 보면 우리가 얼마나 심각하게 병들어있는지 알 수 있다. 적어도 건강했던 젊은 시절의 기억을 더듬어볼 때, 건강은 온전함인 동시에 일종의 의식되지 않는 상태였다. 반대로 질병(dis-ease 편하지 않음)에 걸리면 우리는 건강을 의식하게 되고 우리의 몸과 세상을 분리된 조각으로 바라보게 된다.

인도유럽어에서 '건강health'이라는 말이 '치유하다heal'와 '온전한whole', '신성한holy'과 같은 어근에서 나왔듯, 건강은 말 그대로 '온전한 전체로 있는 상태'이며 치유는 '온전한 전체로 만드는 일'이다. 물론 신성하게 만드는 것은 인간의 치유 능력을 넘어서는 일이다. 그러나 다른 이를 치유하는 사람이라면 모든 생명 안에 깃든 신성함을 인식하고 경의를 표하지 않을 수 없을 것이다. 어찌 보면 치유는 신의 숨결과 영혼을 우리 안에 붙들어 두는 일과 관련 있다고 할 수 있다.

만약 운 좋게 자신을 아껴주는 어른들 틈에서 자랐다면, 온전함이란 단지 자기 안의 충만함을 뜻하지 않는다는 것을 알 것이다. 온전함은 다른 사람과 연결된 느낌, 우리가 사는 장소에 속해있는 느낌이며 공동체에서 무언가를 공유한다는 무의식적 자각이다. 따라서 개인의 온전함과 공동체에 대한 소속감이라는 두 가지 잣대로 우리는 우리의 건강을 가늠한다. 건강이란 분리되지 않은 상태임을 우리는 본능적으로 알고 있는 듯하다.

물론 타락한 세상에서 타락한 존재로 자라고 나이 들다 보면 분리와 분열을 고통스럽게 의식하고 경험할 수밖에 없다. 그러나 우리 문화가 제 역할을 한다면 우리는 한낱 분리되고 분열된 존재로 성장하지 않는다. 분리와 분열의 경험에서 교육이 시작되어 우리에게 온전하고 성스러운 삶을 가르친다. 성서에 등장하는 욥과 나사로, 베네스다 못가의 병자들에 대한 이야기, 밀턴이 그린 투사 삼손, 셰익스피어의 리어왕이 우리에게 전하는 가르침이 바로 그것이다. 우리 문화가 제대로 작동한다면 고독한 고통 밖으로 우리를 이끌어내 온전하게 만들어줄 것이고, 우리의 경험은 교육으로 균형을 찾게 될 것이다.

그러나 분열과 분리, 고립과 고통 속에서 우리는 무력해졌다. 경험과 교육 사이의 균형은 무너졌다. 우리는 경험 속에서 길을 잃었고, 이른바 교육이라는 것은 우리를 어디로도 이끌지 못하고 있다. 우리는 많은 질병에 노출된 데다 그것만으로도 부족하다는 듯 너나 할 것 없이 '건강 염려증'까지 앓고 있다. 현재의 의료산업은 에너지의 절반을 '검사'에 쏟아 붓는다. 겉으로는 멀쩡해 보여도 혹시 질병이 잠복해있거나 서서히 퍼지고 있진 않은지 알아보기 위해서 말이다.

현대 세상에서 건강 문제를 다루다 보면 수많은 불합리에 부딪히게 된다. 예를 들어, 삶을 견딜 수 없이 고통스럽고 무의미한 것이라고 생각하는 한편 왜 갈수록 죽음을 비정상 상태로 치부하며 치료할 수 있는 질병처럼 여기는 것일까? 더욱 경악스러운 것은 현대 의료산업이 우리를 고립시키고 격리시키면서 질병을 흉내 낸다는 것이다. 위장 질환으로 극심한 고통을 겪는 사람은 집과 공동체와 가족으로부터 멀리 떨어진 의원이나 병원으로 보내져 오로지 위에만 관심이 있는 전문가들의 치료를 받는다.

1994년 2월 9일, 연합통신사는 이런 보도를 내보냈다. "모든 연령층에서 암 발생이 증가하고 있다. 연구자들은 담배를 비롯한 발암물질에의 환경적 노출이 부분적 이유일 것이라 추정한다." 이른바 환경이라는 것이 오염되고 유해하다는 게 알려진 지 오래인데 이걸 놀랄 만한 소식이라고 보도한다. 물론 문제는 '환경'이라는 바보 같은 단어에 있다. 여기서 '환경'은 우리를 둘러싸고 있지만 우리와는 다르고 멀리 떨어져있는 것을 뜻한다. 그러나 이미 오래전에 담배 연기가 몸속으로 들어간다는 사실이 입증되지 않았는가? '환경'이 우리 주위를 둘러싼 것이라면 어떻게 우리 몸속으로 들어갈 수 있는가? 아픈 부위만을 따로 분리해서 치료한다는 원칙으로는 결코 설명할 수 없는 현상이다.

이러한 관점은 대단히 환원주의적이며 무엇보다 말도 안 될 정도로 개인주의적이다. 이런 관점에 따르면 인간의 몸은 결함 혹은 잠재적 결함을 지닌 기계에 다름 아니다. 개별적이고 고독하며 깃들 곳도 없을뿐더러, 사랑도 즐거움도 위안도 모르는 기계 말이다. 이러한 몸은 건강에 나쁘다는 담배는 멀리하지만 건강에 나쁜 음식과 물과 공기는 멀리하지 않는다. 이런 관점으로 몸을 이해한다면 해체된 가족과 공동체 속에서도, 파괴되고 오염된 생태계 속에서도 한 개인은 건강할 수 있다.

지금까지 나는 글을 쓰거나 강연을 할 때마다 나의 믿음을 암시적으로 밝혀왔다. 하지만 이번만큼은 드러내놓고 말하는 편이 나을 것 같다. 나는 신이 세상을 사랑한다는 요한복음의 구절을 문자 그대로 이해하는 사람이다. 세상이 사랑으로 창조되고 승인되었으며, 또한 그 사랑으로 존재하고 유지되며 지탱된다고 믿는다. 그리고 세상을 구원할 수 있다면 그것은 오직 사랑으로만 가능하다고 생각한다. 세상에 구현되고 깃든 신의 사랑은 늘 세상을 온전함으로 인도한다. 온전한 존재가 되는 것이야말로 궁극적으로 신과 화해하고 속죄하는 길이다.

그리하여 나는 건강은 곧 온전함이라 믿는다. 여러 해 동안 영국의 농학자 앨버트 하워드Albert Howard 경의 글을 거듭해서 읽었는데, 그는 『토양과 건강The Soil and Health』에서 "흙과 식물, 동물, 사람의 건강은 전체적으로 하나의 커다란 주제"라고 말한다. 또한 나는 러다이트이다. 나는 '기술을 반대하기'보다는 '공동체를 지지하는' 내 방식대로 진정한 러다이트가 되고자 한다. 내게 공동체의 건강과 기술 혁신 가운데 하나를 고르라면 나는 단연 공동체의 건강을 선택할 것이며, 기계가 공동체를 파괴하기 전에 주저 없이 기계를 파괴할 것이다. 한 장소와 그곳에 사는 모든 생물을 포함하는 완전한 의미의 공동체야말로 건강의 최소 단위다. 그러니 외따로 떨어진 한 개인의 건강을 운운하는 것은 모순이지 않은가.

사람들은 종교적 관점에 따라 몸을 적절하게 존중하는 길은 '영적'으로 치유하는 길밖에 없다는 듯 '영성과 치유'에 대해 말하곤 한다. 그러나 몸을 제대로 존중하려면 몸의 물질성을 전적으로 존중해야 한다는 주장도 일리가 있다(게다가 덜 위험하기도 하다). 몸을 물질로 환원하자는 말이 아니다. 나는 이른바 '물리적'이라 불리는 경험과 지식이 실재하는 만큼 '영적'이라 불리는 경험과 지식도 실재한다고 믿는다. 그러나 물리적 실재와 영적 실재를 구분하는 것(이런 용어들이 거칠지만 편리하다는 것을 잘 알지만)이 이로운지, 아니 가능하기나 한지 모르겠다.

복잡성이나 신비 같은 개념에 반대하려는 것도 물론 아니다. 내가 반대하는 것은 불합리하고 파괴적인 이분법이다. 나는 '영적,' '육체적,' '형이상학적,' '초월적' 같은 단어를 내 마음과 언어에서 지우고 싶다. 이런 표현에는 피조물은 여러 '층'으로 이루어져있으며 인간이 단층선을 따라 쉽게 그 층들을 하나씩 떼어내고 판단할 수 있다는 전제가 깔려있기 때문이다. 그러나 우주 만물은 우리가 '영적'이라 부르는 것과 '물질적'이라 부르는 것을 함께 아우르는, 이음새 없이 이어진 직물과 같다고 나는 믿는다.

우리의 몸은 세상에 깃들어있다. 또한 몸의 욕구와 욕망, 쾌락 등은 육체적인 것이라 허기와 갈증을 느끼고, 다른 사람의 몸을 갈망하며, 피곤하면 휴식을 찾고 피로가 풀린 뒤에는 일어나 힘을 쓴다. 하지만 개인의 욕망을 만족의 기준으로 삼아서는 안 된다는 것을 우리는 오래전부터 알고 있다. 몸이 다른 몸과 맺는, 그리고 세상과 맺는 겹겹의 관계를 고려해야 한다. "놀랍고도 신기하게 만들어진"(시편 139편 14절) 몸은 그 자체로도, 다른 존재에 대한 의존성에 있어서도 신비롭기 그지없다. 성서에 따르면 육신은 영혼과 신의 숨결로 살아간다고 하지만 그것이 어떻게 가능한지는 말하지 않는다. 그것은 우리가 '알 수' 없는 것이다.

육체와 영혼을 구분 짓는 것은 옳지 못하다. 자연과 기계를 구분하는 게 훨씬 타당하며, 그 구분이야말로 우리가 시급하게 배워야 할 것이다. T. S. 엘리엇은 『기독교 사회의 이념The Idea of

Christian Society』에서 이렇게 말했다. "종교는 자연과 조화를 이루는 삶을 의미한다고 할 수 있다. 자연적 삶과 초자연적 삶은 서로 조화를 이루지만 자연적 삶도 초자연적 삶도 기계적 삶과는 조화를 이루지 못한다."

그래도 여전히 풀리지 않는 의문이 하나 있다. 육체적인 것을 정신적인 것처럼 다루려는 시도는 우리가 육체를 '저급'하고 가치 없다고 느끼기 때문일까, 아니면 '육체적'이라는 말이 '성性적' 의미로 여겨질지 모른다는 두려움 때문일까?

예를 들어 보자. 1994년 2월 3일 자「뉴욕 리뷰 오브 북스New York Review of Books」에 윌리엄 제임스와 헨리 제임스 형제의 서간집에 대한 서평과 두 형제의 사진이 실렸는데, 사진 속에서 윌리엄은 헨리의 어깨에 팔을 두르고 있었다. 이 사진에 대해 서평자 존 베일리John Bayley는 "그들의 애정은 대단히 돈독했고 가끔 '유사-육체적quasi-physical' 형태를 띠기도 했다"고 논평했다. 나의 뇌리에 남는 것은 '유사-육체적'이라는 수식어였다. 그는 무슨 뜻으로 그 표현을 썼을까? 세심함을 위장한 색욕을 뜻하는가, 아니면 그 반대인가? 예민한 독자들에게 제임스 형제가 서로를 다정하게 쓰다듬을지라도 동성애자는 아니라는 사실을 알려주기 위해서였을까?

'유사-육체적'이라는 표현은 영혼과 몸, 또는 정신과 몸이라는 낡은 이분법과 관련이 있다. 우리에게 너무나 많은 고통과 문제를 일으키고, 건강에 관심 있는 사람이면 누구에게든 골치 아픈 질문을 유발하는 그 이분법 말이다. 형제를 사랑한다면, 그리고 당신과 그가 살아있는 존재라면, 어떻게 사랑이 육체적이지 않을 수 있단 말인가? 사랑은 영혼이나 정신만으로 혹은 '유사-육체적'으로 하는 것이 아니라 '육체적'으로 하는 것이다. 어떻게 형제에게 팔을 두르는 일이 조금도 즐겁지 않을 수 있겠는가.

낡은 이분법 때문에 우리는 몸과 세상의 관계를 적절하게 이해하지 못하고 있다. 건강에 대해 진지하게 생각하는 사람이라면 우리 사회의 오랜 목표였던 편리하고 쉬운 삶에 의문을 품어야 한다. 노력 없는 일이란 일하지 않는 것이다. 일을 제대로 하지 않아 몸이 약해지고 즐거움과 건강을 잃게 된다면 '노동 절감'이 과연 무슨 의미가 있을까?

우리는 분명 건강 위기의 시대를 살아가고 있다. 놀라운 것은, 그 위기를 유발한 자들이나 치유한다는 자들이나 이 위기로부터 엄청나게 높은 수익을 올린다는 것이다. 우리 경제가 이런 병폐에 얼마나 의존하고 있는지 파국 이외에는 해결책이 보이지 않을 정도이다. 해결책이 얼마나 쉽게 문제로 변질되는지, 치료약이 얼마나 금세 오염물질로 전락하는지 생각해보라. 하나의 질병을 치료하기 위해 다른 질병을 들이대는 격이 아닌가.

물론 질병의 원인은 다양하고 복잡하지만 모든 원인의 뿌리는 해묵은 오해에서 찾을 수 있다. 몸은 우리에게 쾌락을 주거나

(대체로 누군가의 이윤이 되는) 아플 때 (역시 대체로 누군가의 이윤이 되는) 말고는 그다지 중요하지 않다는 생각 말이다. 이런 이분법은 육체적 실재를 축소시킨다. 그렇게 해서 몸의 신비를 제거하고, 이분법적 사상가들이 영적 또는 정신적 실재라 부르는 것과 육체적 실재를 엄격하게 분리해버린다.

이런 환원주의가 이론으로 그친다면 그다지 해롭지 않겠지만 이론은 행동으로 옮겨질 길을 찾기 마련이다. 육체적 실재를 축소하는 이론은 몸을 (몸뿐 아니라 세상도) 기계로 여기는 은유를 활용한다. 요즘 언제 어디서나 널리 사용되는 이런 은유에 따르면, 인간의 심장은 감정의 원천도 아니고 박동하는 기관도 아니며 자동차의 연료 펌프와 비슷한 역할을 하는 그냥 '펌프'일 뿐이다. 몸이 생존하고 일하는 데 쓰이는 기계라면 마음은 당연히 생각하는 기계일 뿐이다. 이런 사고 '절차'는 마음을 두뇌로, 두뇌를 컴퓨터로 환원시키며 이에 따라 지식은 '정보'로 축소될 수밖에 없다. 사실상 모든 것이 숫자와 계산으로 환원되고 만다.

건강과 치유가 무엇인지 고민할 때도 기계 은유에 많은 영향을 받는다. 문제는 모든 은유가 그렇듯 기계 은유 또한 '어떤 면에서만' 타당하다는 것이다. 소녀는 어떤 면에서만 장미 같고 심장은 어떤 면에서만 펌프 같다. 은유를 제대로 쓰려면 그 의미의 한계를 정확히 인식하며 해학을 이해할 수 있는 지성이 필요하다. 그와는 반대로 기계 은유가 오랫동안 그래온 것처럼 은유가 지성을 휘두르기 시작하면, 값비싼 대가를 요구하는 왜곡과 부조리가 생긴다.

의학과 의술에서 기계 은유는 치료 과정을 왜곡한다. 치료되어야 하는 존재의 본성을 잘못 이해하기 때문이다. 몸이 기계라면 외부의 어떤 것도 고려할 필요 없이 기계를 고치듯 질병을 치료할 수 있다. 명백한 차이에도 불구하고 기계 은유는 마음의 질병에도 적용된다. 마음이 생각하는 기계라면 정상인 사람도 미친 사람도 아무런 외부의 영향 없이 각각 따로 정상이거나 미친 것이다. 그렇게 우리는 나 홀로 건강한 피조물이라는 대단히 기이한 존재를 조우하게 된다.

당연히 몸은 기계와 전혀 다르다. 모든 생물이 그렇듯 몸은 기계와 달리 자족적이지 않다. 즉, 그 경계와 윤곽이 확고하지 않다. 몸만으로는 몸이 아니다. 공기와 물, 의식주, 동료애로부터 분리된 몸은 정확히 말해 '시체'일 뿐이다. 반면에 기계는 전원이 차단되거나 연료가 떨어져도 기계이다. (정신과 영혼의 문제는 일단 제쳐두고) 하나의 유기체에 불과한 몸은, 다른 살아있는 몸이나 죽은 몸 그리고 다른 생물과 관계를 맺으며 순간순간 살고 움직이고 존재한다. 그 관계는 너무도 복잡해서 도표로 보여주거나 묘사할 수도 없다. 게다가 몸은 생각과 느낌의 영향을 받는다. '연료'만으로는 결코 살지 못하는 것이다.

마음과 컴퓨터의 차이는 몸과 기계의 차이보다 훨씬 크다. 내가 이해하는 한 마음은 뇌와도 그다지 같지 않다. 마음이 생각을 하고, 생각을 느낌과 연결하고, 생각과 느낌을 말과 연결하고, 말과 사물, 말과 행동, 생각과 기억을 연결할 때도 마음은 끊임없이 지난 경험을 회상해야 한다. 회상하지 않는 마음은 결코 마음이 아니다. 그 회상의 과정을 보면 마음의 범위가 얼마나 넓은지 알 수 있다. 감각과 감정, 기억, 전통과 공동체 생활, 익숙한 풍경 등과 얼마나 복잡하게 얽혀있는지 말이다. 마음의 범위가 이렇게 넓고 그것이 다루는 주제와 필요도 그토록 다양한데 과연 어디에 마음이 위치한다고 할 수 있을까? 나는 잘 모르겠다. 하지만 분명 인간의 뇌나 컴퓨터에 있다고 말할 수는 없다.

마음이 무엇인지 (또는 무엇이 아닌지) 더 잘 이해하려면 우리가 '지식'이라고 부르는 것과 컴퓨터가 제공하는 '정보'라는 것의 차이를 생각해볼 필요가 있다. 지식은 적절한 때에 적절한 일을 하거나 말할 능력을 일컫는다. 부적절한 때 부적절한 일을 하는 사람을 두고 '지식이 많은' 사람이라고 하지 않는다. 음악가로서, 운동선수로서, 교사로서, 농부로서 기량을 발휘하는 사람들을 보면 지식의 본질이 무엇인지 알 수 있다. 지식은 형성하며 말과 행동을 빚는다. 지식은 즉각적이다. 언제 어디서든 필요할 때, 필요한 곳에서 즉시 사용할 수 있다.

원래 '정보information'란 안으로부터 형성되거나 만들어지는 것을 뜻하지만 이제는 단지 '데이터'를 뜻할 뿐이다. 데이터는 아무리 체계적으로 정리돼있다 해도 모양이나 형태를 빚지 않으며 진정한 의미에서 내면을 형성하지 않는다. 정보는 필요할 때 바로 그 자리에서 쓸 수 있는 게 아니다. 정보에 '접근'해야 한다면 정보는 우리에게 있는 게 아니다. '지식'은 움직이며 행위를 만들어내지만 '정보'는 무기력하다. 토론자나 쿼터백 선수나 음악가가 '정보에 접근해서' 토론을 하거나 경기를 하거나 연주를 하는 모습을 상상할 수 있는가? 정보로 가득한 컴퓨터는 기껏해야 정보로 가득한 머리나 책 정도의 존중을 받을 수 있을 뿐이다. 정보와 지식의 차이는 사전과 '누군가의 말'의 차이와도 같다.

많은 사람이 의료산업의 본질을 가장 가혹하게 깨닫는 곳이 바로 병원이다. 현대의 병원은 몸과 몸의 여러 부위를 따로따로 분리된 것으로 다루는 수술과 치료에는 능하다. 하지만 우리가 병원을 치유–다시 연결하여 온전한 존재로 만드는 것–의 장소로 생각하려 할 때면 의료산업의 건강관이 얼마나 뒤죽박죽인지 알게 된다.

치유의 과정에서 몸은 스스로 회복한다. 가능한 한 자신의 힘과 본능으로 다시 살아나기 시작하며 약과 기계의 도움으로부터 벗어나려 한다. 식욕이 돌아오고 먹고 쉬는 즐거움을 느끼며 가족과 친구, 가정과 공동체, 일터로 돌아간다. 이러한 치유의 과정은 아이들이 자라는 과정처럼 자연스럽고 필연적이지만 의료산업은 이를 이상하고 왜곡된 방식으로 이해한다. 병원에서 깊이 잠들기 힘들다는 것은 누구나 알지 않는가. 밤새 소음이 들리고 일상적인 의료개입이 쉼 없이 일어난다. 몸은 휴식이 필요 없는 기계처럼 취급된다. 또한 병원은 산업사회의 모순과 거기서 살아가는 뿌리뽑힌 인간의 모습이 가장 극명하게 드러나는 곳이다. 앨버트 하워드 경은 인간의 건강이 흙의 건강과 뗄 수 없는 관계임을 간파했다. 그리고 건강한 자연에서 일어나는 탄생과 성장, 성숙, 죽음, 부패의 순환 속에서 우리가 있어야 할 자리를 책임 있게 지켜야 한다고 보았다.

　자연의 순환과 인간이 근원적으로 연결되는 또 하나의 고리가 음식이다. 병원에서 환자들이 호소하는 불만은 대체로 음식과 관련이 있는데, 내가 들은 바로는 '맛이 없다'는 것부터 심하게는 '구역질이 난다'는 평까지 있었다. 병원에서 음식은 몸속에 주입해야 할 또 다른 불쾌한 물질로 전락해버린다. 유감스러운 일이 아닐 수 없다. 음식은 우리에게 영양분을 공급해 건강하게 만들어줄 뿐 아니라 즐거움을 준다. 몸이 아픈 사람은 대체로 불안하고 울적한 법인데, 식사 시간은 환자들에게 하루에 세 번 뭔가 기대할 거리를 준다. 사랑을 담아 솜씨 있게 준비한, 영양가 있고 맛도 좋고 보기도 좋은 음식만큼 사람에게 즐거움을 주고 기운을 북돋아주는 것은 없다. 그렇지 못한 음식은 건강에도 좋지 않을뿐더러 한 끼 식사에 관련된 모든 것에 대한 모독이다.

　치유의 방법과 학문에 있어서 휴식과 음식, 생태계의 건강이 어째서 기본원칙이 되어서는 안 되는가? 기술과 약이 이미 그 자리를 차지했기 때문인가? 우리는 기계적 효율성과 자연적 건강 사이의 근본적 불일치에 봉착한 것인가? 나는 모르겠다. 그러나 병원에서 자면 마치 공장에서 자는 것 같고, 현대 의료산업이 건강과 음식, 건강과 대지의 관계를 전혀 깨닫지 못한다는 것을 알 뿐이다. 의료산업은 산업농업만큼이나 생태계의 건강에 관심이 없다.

그 못지않게 심각한 문제는, 이제 병이 몸의 재앙에 그치지 않고 경제적 재앙이 되어버린다는 것이다. 환자에게 건강보험이 있든 없든 마찬가지다. 점점 늘어나는 치료비용은 개인적으로도 사회 전체적으로도 감당할 수 없기에 모두에게 항상 재앙이 되어버린다. 병에 대한 근심조차 집어삼키는 경제적 불안이 질병 중에서도 가장 심각한 질병임이 곧 드러날 것이다. 돈 걱정으로 수심이 가득한 사람이 어떻게 건강을 회복할 수 있겠는가?

나는 이 글에서 질문만 늘어놓고 싶진 않지만, 어떤 관점에서 건강과 치유를 고민하든 결국에는 피할 수 없는 질문들이 있다.

첫째, 현재의 의료산업은 건강을 적절하게 정의할 수 있는가? 나는 그럴 수 없으리라 본다. 의료산업은 산업농업과 마찬가지로 갈수록 전문가와 기계, 화학물질에 의존하고 있고, 사람과 생태계의 건강이 아니라 의료기술의 위용을 뽐내는 것이 치료의 기준이 되고 있다. 나는 이 문제를 대학이 풀 수 있으리라 기대하

치유, 온전한 존재가 되는 것

지 않는다. 대학은 농업 문제를 해결하기는커녕 해결하려고 시도한 적도 없다. 물론 정부가 해결하리라는 기대도 하지 않는다.

둘째, 저비용이 어떻게 의료실험과 성과의 기준에 포함될 수 있는 것인가? 현대 이전까지는 왜 저비용이 그 기준에 포함되지 않은 것인가? 이 문제 또한 의료산업의 전문화, 기술과 화학물질에 대한 의존과 관련 있다. 현대의 '의료 시스템'은 현대 농업과 다를 바 없이 그저 공산품 판매 통로가 되었다. 돈을 지불하는 사람은 피폐하게 만들고 돈을 받는 사람은 부유하게 만든다. 다시 말해 현대의 의료 시스템은 하나의 산업일 뿐이다.

셋째, 왜 의료규제나 권고사항은 식량 생산자들을 무시하고 식품가공업계를 지지하는 경우가 많은가? 예컨대 왜 위생적이고 건강한 우유를 생산하기보다는 저온 살균을 선호하는가? ("소비자의 건강이 아니라 독점"을 위해서라는 진 록스던의 지적은 옳다.)

넷째, 왜 우리는 화학성분 없는 식품보다 무지방이나 무균식품을 훨씬 좋아할까? 왜 의료산업계는 흡연에 대해선 그토록 격렬히 반대하면서 항생제를 비롯한 약품을 육용동물에 대량 사용하고 유독 물질을 작물에 살포하는 것에는 아무런 문제 제기를 하지 않는가? 도대체 오염된 세상에서도 건강할 수 있다는 신화에 얼마나 더 집착하려 하는가?

다섯째, 어떻게 질병 예방을 비롯해 적절한 보건의료 활동을 공동체의 사회 구조와 경제에 포함시킬 수 있을까? 이를테면 공동체와 그 공동체를 돌보는 의사가 어떻게 같은 문화와 지식, 운명을 공유할 수 있을까? 동료 시민으로, 공유재를 함께 나누는 사람으로, 같은 공동체의 구성원으로 살아가도록 말이다.

문제는 너무 거대하고 나의 지식은 보잘것없기에 이 글을 완성하겠다는 기대를 버려야 할 것 같다. 그저 현대의 질병을 경험하면서, 그리고 그 질병을 고치겠다고 달려드는 이해하기 힘든 의료산업을 경험하면서 다소 두서없이 떠올랐던 생각과 질문을 정리하고자 할 뿐이다. 혼자서 혹은 사랑하는 사람과 함께 의원이나 병원을 찾았다가 무지와 당혹스러움을 느낀 사람이 비단 나 혼자만은 아닐 것이다. 지금까지 쓴 내용은 그 무지와 당혹스러움의 경험을 이해하려고 애쓰며 고민해왔던 생각들이다. 그리고 이제 그 경험에 대해 말하고자 한다.

1994년 1월 3일, 내 동생 존은 농장에서 여물통을 옮기다가 극심한 심장마비를 겪었는데 가까스로 집에 돌아와 친구에게 전화를 걸었고 그 친구가 응급구조대를 보냈다. 분명 응급구조대와 지역 병원의 응급실 직원들 덕택에 내 동생은 목숨을 구할 수 있었다. 이후에 그는 루이빌의 한 병원으로 옮겨져 '이중 관상동맥 우회'라는 심장수술을 받았다. 그리고 3주 후에 동생은 집으로, 자신의 삶으로, 세상으로 돌아왔다. 내 동생과 그를 사랑하는 사람들은 의료산업에 상당한 빚을 졌다. 두 병원과 그곳의 의사와 간호사들, 많은 약과 기계의 도움을 받았음은 내가 기분 좋게 인정하는 빚이다. 하지만 동생이 병원에 있는 동안 한편으로 나는 여러 정서적 갈등과 풀리지 않는 의문 때문에 괴로웠다. 그런 경험을 했던 사람은 나뿐만이 아닐 것이다.

병원은 사랑의 세상과 효율성의 세상, 즉 전문성과 기계와 모호한 절차의 세상이 만나는 곳이다. 아니, 서로 다른 두 세상이 함께 존재하지만 만나지는 않는다고 하는 게 더 정확하겠다. 병원에 있던 몇 주간 내가 받은 인상은 이러했다. 동생은 사랑의 세상에 살다가 병원으로 왔고 가족과 친구와 이웃들은 그 세상의 대표로 병원을 찾아와 동생과 세상의 연결고리가 끊어지지 않도록 애쓰는 것처럼 보였다. 병원은 우리가 살던 세상과는 완전히 다른 종류의 세상 같았다.

내가 앞에서 우리가 사는 세상이 사랑으로 창조되고 존재하며 구원받을 수 있는 곳이라고 말했을 때, 이 세상을 미화하려는 생각은 없었다. 왜냐하면 우리가 사는 이곳은 실수와 질병, 무지와 편견, 죄악과 죽음이 함께하는 타락한 세상이기도 하기 때문이다. 이 세상에서 우리가 불멸의 사랑과 관계 맺는 법을 배울 수 있다면, 그것은 바로 사랑을 통해 필멸의 한계와 고통, 슬픔에 불가피하게 연결되는 때일 것이다.

신의 사랑처럼 지상의 사랑도 충만함을, 모든 사람이 하나가 되기를 갈망한다. 그러나 신의 사랑과 달리 지상의 사랑은 갈망하는 것을 성취할 힘이나 지혜 혹은 의지가 없다. 지상의 모든 사랑 이야기는 실패의 기록이다. 완전하지 못했거나 충분히 이해하지 못했거나 혹은 충분히 유능하지 못했던 실패를 통해 사랑은 그 존재를 드러내고, 심지어 스스로를 증명한다. 병원에 들어설 때, 사랑은 처참한 실패의 기억을 안고 들어선다. 그럼에도 사랑은 자신을 믿는다. 사랑의 존재와 사랑이 지닌 열망의 힘은 실패를 통해서도 거듭거듭 증명되어왔기 때문이다. 질병과 죽음의 위협, 그리고 죽음 앞에서조차 사랑은 고집스럽게 물러서지 않으며 무슨 일이 일어나든 극복할 수 있다고 믿는다.

반면 효율성의 세계는 인간의 사랑도, 신의 사랑도 무시한다. 경험을 계산하고, 추상화시키고, 신비로움을 인간이 이해할 수 있는 하찮은 것으로 환원시켜버리기 때문이다. 현재적 의미의 효율성은 기계와 손을 잡을 수밖에 없다. 닐 포스트먼Neil Postman은 『테크노폴리Technopoly』에서 이 점을 잘 표현했다. "기계는 복잡성과 의심, 모호성을 제거한다. 기계는 민첩하게 일하며 표준화되어있다. 기계는 우리가 볼 수 있고 계산할 수 있는 숫자를 제시한다." 기계에는 분명 장점이 있고 이성적인 사람이라면 누구든 이런 기계를 즉각 거부하지는 못할 것이다.

그럼에도 사랑은, 사랑하는 사람을 표준화할 수 없다고 고집스럽게 답한다. 몸이란 영혼도 기계도 아니고 그림도, 다이어그램도, 도표도, 그래프도, 해부도도 아니며 해설도 법칙도 아니다. 몸은 있는 그대로의 유일무이한 존재다. 몸은 사랑의 세계에 속해있다. 살아 있는 존재들의 세계, 자연적 질서와 순환의 세계, 어둠 속에서 위태롭게 빛나는 수없이 많은 작은 빛들의 세계에.

나는 농업 문제를 다루면서 생물과 기계의 차이에 대해 많은 생각을 해왔지만, 동생이 심장수술을 받고 여러 기계에 연결된 채 인공호흡기에 의지해 숨을 쉬는 동안만큼 그 차이를 뚜렷이 느끼고 깨달았던 적이 없다. 모든 기계의 작동이 그렇듯 기계의 호흡은 일정하며 의식 없는 규칙성을 갖는다. 반면 생명의 숨은 몸 안팎의 사건과 생각, 감정에 정교하게 반응하며 끊임없이 변화한다. 기계는 단추를 찍어내듯 늘 일정하게 숨을 쉬지만, 생명의 호흡은 그 어느 것도 다른 것과 같지 않으며 헤아릴 수 없이 소중한 창조물이다.

논리적으로 보자면 풍요 속에서는 마구 쓰고 버리는 것이 생겨나기 마련이다. '풍요로우니 버려도 좋다'는 산업경제학의 변함없는 신념이자 미국의 역사를 지배한 강력한 미신이며 도처의 식민주의 역사를 지배해온 미신이기도 하다. 풍요로우니 버려도 좋다는 믿음은 효율성의 세상을 이루는 전제이기도 하다. 그래서 효율성의 세상은 효과든 안전성이든 그 무엇이든 강박적인 확률로 표현한다. 하지만 사랑의 세계에서 이런 논리는 절대적으로 낯설다. 만약 어떤 약이나 시술이 99퍼센트의 암환자를 구한다거나 어떤 오염물질이 99퍼센트의 인구에게 안전하다고

한다면 사랑은 주저 없이 이렇게 물을 것이다. '나머지 1퍼센트는 어떻게 되는 거죠?'

이런 질문은 결코 합리적이지 않으며 옹호할 수 없는 것인지도 모른다. 그럼에도 이것은 우리가 지닌 종교적 전통의 큰 줄기, 어쩌면 가장 본질적인 줄기일 수도 있다. 백 마리 양 가운데 한 마리를 잃은 양치기는 '나는 99퍼센트의 양을 구했어'라고 말하지 않고 오히려 '양 한 마리를 잃었어'라고 말하며 잃어버린 그 한 마리를 계속 찾는다. 이 유명한 우화 속에 등장하는 양이 그저 단순한 은유일 뿐이라 생각하는가? 그렇다면 누가복음을 읽어보라. "참새 다섯 마리가 두 냥에 팔리지 않느냐? 그러나 그 가운데 하나라도 하느님은 잊고 계시지 않다." 여기 등장하는 참새는 인간뿐 아니라 모든 피조물을 나타낸다.

영국의 시인 존 던John Donne이 다음과 같은 구절을 쓸 때도 다르지 않았다. "흙덩이가 바다에 씻겨가면 유럽은 그만큼 줄어든다. 곶이 하나 쓸려가도, 당신의 친구 또는 당신의 영지가 쓸려가도 마찬가지이다. 한 사람이 죽으면 그게 누구의 죽음이든 내가 작아진다."(1624년에 출간된 존 던의 산문집 『뜻하지 않았던 일들에 대한 묵상Devotions Upon Emergent Occasion』에 실린 명상 17편의 일부-옮긴이)

그나마 생태학이 사랑의 논리로 세상의 질서를 이해하는 방향으로 가고 있어 다행이다. 생태계에서 고유종 하나가 사라지면 우리는 그것을 '원래 생태계 빼기 종 하나'로 표현할 수 없다는 것을 잘 안다. 하나의 종이 사라진 생태계는 전혀 다른 생태계가 된다. 마찬가지로 우리 한 사람 한 사람은 고유한 사람과 장소, 사물들의 고유한 조합에 의해서 만들어진다. 사랑의 세계는 이 고유한 조합을 이루는 부분들이 대체 가능하다는 생각을 인정하지 않는다. 사랑의 세계에서는 효율성과 전문성의 이름으로 분리되었던 것들이 다시 하나가 되려고 애쓴다.

수술 후 동생이 중환자실에 있을 때 제수씨 캐롤은 슬픔과 두려움 속에서 동생 곁에 서있었다. 간호사가 그녀를 안심시키기 위해 이렇게 말했다. "다른 사람들도 다 괜찮았으니 남편분도 괜찮을 거예요." 캐롤이 답했다. "저는 다른 사람 모두의 아내가 아니에요."

그래도 사랑은 죽음을 대면하고 받아들이고 죽음으로부터 배워야 한다. 죽음을 대면할 때만 지상의 사랑은 자신의 진정한 크기를, 자신의 불멸성을 알게 된다. 건강을 어리석게 정의하지 않으려면 그 정의 속에 반드시 죽음을 포함시켜야 한다. 사랑의 세계는 죽음을 끌어안고, 죽음으로 고통받고, 죽음 너머에서 승리를 거둔다. 그러나 효율성의 세계는 결국 죽음에 패배한다. 죽음의 순간, 모든 기계와 시술은 멈춘다. 사랑의 세계는 멈추지 않고 계속된다. 사랑의 불멸을 보여주는 증거가 바로 슬픔이다.

죽음은 사랑처럼 병원에 있어도 병원에 속한 것이 아니다. 두려움도 슬픔도 병원에서는 갈 곳을 잃는다. 병원의 효율적인 절차와 구조 속에 어떻게 사랑과 두려움, 슬픔이 들어갈 수 있겠는가? 작은 질서에 열렬하게 혹은 냉철하게 집착하는 그곳에 사랑과 두려움과 슬픔은 크나큰 혼란의 위협을 가하는 것이 아닌가.

공존할 수 없는 사랑의 세상과 효율성의 세상은 '비전문가'와 '전문가'라는 용어로 구분할 수 있다. '비전문가amateur'(라틴어 amator(lover)에서 비롯된 말로 애호가, 어떤 사물을 사랑하고 좋아하는 사람을 뜻한다-옮긴이)는 그냥 좋아서 아무 대가도 바라지 않고 무언가를 하는 사람이다. 반면 전문가는 현대적 의미에서 대단히 전문적이거나 기술적인 일을 보수를 받고 하는 사람을 뜻한다. 이러한 전문가의 영역에서 비전문가는 배제된다.

비전문가가 병원 또는 의료산업의 거의 모든 분야에서 가장 많이 겪는 경험은 지식으로부터 배제되는 것이다. 달리 말해 '지식을 토대로 한 현명한 결정' 같은 것을 내릴 수도 없고 그런 결정의 과정에 끼어들 수도 없다. 그러나 의사라고 해서 지식을 토대로 한 현명한 결정을 내리느냐 하는 것도 논쟁의 여지가 있는 문제이다. 병원에서는 전문가들조차 경험에 참여하기 때문이다. 실험결과라는 것은 경험보다 늘 훨씬 뒤에 나온다. 비전문가들도 다 알고 있는 것처럼 경험은 예측이 불가능하고 복제할 수도 '통제'할 수도 없다. 한번 결정을 내리면 그 결과를 비교할 기준이 없다. 만약 다른 결정을 내렸다면 결과가 어떻게 달라졌을지 알아볼 기회란 없다.

현대의 많은 학문과 마찬가지로 의학의 영역에서도 비전문가와 전문가의 지식과 언어 사이에는 건널 수 없는 간극이 있다. 대부분의 환자와 가족에게 '지식을 토대로 한 현명한 결정'이란 상상조차 할 수 없는 일이다. 그들은 환자의 병도, 병원에서 권장하는 치료나 수술 절차도 충분히 이해하지 못한다. 게다가 환자가 생명을 의존하고 있는 의사나 수술진이나 그 누구에 대해서도 잘 알지 못한다. 그들은 전적으로 믿음에 의지할 수밖에 없는데 그 믿음이라는 것이 이상하고도 섬뜩하다. 신이 아니라 한낱 사람, 한낱 절차, 한낱 화학물질, 한낱 기계를 믿기 때문이다.

동생이 수술을 받고 난 뒤에야 우리는 이러한 믿음이 얼마나 위험천만한지 깨닫게 되었다. 물론 우리는 구할 수 있는 최고의 조언을 토대로 결정을 내렸다. 정확히 말해 동생이 결정을 내렸고 우리가 동의했다. 하지만 동생이 우리와 떨어지고 나자 우리는 우리 자신이 무지하다는 사실로 인해 괴로움에 빠졌다. 우리는 우리가 무슨 일을 하고 있는지 알지 못했으며, 무엇보다 우리가 모르는 무언가에 동생을 완전히 내맡겨버렸다고 느꼈다. 동생도 수술이 끝나고 중환자실에 있을 때 버려진 듯한 느낌과 무력감을 호소했다. "이 사람들이 나를 위해서, 아니 나를 가지고 무얼 하려는지 모르겠어."

동생이 수술을 받는 동안 간호사들은 대기실에 있는 우리에게 드문드문 상황을 알려주었다. 그때 우리는 또 다른 사실을 깨달았다. 그것은 우리가 그 상황에서 진실을 들을 수 없으리라는 사실이었다. 의사의 마음이 어떤 걱정과 두려움으로 흔들리고 있는지, 아슬아슬한 순간이나 실수는 없었는지, 혹은 수술을 조금이라도 서툴게 하지는 않았는지 우리는 알 수 없었다. 행여 진실을 듣는다 해도 그것이 진실인지 우리가 알 길이 없지 않은가.

수술실에서 파견된 특사가 모든 게 '정상'적이고 '일상'적으로 이루어지고 있다고 안심시킬 때, 우리는 그런 말들이 환자가 아닌 수술 과정을 말하고 있다는 것을 알았다. 비전문가로서, 어쩌면 비전문가이기 때문에 현재 벌어지고 있는 일이 동생에게나 우리에게나 정상적이지도 일상적이지도 않다는 것을 알았다.

그러나 사랑의 세계와 효율성의 세계가 근본적으로 분리되어 있다고 해서 그 간극을 건널 수 없는 것은 아니다. 나는 비전문가가 어떻게 전문가의 세상으로 건너갈 수 있는지는 알지 못하며 그런 일은 일어날 수 없을 것이라 생각하지만, 분명 전문가가 비전문가의 세상으로 다시 건너올 수는 있다. 그리고 그런 순간은 언제나 감동적이다.

—

웬델 베리Wendell Berry는 켄터키 주 헨리 카운티에서 농사를 짓고 글을 쓴다. 시인이자 소설가, 에세이스트로『나무들의 성가대』,『삶은 기적이다』,『포트윌리엄의 이발사』등을 비롯해 30권이 넘는 책을 썼다.

아이를 낳는 가장 안전한 방법

매리 앤 리저

"질문하려고 했는데 그러지 못했어. 임신과 출산을 정상적이고 건강한 일이라고 생각하는지 묻고 싶었는데." 질의응답 시간이 끝난 뒤 앞줄에 앉았던 친구가 말했다. 좋은 질문이었다. 두 시간 동안 우리가 들은 모든 이야기를 종합하면 결국 임신은 질병이며, 출산은 산부인과 의사들이 여자와 아기를 위험으로부터 구해내야 하는 과정이라는 것이었으니까.

나는 지역 병원에서 임산부나 예비 임산부를 위해 주최한 강좌에 호기심으로 참가했다. 여섯 명의 의사가 차례로 나와 자신의 전문 분야에 대해 짧게 발표한 뒤 청중들의 질문을 받았다. 강좌가 끝나고 사람들이 강당을 떠날 무렵에 보니 앞줄에 내가 아는 사람들이 앉아있었다.

시간이 부족해 질문하지 못한 그 친구는 조산사였다. 그녀는 다섯 아이를 모두 집에서 낳았고, 지난 6년 동안 수백 명의 임산부가 자신의 집에서 존중받으며 아이를 낳을 수 있도록 도왔다. 내 첫 임신 때 나의 조산사이기도 했다. 아이가 태어나는 순간에는 옆에 없었지만 (다른 출산을 돌보러 가느라 그녀의 조수가 나와 함께 있었다) 나는 임신 아홉 달 동안 그녀에게서 임신과 출산이 정상적이고 건강한 일이며, 최소한의 기술 개입으로도 해낼 수 있는 일임을 배웠다.

그러나 그날 저녁 의사들에게 들은 이야기는 달랐다. 우리가 거듭 들은 이야기는 아직 태어나지도 않은 아이에 대해 알아낼 수 있는 모든 것과 아이의 탄생 과정을 통제할 수 있는 모든 방법에 대한 것이었다.

의사들은 최소 임신 16주가 되어야 할 수 있는 양수검사보다 더 일찍 시행할 수 있는 진단검사를 개발하기 위해 오랜 기간 애써왔다. 이제는 임신 8주에 융모막 융모 생검법(Chorionic Villi Sampling, CVS)을 실시할 수 있는데, 이는 나중에 태반을 형성하는 손가락 모양의 작은 돌기인 융모막 융모를 채취하여 검사하는 방법이다. 새로 도입된 또 다른 방법은 경피적 제대혈 채취(Percutaneous Umbilical Blood Sampling, PUBS)로, 자궁벽으로 기구를 넣어 탯줄과 태막이 연결되는 곳의 혈액을 채취하는 방식이다. 이 모든 절차에는 감염과 출혈, 유산의 위험이 따른다. 특히 위의 두 검사는 태아의 선천성 결함을 일으킬 위험이 있는 것으로 여겨진다. 그런데도 의사들은 태아가 정상적이고 건강한지 확인한다는 이유로 임산부들에게 이런 검사를 받도록 설득한다. 슬픈 일이지만 태어나지도 않은 아이의 건강을 확인하려고 검사를 받았다가 건강한 태아를 유산하거나 선천성 결함을 지닌 아기를 낳는 사례가 매해 일어난다.

그날 저녁 강좌에서도 한 남자가 이런 검사를 받는 게 현명한 일인지 물었다. "아무리 작은 위험이라 해도 왜 그런 위험을 무릅써야 하지요?" 의사는 그런 검사 자체의 위험성보다 검사를 통해 찾아내려는 문제들이 더 위험하다고 대답했다. 이를테면 서른다섯 살이 넘은 여자는 양수검사로 정상적인 태아를 유산할 위험보다 다운증후군을 가진 아이를 낳을 가능성이 더 크다는 것이다. 다운증후군 아이를 낳을 확률과 양수검사의 부작용으로 유산할 확률에 대한 비교는 통계적으로 맞다. 그러나 내가 서른다섯이 넘은 그 임산부라면 통계적 수치로 판단을 내리지는 않을 것이다.

의사들이 산전검사를 권장하는 이유 중 하나는 분명 탄생과 죽음에 대한 두려움 때문이다. 두려움은 오늘날 우리 문화의 뼈대를 구성하는 부분이다. 두려움 때문에 우리는 더 많은 검사를 하고 더 많은 정보를 모은다. 더 많이 알수록 더 많이 통제할 수 있고, 더 많이 통제할수록 우리가 두려워하는 것들을 더 많이 피할 수 있으니까 말이다. 하지만 이런 과정이 항상 그렇게 깔끔하게 끝나지는 않는다. 우리에게 허락되지 않은 것까지 통제하려는 시도는 훨씬 더 무서운 시나리오로 우리를 이끌고 있다.

요즘에는 미국 임산부의 대다수가 적어도 한 번은 초음파 검사를 받는다. 초음파 검사는 대부분의 산부인과에서 모든 여성을 대상으로 하는 일상적인 검사가 되었다. 어떤 여성들은 아직 태어나지도 않은 배 속의 아기 사진을 기념으로 간직하고 싶어서 초음파 검사를 자청하기도 한다. 초음파 검사의 안전성이 완전히 입증된 바 없는데도 그렇다. 미국 산부인과의사협회에서도 의학적으로 타당한 이유가 있을 때만 초음파 검사를 시행할 것을 권고하지만, 많은 산부인과는 이런 지침을 무시하고 독자적 기준을 따른다. 초음파 검사의 위험이나 혜택이 무엇인지 최종적으로 밝혀지기까지 얼마나 걸릴까? 그때까지 얼마나 많은 배 속의 아기들이 초음파에 노출되어야 할까?

임신 기간에 DES 호르몬(1960년대 후반 유산 방지를 위해 많은 임산부에게 투여되었던 합성호르몬제-옮긴이)에 노출된 여성의 딸은 생식기에 유전적 결함을 지니고 태어난다는 사실이 밝혀지는데도 수십 년이 걸렸다. DES에 노출된 여성의 딸들이 성인이 되어서야 그 결함이 드러났기 때문이다. 그 수십 년간 DES를 처방받은 여성들은 의사와 미국 식품의약청이 전적으로 안전하다고 보장했기 때문에 그 약을 복용했다. 하지만 결국 그것은 안전하지 않았다. 초음파 검사는 미래의 DES가 될까? 모르겠다. 어쩌면 무해한 검사일 수도 있을 것이다. 하지만 굳이 위험을 무릅쓸 이유가 있을까? 사실상 모든 임산부와 태아를 위험에 노출시켜야 할 이유가 있을까? 죽음, 곧 삶을 두려워하는 문화에서나 이런 종류의 검사를 받아들인다.

그날 저녁 강좌에서 발표한 의사들은 분명 엄청난 두려움을 품고 있었다. 그들은 출산과 관련된 모든 것을 두려움에 찬 눈으로 바라보았고, 두려움의 대상을 지배하기 위해 더 많은 지식을 끝도 없이 갈구하고 있었다. 그들은 '놀랄 만한 새로운 검사,' '굉장한 발전,' '상당한 수준에 이르렀다', '우리는 가능한 모든 방법을 찾으려 한다' 같은 표현을 강좌 내내 늘어놓았다. 심지어 한 의사는 모든 엄마에게 건강한 아기를 보장하는 게 자신의 목표라고 밝혔다. 다른 의사는 '여러분이 원하는 딱 그대로'의 출산 '대본'을 준비해주겠노라고 했다.

임산부들이야 어떤 출산을 하고 싶은지 선택할 수 있다. 하지만 우리는 신이 아니므로 '우리가 원하는 대로'만 할 수 없다고 말해주는 사람은 아무도 없었다. 출산은 통제해야 하는 일이 아니고 그럴 수 있는 일도 아니기에 어떤 의사도 임산부에게 건강한 아이를 장담해서는 안 된다고 말하는 사람도 없었다. 우리는 신이 아닌데 말이다.

『열린 계절Open Season』의 저자 낸시 와이너 코헨Nancy Wainer Cohen은 이렇게 말한다. "죽음과 마찬가지로 출산 역시 우리 마음대로 할 수 없다. 우리가 그것을 이해하거나 통제해야 하는 것도 아니다. 그저 할 수 있는 부분을 책임지고 그 과정을 경험하면 된다. …… 어떤 측면에서는 그 과정이 흘러가는 대로 놔둬야 한다. 믿음이란, 근거 없이 신뢰하는 게 아니라 신의 계획을 의구심 없이 믿는 것이다."

많은 의사들이 임산부들에게 온갖 검사를 권장하는 또 다른 이유는, 의사들 자신이 임신은 정상적이거나 건강한 상태가 아니라고 믿기 때문일 것이다. 불행하게도 의사들은 자신을 찾아오는 임산부들 또한 그렇게 믿게 만들고 결국에는 스스로 출산할 능력이 없다고 생각하게 만든다.

병원은 분만실과 간호–조산사 교육 프로그램, 출산 강좌 등으로 편안한 분만을 돕겠다고 하지만 병원에서 아이를 낳는 여성들 가운데 진통제를 투여받는 경우는 20년 전보다 '더 많아졌다.' 많은 여성은 갑자기 수술을 받아야 할 때를 대비해 정맥주사관을 팔뚝에 꽂은 채로 산고를 치르고 아기를 낳는다. 안타깝게도 적어도 다섯 명 중 한 사람은 제왕절개수술을 받게 된다. 대체로 이런 제왕절개는 불필요할뿐더러 산모와 태아 모두에게 위험할 수 있다. 많은 산모가 분만 중 어느 시점에 이르면 복부에 전자식 태아 감지기EFM-Electronic Fetal Monitor를 부착하게 되는데, 이 초음파 장치는 산모의 진통과 태아의 심장박동을 출력물로 보여준다. 원래는 위험이 큰 분만 과정을 모니터하는 용도로 만들어졌지만 급속도로 일반화되어 이제 많은 병원에서 모든 산모에게 일상적으로 사용한다. 그런데 분만실의 간호사들이 이 감지기의 자료를 해석하지 못해 우왕좌왕하다가 결국 제왕절개를 하게 되는 사례가 늘어난다.

출산은 점점 더 비인간적인 과정이 되어가고 있다. 산모들은 일단 전자식 태아 감지기에 연결되면 간호사들이 자신과 눈도 맞추지 않고 모니터 출력물만 들여다본다고 불만을 토로한다. 미국 산부인과의사협회조차 태아경(임산부의 배에 갖다 대는 청진기 같은 도구로 이어폰이 달려있어 태아의 심장박동을 들을 수 있다)을 사용해 정기적으로 태아의 박동을 듣는 것이 전자식 태아 감지기만큼 효과적이라고 말한다. 그러나 이 전자기계를 사용한 지 20년이 흐른 지금 많은 간호사와 의사들은 태아경을 어떻게 사용하는지조차 잊어버렸으며 아예 사용법을 모르는 사람도 있다.

과학기술에 의존할수록 우리는 점점 무력해진다. 태아경 사용법을 누가 기억할 것인가? 복잡한 장비 없이 아기를 따스하게 세상으로 인도하는 방법을 누가 기억할 것인가? 아마도 몇 안되는 산파들뿐일 것이다. 산파들에게는 자신의 가슴과 손이 가장 중요한 도구이다. 특히 가정 분만을 돕는 산파들은 불필요한 과학기술 없이 아기를 낳는 법을 전수하고 숙련한다. 무엇보다 여자들의 몸은 아기를 낳을 수 있도록 만들어졌고 그에 맞게 변화한다. 아기들 역시 자연의 순리대로 태어날 수 있도록 창조되었다.

　안전한 출산을 보장하겠다는 인간의 모든 노력은 아이러니하게도 출산을 더욱 위험하게 만들었다. 여러 연구결과에 따르면, 건강한 여성이 아이를 낳는 가장 안전한 방법은 산파와 함께 집에서 아기를 낳는 것이다. 연령과 소득수준, 위험 요소 등이 유사한 산모들을 비교한 결과 가정 분만을 선택한 여성일수록 태아와 산모의 사망률이 현저히 낮았고 감염과 합병증, 선천적 결함 발생률도 낮았다. 두려움을 통제하려는 우리의 시도가 역효과를 낳은 것이다. (헨시 고어의 「산부인과의 신화 대對 검증된 현실: 의학 문헌을 위한 가이드Obstetric Myths versus Research Realities: A Guide to Medical Literature」(1995)와 세계건강기구 WHO에서 일한 바 있는 마스던 와그너의 「출산 기계를 좇아: 올바른 출산 방법을 찾아서Pursuiting the Birth Machine: The Search for Appropriate Birth Technology」에서 병원 출산과 가정 출산을 비교한 연구결과를 볼 수 있다.)

　어떤 형태의 과학기술이든 감내해야 할 부담을 안고 있기 마련이다. 먼 미래에 드러날 위험이나 해로운 결과를 안고 있을 때가 있지만, 그것에 대해 아무도 알지 못하거나 혹은 새로운 것에 무턱대고 환호하느라 고민하고 싶지 않을 수도 있다. 미래의 부담은 대부분의 경우 사회적 문제가 되며, 사람 사이의 복잡한 관계몽도 그에 영향을 받는다. 그런데도 새로운 과학기술을 도입하기 전에 그 기술이 어떤 영향을 미칠지 조금이라도 논의되는 경우는 거의 없다.

우리 사회가 출산 기술에 과도하게 의존하면서 어떤 결과가 발생하고 있는가? 건강한 저위험군 산모조차 기술과 장치에 의존하게 만드는 요즘의 출산은 인간적 접촉의 여지를 거의 또는 아예 남겨놓지 않았다. 병원에서 출산을 돕는 대부분의 사람들은 마음과 손을 사용하는 법을 잊어버렸다. 출산하는 여자들은 자부심을 느껴 마땅한데도 오히려 피해의식을 느낄 때가 많다. 감동적이고 숭고한 경험이 되어야 할 출산에 우리는 이제 무감해져 버렸다.

아이들은 기계로 가득한 환경에서 더 고통받으며 태어나는데도 진통 중인 어머니가 겪는 온갖 의료 개입 덕택에 '구조'된 것으로 여겨진다. 문제를 일으킨 장본인인 의사들이 아기를 '구조한' 공로를 차지한다. 갓 태어난 아기들은 생의 첫 몇 시간 또는 며칠 동안 엄마와 떨어져 지낸다. 그때야말로 자신을 사랑해줄 사람들에게 둘러싸여 이 세상에 온 것을 환영받아야 하는데도 말이다.

나는 두 번의 출산을 했는데 첫 번째와 두 번째 출산은 매우 달랐다. 한 번은 길었고 다른 한 번은 짧게 끝났다. 한 번은 여러 시간 동안 인내심 있게 힘을 주었고 다른 한 번은 아기가 나오기 전에 산파가 도착하길 기도해야 했다. 한 번은 온종일 진통을 한 끝에 저녁이 되어서야 아기를 낳았고 다른 한 번은 평소처럼 잠을 자고 동이 트기 직전에 아기를 낳았다. 한 번은 예정일보다 한 주가 빨랐고 다른 한 번은 의학적인 계산에 따른 예정일보다 늦었다. 하지만 두 번 모두 여느 때와 다름없이 신이 함께 계시다는 느낌 속에 있었다. 나는 두렵지 않았다. 어쨌든 그것은 내가 통제할 수 없는 일이라는 걸 알고 있었기 때문이다.

출산 기술에 지나치게 의존할 때 일어나는 가장 슬픈 결과는 신이 함께할 자리가 사라진다는 것이다. 나는 출산의 순간이야말로 신이 우리 삶에 가장 직접적으로 개입하는 시간이라 믿는다. 우리의 두려움을 정복하려 애쓰다 보면 신이 설 자리는 없어지고 만다.

출산 기술을 거부하는 것, 의료 시스템 밖으로 성큼성큼 걸어나가는 것, 우리의 방식대로 아기를 낳을 우리의 능력을 되찾는 것은 혁명적인 일이자 우리의 영혼을 치유하는 일이기도 하다.

매리 앤 리저Mary Ann Lieser는 「플레인」지의 편집장으로, 오하이오 주 반즈빌에서 아이를 키우며 글을 쓴다. 「커밍 홈」, 「플레인」, 『연필 클럽의 기록』(빌 헨더슨 엮음)에 글이 실렸다.

내 몸에 대한 결정권

데이비드 벤들리, 엘리자베스 벤들리

기름 램프가 조용히 타오르며 작은 집의 모퉁이 방을 은은하게 비춘다. 이제 막 특별한 일이 벌어질 참이다. 아기가 곧 태어날 것이다. 방 안은 고요하다. 엄마와 산파와 그녀의 조수는 아빠가 하던 일을 마치고 어서 들어오길 기다리고 있다. 아빠가 들어와 우유통을 조리대에 올려놓은 뒤 서둘러 몸을 씻고 옷을 갈아입는다. 오래 지나지 않아 일곱 번째 아이가 태어났다. 딸이다. 밤새 방안을 채우던 기도 소리가 다시 높아진다. 이윽고 다른 아이들이 일어나 갓 낳은 여동생을 안고 있는 엄마의 모습을 놀랍고도 행복하게 바라본다.

20세기 초반의 장면이 아니다. 바로 작년 가을에 있었던 일이다. 이 가족은 병원에 갈 수 없어서가 아니라 자신들의 선택에 따라 집에서 아이를 낳았다. 다행히 신의 은총으로 병원에 갈 필요가 없었지만, 무언가 잘못되었더라면 망설이지 않고 병원으로 갔을 것이다. 우리는 집에서 아이를 낳기로 선택하길 잘했다고 생각한다. 그렇다. 이것은 우리 가족의 이야기이다. 우리는 마지막 세 아이를 집에서 낳는 축복을 누렸다.

그러나 그날 하루가 그렇게 평화롭게 지속된 것만은 아니다. 일곱 번째 아이가 태어나자마자 우리는 16개월 된 아들에게 신경을 쏟아야 했다. 전날 저녁에 아이가 심하게 굴러서 검사를 받아야 할 상황이었다. 응급구조사로 일하는 친구가 밤새 아이를 지켜봐 준 덕택에 우리는 병원에 갈 때까지 그나마 안심할 수 있었다.

일곱째 아이가 태어난 그날, 남편은 남은 하루를 그날의 시작과는 사뭇 달리 보냈다. 그는 조용한 헛간과 은은하게 불이 켜진 집과는 다른 장소, 금속성으로 둘러싸인 현대 의료기술 속에 있었다. 어린 아들이 거대한 CT 촬영기 속으로 들어가는 것을 보면서 남편은 그곳이 집과 얼마나 대조적인지 생각하며 고개를 저었다. 그날 우리는 한 아이를 잃을 수도 있었다. 그러나 신은 다른 계획을 갖고 있었다. 하루에 두 생명을 우리 가족에게 주신 것이다.

세상으로부터, 세상의 덫으로부터 해방되어 소박한 삶을 살려고 애쓰다 보면 마주치게 되는 질문들이 있다. '도대체 어디까지 선을 그어야 할까?' 어디에 선을 그어야 할지 가장 판단하기 힘든 분야가 바로 의료분야이다. 사실 우리 가족은 아직 성숙하고 일관된 의료 철학을 갖지는 못했다. 하지만 의료기관에 지배되기보다는 우리 스스로 이 문제를 결정하고 있다고 생각한다.

의료기관의 토대를 이루는 주된 생각 하나만 보더라도 우리의 생각과는 너무나 다르다. 의료 전문가에게 육체적 죽음이란 무슨 수를 써서라도 피해야 하고 몰아내야 할 적이다. 죽음은 너무나도 두려운 미래의 것이어서 의사들은 죽음을 피하기 위해서라면 터무니없을 정도로 온갖 노력을 기울인다. 그러나 우리의 가장 큰 희망은 우리의 심장과 폐가 멈춘 뒤에 도달하게 될 정거장이다.

신은 우리의 생명을 주는 분이자 앗아가는 분이다. 우리는 신의 뜻으로 이곳에 왔으니 우리 몸을 선물과 같이 소중하게 다루어야 한다. 우리 가족에게 몸을 지키는 일은 몸과 관련된 모든 것들, 우리가 먹고 걸치는 것들을 신중하게 고르는 과정을 뜻한다. 우리는 지상에서의 삶이 끝날 때쯤 우리의 몸과 영혼 모두 때 묻지 않았기를 바란다.

현대인들이 흔히 갖는 또 다른 생각은 삶이 완벽해야 하거나 적어도 완벽에 가까워야 한다는 것이다. 법정에는 주의사항이 제대로 붙지 않은 제품이나 성공적이지 못한 수술 때문에 고통을 호소하는 민사소송으로 발 디딜 틈이 없다. 우리 사회의 기준은 점점 높아져서 사람들은 이제 육체적 불편을 비롯한 모든 불편으로부터 해방되기를 기대한다. 20년 전만 해도 다리를 조금 절뚝거리는 것은 큰 문제로 여겨지지 않았지만 이제는 관절을 완전히 교체해야 할 이유가 된다. 기계화된 우리의 사고방식은 어서 가서 고장 난 부분을 고치라고, 문제를 없애라고, 우리 몸의 모든 것을 이해하라고 재촉한다.

그러나 현실적으로 우리는 모든 것을 이해할 수 없다. 왜냐하면 우리는 "놀랍고도 신비하게 만들어졌기"(시편 139편 14절) 때문이다. 우리 몸의 경탄할 만한 진실에 비하면 우리가 이룬 최고의 의학 발달도 한 점 흙먼지에 불과하다.

의료산업의 주요 전제는 우리의 근본적인 믿음과는 반대인 것 같다. 죽음은 끔찍한 일이고, 목표는 완벽한 건강이며, 우리는 몸을 온전히 이해할 수 있다(그리고 이해하게 될 것이다)고 말한다. 그러나 삶에는 아픔과 고통이 뒤따르기 마련이며 질병도 죽음도 존재의 일부로 받아들여야 한다.

물론 현대적 삶의 많은 분야와는 달리 의료기관과는 어느 정도 소통이 필요하다. 화폐 경제의 현금처럼 편리와 실용을 위해 우리가 사용해야 할 의료도 있다. 하지만 어느 정도까지 그것을 사용해야 할까? 어디까지 선을 그어야 할까?

우리는 자주 약과 관련된 문제에 부딪히게 된다. 약을 먹을지 말지 대단히 신중하게 고민하는 이유는 한 번 약을 먹기 시작했다가 말려드는 일이 종종 있기 때문이다. 귀옳이 치료약을 하나

먹었다가 그 약으로 생긴 부작용들을 치료하기 위해 약을 두 개 더 먹게 되고, 결국 약을 끊고 나서는 귀앓이와 부작용이 모두 재발하는 상황을 한두 번 경험한 게 아니다.

자연적으로 치유되지 않을 확률이 15퍼센트에 불과한 병이라면 분명 증상을 더 가볍게 치료할 방법을 찾아야 한다. 그런데 어려운 점은 당신의 증상이 자연 치유될 85퍼센트에 속하게 될지, 그렇지 않은 15퍼센트에 속하게 될지 알 수 없다는 점이다. 그러다 보니 나중에 후회하느니 조심하는 게 낫다는 식의 일괄적인 의학 처방이 모든 귀앓이에 무차별적으로 쓰인다. 이것은 쏟아진 젤리 한 방울을 닦기 위해 바닥 전체를 문지르는 것과 같다. 표백제로 바닥 전체를 벗겨내기 전에 먼저 비누를 조금 묻혀 가볍게 문질러 보아야 하지 않을까?

우리는 일곱 아이를 낳고 키웠지만 여전히 언제 의사를 불러야 할지 부르지 말아야 할지 결정하기 어렵다. 하지만 점점 나아지고 있다. 곧바로 의사에게 달려가지 않고 인내심 있게 기다려야 하는 상황이 얼마나 많은지 놀라울 정도다. 물론 다른 사람에게 의사를 찾아가지 말라고 자신 있게 충고할 수는 없지만, 의사에게 얼마나 의존할지는 당신이 선택할 수 있다고 말할 수 있다.

귀가 아플 때면 우리는 허브를 사용해 '타고 난' 신체 기능을 강화하는 한편 오랜 시간에 걸쳐 효능이 입증된 민간요법을 쓴다. 그렇게 하면 더 차분하게 병을 치료할 수 있을 뿐 아니라 대체로 효과도 좋다. 이런 치료법으로 충분치 않다면 의사를 찾아가 그의 치료 계획을 따르기도 한다.

의사의 진료를 받으러 갔다면 그 치료법을 존중해야 하지만 무턱대고 의사의 말만 따른다면 의사에게나 환자에게나 엄청난 재앙을 초래할 수 있다. 많은 의사들도 우리의 의견을 최대한 들으려 하며, 이런저런 선택지를 놓고 철저히 대화를 나누었을 때 가장 만족스러운 치료를 할 수 있다고 생각한다. 당신의 의사도 정말 그렇게 생각하는지 의심스럽다면 직접 물어보라. 그의 대답을 통해 그 의사가 당신 가족에게 맞는지 아닌지 알 수 있을 것이다.

이 글에서 의료제도와 우리의 관점이 어떻게 다른지 비교했지만 종합적으로 철저하게 다루지는 못했다. 다만 나는 지난 몇 년간 우리 가족의 의료 철학을 만들어가는 쉼 없는 과정 속에서 우리가 고민해 온 몇 가지 사실을 구체적으로 보여주고 싶었다. 우리는 가정 분만에 전적으로 찬성하지만, 우리가 병원과 충분히 가깝고 전화도 멀지 않은 동네에 살기에 쉽게 가정 분만을 결정할 수 있었다는 것을 안다.

문제는, 대체로 누가 결정을 내리느냐 하는 것이지만 안전과 비용의 문제이기도 하다(비용에 대한 내용만으로 한 편의 글을 더 쓸 수 있다). '어디까지 선을 그어야 할까'라는 질문은 끊임없이 생각해야 할 문제이다. 상황마다 조정이 필요하고 기도와 고민을 거쳐야 한다. 지금은 조금만 아파도 해열진통제나 기침약을 먹는 데 워낙 익숙해져있기 때문에 나는 약을 먹기 전에 잠깐 멈추고 이렇게 묻는다. '나는 신보다 약을 더 믿고 있는 게 아닌가?' 물론 우리는 여전히 의료 분야에 대해 배우고 탐색하고 있다.

지난가을, 롤러코스터를 탄 듯 정신없었던 그날을 돌아보면 '아들을 병원에 데리고 가지 말았어야 했나?' 하는 의문이 들기도 한다. 어쨌든 우리 꼬마는 2주 정도 집에서 정성 어린 보살핌을 받으며 회복기를 거치고 나서 괜찮아졌다. 돌이켜보면 병원에 가지 않아도 괜찮았을 거라는 생각이 들지만 그 부담이 너무 컸다. 어찌 됐건 CT 촬영 덕택에 온갖 검사를 위해 병원에서 오래 견딜 필요 없이 아이를 집으로 데려와도 된다는 것을 빨리 알게 되었고 더 좋은 치료를 하게 된 셈이다.

앞으로도 우리 가족은 수많은 우여곡절을 경험하게 될 것이다. 그러니 더 배우고 의지하며 더 진지하고 신중하게 삶의 길을 걸어가려 한다.

—

데이비드 벤들리와 엘리자베스 벤들리David and Elizabeth Vendley는 미시건 주 매리온의 아미쉬 공동체에서 일곱 명의 자녀를 키우며 살고 있다.

하루 세 번, 식탁 위의 축제

아트 기쉬

나는 세계 여러 나라 사람들이 모여 삶을 공유하는 작은 기독교 공동체에서 일하며 살고 있다. 우리의 먹을거리이자 주된 소득원인 유기농 채소 재배는 모두가 함께하는 공동체 활동이다.

어제는 빗속에서 고구마와 가지를 심었다. 땅이 너무 질척해지기 전에 그 연한 식물들을 심기 위해 어른 아이 할 것 없이 힘을 모았다. 온몸이 비에 흠뻑 젖고 진흙투성이가 됐지만 즐거웠다. 일주일 전에는 다 같이 피망을 심었고 이번 주에는 아스파라거스와 콩, 대황을 한 아름 거두었다. 아, 얼마나 맛있을까! 이 채소를 장에 내다 파는 날에는 이웃들도 만날 수 있을 것이다.

먹을거리를 키우는 일은 신성하고 거룩한 일이다. 영양가 있고 건강에도 좋은 먹을거리를 제공하는 일은 신이 주신 생명의 선물을 보살피는 청지기의 소명이다. 우리는 인간의 노동 대신

화석연료를 사용하는 방식이 아니라 기술과 화석연료를 덜 사용하면서 우리의 노동으로 함께 일하는 기회를 늘리고자 한다. 밭일에 작은 트랙터가 필요할 때도 있지만 공동체가 함께 일하는 데 도움이 되지 않는다는 걸 분명히 알고 있다.

우리는 서로뿐 아니라 우리가 가꾸는 채소와 대지와도 친밀한 관계를 맺으려 노력한다. 대지와 어떤 관계를 맺느냐에 따라 사람 사이의 관계도 크게 달라지는 법이다. 기업식 농업에는 통제하고 지배하려는 사고방식이 따라올 수밖에 없고 우리는 그런 관계를 피하고자 한다.

괭이질하고 수확하고 내다 팔고 보존 음식을 만드는 공동체 활동을 통해 우리는 삶을 공유한다. 이제 곧 마늘을 수확할 계절이다. 그 많은 마늘을 다듬으려면 정말 손이 많이 가긴 해도 7월 오후 그늘에 둘러앉아 함께 하면 그렇게 재미있을 수가 없다. 채소를 시장에 내다 팔기 위해 준비해야 할 일도 많다. 다듬고 씻고 포장하고 트럭에 싣는 일에는 많은 수고가 필요하지만 역시나 함께하면 훨씬 수월하다. 그 모든 일을 혼자 감당해야 했다면 나는 아마 농사를 짓고 싶지 않았을 것이다.

우리 공동체의 방식과는 달리, 요즘 판매되는 많은 먹을거리는 지독히 억압적인 관계 속에서 키워진다. 중앙아메리카의 농장일꾼(노예라는 표현이 더 정확할까?)들을 생각해보라. 그들이 몇 푼 되지 않는 일당을 받으며 고된 노동을 하는 덕택에 우리는 값싼 바나나를 먹을 수 있다. 동물의 삶을 끔찍하게 파괴하는 공장식 축산을 생각해보라. 좁은 우리에 갇혀 빠르게 성장하는 닭들 덕분에 우리는 값싼 달걀을 얻을 수 있다. 또한 질 낮은 먹을거리를 대량생산하기 위해 화학약품을 들이부으며 흙과 물을 파괴하는 관행 농업을 생각해보라.

그렇게 생산된 바나나와 달걀, 고기를 먹는 일에 뒤얽혀있는 윤리적 문제들을 고민해야 하지 않을까? 그런 농산물을 구입하는 건 사실상 그런 관행을 유지하는 데 찬성하는 셈이 아닐까? 우리의 소비 행태는 거대 기업식 농업을 지원하고 작은 농장을 파괴하는 것이 아닐까? 장기적으로 볼 때 최저 가격으로 상품을 구입하는 게 진정 최선의 선택이 될 수 있을까?

우리는 건강에 좋고 지속가능한 방식으로 먹을거리를 생산하며 그것을 유통하는 과정 또한 서로가 만나는 건강한 과정으로 만들 수 있다. 이런 점에서 유통이란 우리가 생산한 먹을거리를 다른 사람과 나누는 일을 뜻한다. 물론 우리가 키운 채소를 돈을 받지 않고 줄 수 있다면 좋겠지만, 사람들은 비용을 지불함으로써 우리와 채소를 나누는 동시에 우리를 지원하는 셈이다. 그리고 우리는 지불되는 돈보다 더 많은 것을 돌려줄 수 있다.

당신의 식탁에 올라온 먹을거리가 어디에서 왔는지, 누가 어떻게 키웠는지 안다면 그리고 그 생산자들과 관계를 맺고 지낸다면 그만큼 멋진 선물이 또 있을까! 농부들을 직접 찾아가 봐도 좋을 것이다. 우리는 우리 농장을 찾아오는 소비자들을 언제나 환영한다. 이렇게 직접 생산지를 찾아가면 생산자뿐 아니라 먹을거리가 재배되는 방식도 이해하고 존중하게 되며, 훨씬 깊은 연대를 맺을 수 있다.

농산물 직거래 장터에서는 매일 새로운 기회가 우리를 찾아온다. 서로의 소식을 나누고 친구의 안부를 묻고 서로를 도우며 우정을 키울 기회 말이다. 우리는 이런 관계를 정말로 소중하고 가치 있게 여긴다. 내 가판대 앞에서 많은 사람들이 서로 안부를 묻고 더 가까워지고 친구가 되는 모습은 흐뭇하기 그지없다. 이제 우리 장터는 신선하고 건강한 지역 먹을거리를 나누는 곳을 넘어서 지역 사람들이 한데 모이는 사회적, 문화적 행사장이 되었다. 이런 관계는 살아가는 데 있어서 음식보다 더 큰 힘을 주는 공동체 문화를 만든다.

반대로 대형 슈퍼마켓에는 공동체 문화랄 게 별로 없다. 슈퍼마켓에서는 자기만의 섬에 고립된 개인이 되어 쇼핑을 한다. 먹을거리가 자라난 대지와 그것을 키운 사람과의 관계는 물론 먹을거리를 파는 사람과의 관계조차 자취를 감춘다. 혹시 당신이 자주 가는 슈퍼마켓 관리자의 이름이 무엇인지, 그 사람의 가족은 어떤 사람들인지 조금이라도 알고 있는가?

슈퍼마켓은 효율적이긴 하지만 그 속에는 공동체가 없다. 사실 그 효율성이라는 것도 많은 부분 환상에 불과하다. 미국에서 소비되는 먹을거리는 평균 320킬로미터쯤 떨어진 곳에서 운송된다. 이런 방식은 운송에 너무 많은 에너지가 들어갈 뿐만 아니라 소비자와 생산자, 대지 사이의 유대감을 키우지 못한다는 점에서 지속가능하지 않다.

또한 현대 사회의 식량 분배는 평등하지 않다. 많은 사람이 굶어 죽거나 허기진 배를 안고 잠을 청하는 반면 너무 많이 먹는 사람도 있지 않은가. 우리는 믿을 수 없을 만큼 많은 음식을 낭비한다. 슈퍼마켓이나 식당 뒤편의 대형 쓰레기통을 확인해보라. 거기다 우리가 집에서 남기는 그 모든 음식까지 더해보라. 그 많은 쓰레기에 입이 떡 벌어질 것이다.

식량은 부족하지 않다. 그럼에도 많은 사람이 굶주리는 유일한 이유는 그들에게 음식을 생산하거나 구입할 자원이 없기 때문이다. 소수에게 땅과 부가 집중될수록 굶주림이 증가하리라는 것은 불을 보듯 빤한 일이다. 산업화된 농업과 대량 유통으로 대표되는 현재 시스템 속에서는 갈수록 많은 사람이 굶주릴 수밖에 없다.

공동체에서 세끼 밥을 함께 먹는 일은 삶의 중요한 부분이다. 식사 때마다 우리는 함께 노래하고 기도하고 이야기꽃을 피우고 웃으며 서로에게 음식을 권한다. 이곳을 찾아온 사람이라면 한 끼라도 우리와 함께 밥을 먹어야 우리 공동체를 제대로 방문했다고 할 수 있다. 나는 함께 밥을 먹지 않으면 함께 예배를 볼 수 없다는 농담을 하기도 한다.

음식에 관한 한 가장 멋진 점은 물론 먹는 것 그 자체다. 그러니까 함께 먹는 것이다. 혼자 먹으면 별 재미가 없다. 음식을 나누며 우리는 뜻깊은 일을 함께 기념하고 이웃을 사귀고 베풀고 감사하고 삶을 나눈다. 향연과 축제, 작은 파티, 공동식사를 생각해보라. 우리에게 가장 큰 즐거움을 주는 것은 음식 자체가 아니라 식탁에서 생겨나는 유대감이다.

맥도날드에서 때우는 한 끼는 얼마나 다른가! 음식을 차려주는 사람과 아무런 관계도 없다. 과식은 할 수 있지만 향연과는 거리가 멀다. 그렇다면 먹는 게 늘 좋은 것만은 아니다. 북아메리카인 가운데 3분의 1이 과체중인 이유는 당연히 과식하기 때문이다. 과식은 많은 북아메리카인의 고질적 문제이다. 우리는 건강에 좋지 않은 음식을 너무 많이 먹는다. 지방과 고기, 설탕, 흰 밀가루, 소금을 정말 그렇게 많이 먹어야 할까? 암과 심장병, 면역결핍 발병률의 증가는 이처럼 건강에 좋지 않은 음식을 지나치게 먹는 것과 어느 정도 관련이 있을까?

소박한 삶에서는 잘 먹는 게 중요하다. 우리는 지역에서 키운 가장 좋은 먹을거리로 소박하게 식사를 준비해, 감사하며 즐겁게 먹는다. 과일과 채소, 통곡물을 많이 먹는 일은 결코 고역이 아니다. 편의점에서 파는 솜털 같은 흰 빵과 통곡물 빵을 비교해보면 금방 알 수 있을 것이다.

요즘 사람들이 음식과 관련해 흔히 잊고 있는 측면은 단식이다. 단식도 즐거움이 될 수 있다. 단식으로 우리 몸을 정화하고 휴식을 줄 수 있다. 무엇보다 단식은 일종의 절제와 기도가 될 수 있다. 올바른 마음가짐으로 단식을 하면 탐닉하는 삶으로부터 벗어나 새로운 자유를 맛볼 수 있다.

　음식은 중요하다. 너무나 중요하다. 살기 위해 먹는 게 아니라 먹기 위해 사는 사람도 있지만 그래도 음식은 중요하다. 음식을 한 입 먹기 전에 그 음식이 어디에서 왔는지, 신의 뜻에 부합하게 키워지고 유통되었는지 생각해야 한다. 그리고 우리는 음식에 대해 물어야 한다. 이 음식은 몇백 킬로미터를 거쳐 우리에게 왔는가? 그 음식을 생산하기 위해 어떤 화학물질이 쓰였는가? 우리의 몸에는 어떤 영향을 미치는가? 맛은 어떠한가? 생산과정에서 억압당한 사람들이 있는가? 땅이 훼손되지는 않았는가? 그 음식을 생산하고 유통하는 방식은 사람과 사람 사이의 관계에 어떤 영향을 미치는가? 공동체를 키우는가, 파괴하는가?

　나아가 우리 공동체의 중심은 대체 무엇인가? 무엇이 공동체를 지탱하는가? 대형 슈퍼마켓 체인인가, 석유화학산업인가, 쇼핑몰인가? 우리 공동체는 서로를 알고 서로 돕는 관계를 토대로 하는가? 우리 공동체에서 음식은 어떤 자리에 위치하는가? 공동체에서 느끼는 것은 존중과 배려, 관계, 정직, 지혜, 존경이며 그 반대는 학대와 통제, 지배, 신성모독인데 우리가 먹는 음식은 이 두 가지 틀 가운데 어디에 속할까? 우리가 먹는 음식은 공동체에 어떤 도움을 줄까? 혹은 공동체를 파괴하는 데 어떻게 힘을 보태고 있을까?

서기 1세기, 예수라는 이름의 한 급진주의자는 이를 잘 표현했다. 무엇을 먹거나 마실지에 대해 걱정하지 말라고. 그리고 그는 우리를 하늘을 나는 새에 비유했다. 신은 새들을 먹이시고 보살피신다고, 그 새들이 그러하듯 우리도 소중하지 않느냐고, 무엇을 먹을지 걱정하는 대신에 하느님의 공동체를 먼저 찾으라고. 그렇다. 그리하면 다른 모든 것은 다 제자리를 찾아갈 것이다.

아트 기쉬Art Gish는 형제교회(The Church of Brethren, 개신교의 한 분파로 신약성서를 유일한 신조로 여기며 평화주의와 소박한 삶을 강조한다-옮긴이)의 목사였으며 오하이오 주 애선스 근처의 작은 기독교 공동체인 뉴 커버넌트 펠로우쉽의 일원이다. 저서로는 『경쟁사회를 넘어서』, 『기독교 공동체에서 살아가기』가 있다.

4
노 래 하 기

노 래 하 기

몇 해 전, 아미쉬 월간지 「패밀리 라이프Family Life」에 아미쉬 농부를 찾아온 관광객들의 이야기가 실렸다. 버스 한 대를 가득 채운 관광객들은 다양한 종교를 가지고 있었는데 그중 한 사람이 이런 질문을 했다. "그리스도에 대해서라면 이미 잘 알고 있습니다. 그런데 아미쉬가 된다는 건 무엇을 뜻하죠?" 아미쉬 농부가 잠시 생각을 한 뒤, 집에 TV가 있는 사람은 손을 들어보라고 했다. 모든 이가 손을 들었다. 그러자 농부는 TV가 많은 사회적, 정신적 문제에 일조한다고 생각하는 사람이 있느냐고 물었다. 이번에도 모든 이가 손을 들었다. 그는 다시 물었다. TV를 기꺼이 포기할 사람이 있느냐고. 이번에는 아무도 손을 들지 않았다. 아미쉬 농부는 아미쉬로 산다는 것의 본질을 이렇게 설명했다. 자신의 영혼에 도움이 되지 않는 것이라면 기꺼이 그것을 포기하는 삶.

개인이든 공동체든 어떤 기술을 받아들일지 또는 거부할지에 대해 선택할 권한이 있다. 이 장에 글을 쓴 이들은 어떤 정신적, 도덕적 이유를 토대로 미디어를 받아들이거나 거부했는지 밝히고 있다. 그 결정은 다양하지만 대체로 가상세계를 벗어나 진짜 현실로 가는 방향이라는 점에서 일치한다. 이들의 이야기를 듣다 보면 대단히 구체적인 기준으로 자신의 길을 결정했다는 사실을 알 수 있을 것이다. 지금 당신이 현대 미디어를 얼마나 사용하고 있든지 간에 미디어에 푹 빠져 지내기보다는 진정으로 소통하길 원한다면, 여기 실린 모색들이 분명 도움이 될 것이다.

컴퓨터 밖의 진짜 세상

프랭클린 세이지

며칠 전, 비행기 격납고만큼이나 큰 어느 창고형 할인매장에 물건을 사러 간 일이 있다. 그 매장은 그래픽용품을 파는 곳이었고 나는 특수 인쇄 잉크 하나를 찾고 있었다. 판매원은 매장에서 물건을 찾아보고 컴퓨터 단말기에서 몇 차례 재고를 확인해보더니 사무실 직원에게 물어봐야겠다며 나를 데리고 갔다. 문을 통과해 죽 이어진 복도를 지나자 칸막이를 친 책상이 빼곡히 들어찬, 널찍하고 천장이 낮은 사무실이 나왔다.

사무실은 밝은 전등이 내는 윙윙거리는 소리로 가득했고 유해가스를 배출하는 합성수지와 오존 냄새가 풍겨왔다. 주위를 둘러보니 거의 모든 물건의 표면과 조직이 플라스틱으로 만들어졌다는 것을 알 수 있었다. 나를 끌고 온 판매원이 찾는 사람은 '데비'였다. 그는 까치발을 하고 칸막이를 넘겨다보며 "데비?

데비 있어요?"라고 작은 목소리로 묻고 다녔다. 칸막이 안에서 일하는 데비의 많은 동료와 인사를 했지만 정작 데비를 만나지는 못했다.

컴퓨터 화면에서 눈을 떼고 우리에게 인사하는 직원들은 창백하고 약간 무기력해 보이긴 했어도 그곳에서 일하는 것이 그다지 불행해 보이지는 않았다. 물론 20세기에 어울리지 않는, 18세기에나 입었음직한 옷을 입은 나를 보면서 신선했을 것이다. 나 같은 사람이 매일 찾아오지는 않을 테니까. 물론 내게도 매일 있는 일은 아니었다.

그 사무실에 갇힌 수많은 사람과 컴퓨터를 보니 몇 해 전에 신문과 잡지에서 보았던 유명한 시가 떠올랐다. 아마 TV에서도 낭송되었을 그 시의 제목은 "뉴턴은 무엇인가?"였다.

뉴턴은 디지털입니다.

뉴턴은 개인적입니다.

뉴턴은 컴퓨터만큼 강력합니다.

뉴턴은 종이 한 장만큼 간편합니다.

뉴턴은 새로운 기술입니다.

뉴턴은 당신의 정리를 돕습니다.

뉴턴은 당신의 전화를 돕습니다.

뉴턴은 당신의 일정 관리를 돕습니다.

뉴턴은 당신이 하루를 계획하도록 돕습니다.

뉴턴은 늘 당신을 도울 방법을 찾습니다.

마지막 두 행은 이렇다.

뉴턴은 오늘 여기에 있습니다.

뉴턴은 내일 어디에나 있을 것입니다.

우리는 이제 어디에서나 이 같은 광고 문구를 볼 수 있는 시대에 살고 있다. 알다시피 뉴턴은 애플이 개발한 메시지패드 컴퓨터이고 내가 인용한 시는 그 광고이다. 내가 한 편의 시와 같은 뉴턴 광고 문구를 특히 좋아하는 이유는 할인매장 사무실 같은 곳에서 일하는 수백만 명의 사람들에게 더 진보된 컴퓨터로 그들의 일을 '더 쉽게,' 그들의 삶을 '더 낫게' 만들겠다고 너무나 대담하게 선언하기 때문이다.

분명 사람의 마음을 끄는 주장이다. 그러니 그렇게 많이 쓰였을 것이다. 그 후로 뉴턴과 애플컴퓨터가 빌 게이츠의 투자로 회생하는 일이 있긴 했지만. 이제 마이크로소프트사의 제품을 비롯한 모든 기술상품은 TV와 광고를 통해 끊임없이 우리를 세뇌시키고 있다. 그러나 조금만 뒤로 물러서서 보면 컴퓨터와 비디오 기술의 발달로 오히려 우리는 더 빨리 일하고, 더 바쁘게 살고, 더 힘들어졌으며, 즐거움도 줄어들었다는 것을 알 수 있다. 적어도 직접 경험하는 즐거움은 분명 줄어들었다.

뉴턴을 개발한 사람들은 자신들의 열정이 제대로 전달되리라 확신하지 못했는지 (사실 뉴턴은 인기를 끌지 못했다) 다소 협박조의 표현으로 광고를 끝맺는다. 당신이 싫든 좋든 뉴턴은 '내일 어디에나', 칸막이를 두른 당신의 책상에도 있을 것이라고. 그러고 보면 뉴턴 광고의 말이 맞았다. 첨단 기술은 이제 동네 피자 가게부터 (요즘은 전화로 피자를 주문하면 접수원이 스크린을 보며 키보드로 입력하느라 옛날보다 더 오래 걸린다) 교회 소식지까지, 첨단 기술이 필요치 않은 도처에 있으니까 말이다.

새로운 기술에 대한 뉴턴 찬가의 뒤를 이어, 다가오는 '초고속 정보고속도로'의 시대를 환호하는 광고가 등장했다. 이 광고 역시 변화를 팔기 위해 예술적 감성에 호소했다. 초고속 정보고속도로를 처음으로 선전한 것은 MCI 통신사의 TV 광고로, 아역 배우가 등장해 이런 구절을 읊조렸다. "길이 있을 거예요. 두 점을 잇는 길이 아니에요. 모든 점을 연결하는 길이에요. …… 여기에서 저기로 가는 길이 아니에요. 더 이상 저기는 없어요. 우리는 모두 여기에 있을 테니까요."

말장난처럼 들리겠지만 주의 깊게 들어보면 상당히 심오한 표현이다. 초고속 정보고속도로를 닦는 불도저의 굉음이 점점 더 커지는 이때, 우리는 스스로에게 물어야 한다. 우리 모두가 있게 될 '여기'가 도대체 어디인지.

우리에게 뉴턴 같은 놀랄 만한 물건을 선사한 전자혁명의 명백한 목표는 '사람 같은 기계를 만드는 것'이다. 물론 그 기계는 사람보다 신분은 낮되 똑똑하고 말귀를 알아듣는 하인이어야 한다. 그러나 이 전자혁명의 바깥에 머물기로 마음먹은 사람들이 보기에 개인용 컴퓨터와 네트워크, 영상오락, TV(간단히 말해 초고속 정보고속도로를 구성하는 모든 기술들)는 '사람을 기계로 만들고 있다'. 지나친 말처럼 들리겠지만 더 심하게 이야기하자면 우리는 '사실상 기계 속으로 들어가고 있다'. 뉴턴의 법칙에 따라 움직이는 세상 속, 어쩌면 그곳이 바로 '여기'인지도 모른다.

신비롭게만 느껴지던 컴퓨터 작동원리가 우리가 이미 알고 있던 것인 양 되면서부터 컴퓨터는 우리의 일과 여가를 침범하기 시작했다. 애플사는 데스크톱 메타포(컴퓨터 모니터를 문서와 서류함 등이 놓인 사용자의 책상처럼 구성하여 익숙한 책상에서 일하는 느낌을 준 것-옮긴이)와 화면에 보이는 대로 출력되는 위지위그(WYSIWYG, What You See Is What You Get의 약자-옮긴이) 방식을 대중화시킴으로써 컴퓨터를 사용해 쉽게 업무를 정리하고 수행할 수 있도록 했다. 처음에 이런 제품의 홍보는 개인용 컴퓨터를 사용하면 탈집중화를 통한 업무환경의 혁명을 일으킬 수 있다고 약속하는 형태였다. 그리고 이어서 종이 없는 사회로의 도약을 약속했다. 애플의 매킨토시 컴퓨터를 처음 선보인 광고는 체제에 저항하는 외로운 혁명가의 이미지를 활용했다.

좌파 운동가와 환경주의자들은 그 메시지를 진심으로 받아들이면서 멀티미디어 혁명에 맹렬히 참가하는 것처럼 보인다. 탈중심화와 참여라는 기술의 약속에 매혹된 것이다.

하지만 나는 할인매장 사무실의 미로 같은 칸막이 사이를 걸어가면서, 우리가 이미 친숙해진 '업무 해방자'라는 컴퓨터의 은유를 제대로 이해하지 못했음을 깨달았다. 우리는 그 은유에 마음을 빼앗긴 채 단체로 기계의 세상 속으로 끌려가고 있다. 오히려 우리의 상황을 제대로 표현한 은유는 헨젤과 그레텔 동화다. 길을 잃은 두 아이는 생강빵으로 만든 집에 행복한 마음으로 다가가지만 알고 보니 그 안은 감옥이었다. 지금 그 교도관은 마이크로소프트사인 듯하다.

빌 게이츠가 지은 그 집의 바깥이 바로 '현실'이다. 현실은 그 무엇의 은유도 아니다. 초고속 정보고속도로의 세상 속 '여기'에 아직 포섭되지 않은 소수의 사람들에게 현실은 삶으로 이루어진다. 현대의 기술문화는 우리 인간이 신이나 된 것처럼 허세를 부리지만 실상 우리 모두는 여전히 인간의 삶을 산다. 우리의 삶은 복잡하고 변화무쌍하며 결말을 알 수 없고, 서로 긴밀하게 영향을 주고받으며 생성과 소멸의 순환 속에 있다. 게다가 진짜 삶은 우리의 생각과 소망과 명령대로 움직이지 않는다. 미시시피 강의 범람지대나 산 안드레아스 단층에 살고 있는 사람들은 이 사실을 알고 있다.

또한 우리 '모두'는 어느 정도 그 사실을 알고 있다. 그런데도 많은 사람들이 신을 대신해 세상 만물을 지배하는 권능을 갈망한다. 19세기에 석유를 발견하고 에너지와 가공 원료로 사용하기 시작하면서 인간은 자연의 순환에서 벗어날 수 있다고, 우리 자신과 환경을 완전히 지배할 길을 닦을 수 있다고 확신하게 되었다. 자연에 의존할 수밖에 없는 인간의 천성을 정복하려면 그 길은 널찍한 대로여야 한다. 그게 바로 모든 곳이 '여기'가 되는 곳으로 인류를 이끄는 초고속 정보고속도로이다.

초고속 정보고속도로를 닦는 일에는 어떤 도덕적 규제도 없다. 불행하게도 그것이야말로 현대 기술공학의 위험 가운데 하나이다. 현대 이전의 기술이 공동체나 발명가, 혹은 발명가의 후원자가 사용하기 위해 고안되었던 것과는 달리 현대의 기술은 팔리기 위해 발명되었다. 자유라는 매혹적인 이미지를 걸치지만, 일단 물건을 사고 나면 우리의 선택 능력을 축소시키고 자유를 앗아간다. 이를테면 우리는 모든 것을 '정리'하고 일정을 '관리'한다는 관점을 벗어나 생각하는 능력을 잃어버렸다. 현대의 기술은 프로그램에 내장된 메뉴로 선택을 제한하고 모든 것이 화면에서 이루어지게 함으로써 살아있는 세계의 가장 큰 특징인 감각의 복잡성을 없애버린다. 이제 우리는 하루 종일 스크린 앞에 앉아있는 일과 빅브라더를 전복시키는 일은 거리가 멀다는 걸 깨달아가고 있다.

아직도 기술이 삶의 방식에 거의 영향을 미치지 않는다고 믿는 사람들은 흔히 이렇게 말한다. "중요한 것은 기술로 우리가 무얼 '하느냐'입니다." 그러니까 우리가 도덕적으로 건강하다면, 기계를 우리 뜻대로 움직이려는 의지가 강하다면 아무 문제가 없다는 말이다.

아무리 매혹적인 형태의 기술이 등장해도 우리는 그것에 저항할 수 있을 것이다. 적어도 당분간은 말이다. 이를테면 자동차가 처음 등장했을 때 사람들은 자동차 타기를 거부했다. 자동차가 너무 시끄럽고, 너무 빠르고, 너무 오만하며, 기존 사회구조가 수용하기에는 터무니없이 많은 비용이 든다고 생각했다. 그러나 자동차에 대한 두려움이 (심지어 그보다 더 나쁜 것까지) 현실로 드러났음에도 자동차를 살 수 있는 사람들은 곧 너나 할 것 없이 자동차를 샀다. 그리고 차츰 가족과 공동체가 무너지고 풍경은 파괴되었다.

수억 명의 자동차 소유주들에게 표면적이나마 그 기술을 어떻게 쓸지 선택할 능력이 있다면 대체 그들은 어쩌다 도움이 되는 방향이 아닌 파괴적인 방향을 선택했을까? 사람들의 가치관이 갑자기 달라진 것일까? 아니면 자동차라는 기술에 내재된

속성이 그들을 이런 방향으로 끌고 간 것일까? 자동차가 가장 잘하는 일은 무엇인가? 가족을 해체하고 도시를 팽창시키고 우리의 거리감각을 왜곡하는 일인가, 아니면 더 편안하고 빠르게 이동하게 해주는 일인가? 초고속 정보고속도로가 우리를 어디로 이끌지 알고 싶다면, 역시나 그것이 가장 잘하게 될 일이 무엇인지 물어보면 된다.

'뉴턴은 무엇인가?'라는 시적인 광고처럼 '초고속 정보고속도로'라는 용어 또한 광고제작자들의 창조물임을 알아야 한다. '초고속 정보고속도로'는 문서와 데이터를 공유하는 쌍방향 네트워크 컴퓨터의 정보고속도로, 즉 인터넷의 명망에 편승해 만들어진 것이다. 초고속 정보고속도로가 '초'고속인 이유는 대형 통신사와 소프트웨어산업, 유선방송산업이 손을 잡고 상업적으로 운영하는 쌍방향 인터넷과 비디오 네트워크이기 때문이다. 그러므로 인터넷과 데이터 네트워크가 사회적 기반 시설을 형성한다 해도 '쌍방향 유료 TV'가 더 정확한 이름일 것이다.

사실 초고속 정보고속도로는 그다지 고귀하다고는 할 수 없는 목표를 추구한다. 비디오 쇼핑, 영화 유료 시청제(현재 연간 100억 달러 규모의 비디오 대여 시장을 집어삼킨), 쌍방향 비디오폰 인터넷 등이 그 목표이다. 그뿐인가. 애완견을 비롯해 모두를 위한 맞춤형 웹사이트도 있다. 이제 모두가 네트워크를 향해 내지르는 소리가 울려 퍼질 것이다.

일단 수십억 달러를 들여 시스템을 구축하고 나면 모든 곳이 '여기'가 된다. 더 정확히 말해 모든 판매자가 여기, 바로 우리의 거실과 머릿속에 있게 된다. 당신이 어떤 오락물을 시청하는지, 비디오 쇼핑과 인터넷 쇼핑으로 무엇을 사는지 추적되고 분석되면, 광고업자들은 당신을 겨냥한 마케팅을 시작한다. 어느 날 당신이 인터넷에 연결된 TV를 이용해 월마트에서 천 기저귀를 주문했다고 가정해보자. 주문 직후 오락 프로그램으로 채널을 돌렸더니 짜잔! 온통 일회용 유아 기저귀 광고로 도배되었다. 당신의 최근 구매 기록에 따라 당신의 TV로 전송된 광고들이다. 이것이 바로 기업이 꿈꾸는 세상이다.

물론 광고에서 묘사하는 것처럼 시적이라고까지는 말할 수 없지만, 어쨌든 기업의 관점에서는 대단한 쌍방향 소통이다. 어쩌면 그 세상은 내가 그린 것보다 훨씬 끔찍할 수도 있다. 이론적으로는 초고속 통신망으로 들어가는 개인 통신(비디오폰, 전자메일 등)을 비롯한 모든 문서와 데이터도 상업적 용도로 분석 가능하기 때문이다.

초고속 정보고속도로가 구체적으로 어떤 모습이든 분명 더 많은 제품과 서비스를 홍보하는 데 가장 유용할 것이며, 우리의 사생활을 가장 효과적으로 침범하게 될 것이다. 궁극적으로는 소비를 조장하고 지구와 영혼의 건강을 걱정하는 나 같은 사람보다는 판매자들에게 더 구미가 동하는 일임에 틀림없다. 당신은 어떻지 몰라도 나에겐 물건을 사라는 유혹이 더는 필요치 않다. 나는 끊임없는 영업의 대상이 되고 싶지 않다.

제리 맨더의 저서 『거룩함의 부재 속에서In the Absence of the Sacred』에는 '기술을 대하는 열 가지 원칙'이 나온다. 첫 번째(신기술에 대해 가장 흔하게 듣는 말은 그 지지자들이 하는 말이므로 모든 주장을 의심하라), 두 번째(모든 기술은 이롭다고 밝혀질 때까지 해롭다고 가정하라)와 함께 내가 좋아하는 것은 다섯 번째 원칙이다. "당신 개인에게 어떤 이로움을 주느냐로 평가하지 말고 전체적인 관점에서 그 영향을 따져 보라. 적절한 질문은 '새로운 기술이 당신에게 이로운가 아닌가'가 아니라 '누구에게 가장 이익이 되는가, 무슨 목적에 보탬이 되는가'이다."

이런저런 필요를 채워주는 컴퓨터나 TV, 쌍방향 네트워크를 '좋은 용도로 사용할 수 있으며, 문제는 우리가 그 기술로 무엇을 하느냐에 달려있다'고 말하기도 한다. 나는 그런 말을 들을 때마다 제리 맨더가 제시한 기준을 기억하려 한다. 사람들은 그 어느 때보다 더 직장과 집안일에 매여있는 듯하다. 그렇다면 컴퓨터와 전자 미디어가 덜어준다던 문제들이 사실은 컴퓨터가 있기 때문에 생겨난 것은 아닌지 되물어야 하지 않을까? 컴퓨터와 TV 때문에 경제 활동의 속도가 빨라지고 사회 혼란이 증가하는 것은 아닐까?

사실 이런 기술들은 소비사회를 떠받치는 기둥으로써 쓸모가 없었다면 존재할 수도 없었을 것이다. 실제 고속도로에서 일어나는 일을 예로 들어보자. 우리가 구급차라 부르는 응급구호 차량은 내연기관을 '좋은' 목적으로 사용한 사례라 할 수 있다. 구급차 덕택에 자동차 사고 발생 몇 분 안에 사람들을 병원으로 데려갈 수 있다. 그러나 구급차를 비롯한 자동차가 생산되려면 에너지를 집어삼키는 자동차를 기꺼이 사들일, 편리한 이동과 속도에 중독된 구매자들의 사회가 필요한 법이다. 게다가 그 '좋은' 구급차라는 것도 그것을 낳은 기술, 즉 추돌 사고를 낳는 자동차가 없었다면 거의 필요치 않았을 것이다.

초고속 정보고속도로라는 가상현실로 들어가라고, 그 가상 현실에 마음을 열라고, 그러면 좋은 일이 생길 거라고 우리를 안심시키는 속삭임이 끊임없이 들려온다. 초고속 정보고속도로의 이점을 보여주는 사례는 물론 많다. 할머니는 비디오폰으로 손자들을 볼 수 있고 장애인들은 사회에 참여할 기회를 더 많이 얻을 수 있다.

'가상 공동체'도 갈수록 자주 거론된다. 진짜 공동체가 대부분 사라진 이 시점에서 상당히 흥미로운 개념이 아닐 수 없다. 어쩌면 거의 진짜 같은 가상 공동체만으로 충분한 사람도 있겠지만 나는 그렇지 않다. 나는 나를 더 많은 소비로 몰아넣어야 존재할 수 있는, 그리고 그 과정에서 진정한 공동체를 찾아내려는 나의 의지를 소모시켜버릴 기술의 일부가 되고 싶지 않다.

작년 겨울, 내가 참석했던 유기농업 학회에서 첨단 기술에 반대하는 강연자에게 한 여자가 말했다. 자신 역시 그런 기술이 해롭다고 생각하지만 그래도 따라가야 할 것 같다는 생각이 든다고. "세상이 그러니 저희도 참여해야 하지 않을까요? 그러니까 생존을 위해서요." 아무도 그녀의 말에 대답하지 못했다. 나 역시 완전한 대답을 알지 못했다. 다만 내가 말할 수 있는 것은 나는 초고속 정보고속도로를 신나게 달려 '여기'의 땅으로 들어가고 싶지 않으며, 우리 모두는 이 초고속 정보고속도로를 계속 가야 하는지 아니면 출구를 찾아야 하는지 결정해야 하는 선택의 기로에 놓여있다는 것이다.

할인매장 사무실의 칸막이 책상에 앉아있던 사람들, 그리고 화롯가에라도 앉은 듯 TV를 에워싸고 앉은 사람들은 그다지 불만족스러워 보이지 않는다. 그렇다면 그들을 무엇으로 깨어나게 할 수 있을까? 어떻게 그들이 방향을 돌려 기계 밖으로 나오게 도울 수 있을까?

나는 판매 금지나 구매 거부운동에 참여할 생각은 없다. 그런 운동에 참여하려면 생태운동을 하는 내 친구들처럼 '정보를 교환'하고 '조직에 참가'하기 위해 컴퓨터 네트워크에 '접속'되어야 할 테니 말이다. 그렇게 하면 결국 우리가 해결하려 애쓰는 위기를 불러일으킨 생활방식을 좇아가게 된다.

흥미진진한 초고속 정보고속도로에 대응하는 나의 전략은 단순하다. 그냥 발을 들여놓지 않는 것이다. 내가 직접 할 수 있는 유일한 행동은 지금 바로 진짜 삶을 사는 것이다. 어떤 것도 시청하지 않고, 통신망을 통해 어떤 것에도 연결되지 않고, 어떤 것도 과소비하지 않으면서 말이다. 발을 들여놓지 않으면 휩쓸릴 일도 없는 법이다.

그리고 나는 귀 기울여 듣는 모든 이에게 이렇게 말할 것이다. 진짜 삶과 진짜 공동체, 진짜 현실이 있는 '여기'가 초고속 정보고속도로의 가상적인 '여기'보다 분명 낫다고. 현실과 가상은 사실상 정반대 방향으로 달려가고 있다고.

—
프랭클린 세이지Franklin Saige는 오하이오 주 콜럼버스 동부에 살며 「플레인」지의 부주필을 맡고 있다.

텔레비전에 도둑맞은 시간

데이비드 웨글러

이 세계에는 TV를 보지 않는 사람이 수백만 명이나 된다. TV를 반대해서가 아니라 경제적인 이유로 TV를 구입할 수 없기 때문이다. 그러나 이곳 미국에서는 TV를 보고 싶다면 거의 모든 사람이, 심지어 교도소 수감자들도 볼 수 있다. 미국인은 하루 평균 세 시간 이상을 TV 앞에서 보내는데, 일하고 잠자는 것 다음으로 가장 많은 시간을 쓰는 셈이다.

가끔 나도 TV를 보면 재미있을 것 같다고 생각한다. 시간대별로 뉴스도 나오고 시장 현황도 들을 수 있고 저녁에는 일기예보도 볼 수 있으니까 말이다. 날씨에 관심이 아주 많은 나 같은 사람은 현재 전국의 날씨 현황을 볼 수 있으니 무척 흥미로울 것이다. 많은 시간 바로 우리 머리 위에 있는 제트기류는 늘 내 관심을 끄는 주제이다. 신문의 일기도는 제트기류까지 보여주지 않지만 TV 기상캐스터는 매일 저녁 제트기류의 현재 상황뿐 아니라 앞으로 며칠간 어떤 영향을 미칠지도 보여준다. 만약 내게 TV가 있다면 그 예보를 볼 것이 틀림없다. 물론 TV를 집에 들여놓는 대가를 지불할 의향이 있다면 말이다.

돈으로 치면 그 대가는 그리 크지 않다. 다 알다시피 공중파 TV는 케이블과는 다르게 공짜다. TV를 한 대 사고 전파를 거실로 끌어오기만 하면 된다. 나머지 비용은 광고주들이 부담한다. 하지만 정말 그럴까? 숨겨진 비용은 없을까? 혹시 숨겨진 비용이 있다는 사실을 모르는 것은 아닐까?

2차 세계대전 당시, 아돌프 히틀러는 양육을 국가의 책임으로 규정했다. 그는 독일 민족이 세계를 지배할 우수인종이라 생각했고, 이 목적을 달성하기 위해 미혼 여성들에게 용감한 병사의 아이를 낳도록 장려했다. 그리고 그 아이들을 세계에서 가장 강력한 민족의 일원으로 만들기 위해 국가가 양육했다.

2차 세계대전이 끝난 뒤에는 가족을 위협하는 또 다른 강력한 세력이 좀 더 미묘한 방식으로 등장했다. 바로 TV다. TV는 예전에는 극장에서만 볼 수 있었던 것들을 집안으로 끌어 들였다. TV가 미칠 영향을 우려하는 사람들이 강력하게 항의했지만 곧 잠잠해졌다. 지붕 위에 의기양양하게 꽂힌 안테나는 부의 상징이 되었고 아이들을 극장에 보내지 않던 사람들조차 이 새로운 우상을 집안에 들이기 시작했다.

1950년 무렵이 되자 도시인뿐 아니라 많은 시골 사람들까지 이 새로운 기계를 받아들였다. 1950년에 우리 가족은 저개발 지역이라 불리던 곳으로 이사했다. 대부분의 집은 빈곤한 수준이었고 이삿짐을 운반한 트럭 운전사는 '그 동네는 TV도 없는 동네'라고 했지만, 우리는 곧 그 말이 사실이 아니라는 걸 발견했다. 판잣집이나 다름없는 지붕 위에도 TV 안테나가 흔들리고 있었다. 몇 년이 지나지 않아 TV는 흔한 물건이 되었다. 그 무엇도 진보의 전진을 막지 못했다!

TV의 등장으로 가정은 완전히 새로운 국면에 들어섰다. 이제 아이들은 TV 앞에서 많은 시간을 보낼 뿐 아니라 자신들이 보고 싶은 것을 골라서 본다. 처음에는 선택할 채널이나 프로그램이 그리 많지 않았지만, 광고주들이 시청자들이 원하는 것을 찾아내고 나자 그들의 취향에, 그것도 대개 가장 저급한 취향에 맞춰 방송을 편성했다. 그에 따라 도덕적 기준도 급속히 격하되었다. 대다수 프로그램은 건강한 도덕적 풍토를 좀먹는 단순 오락물에 불과했다.

아미쉬 마을에는 다른 공동체의 친구나 친척들이 자주 방문한다. 특별한 사람이 찾아올 때면 우리는 모임을 열어 이웃들을 만나거나 재능을 펼칠 자리를 마련하기도 한다. 그런데 록스타가 우리 집에 왔다고 해서 이웃을 불러 모아 함께 노래를 듣는 모습을 상상할 수 있겠는가? 집에 TV를 들여놓는 일은 그런 연예인을 집으로 불러 공연하게 하는 것과 같다. 우리는 아이들이 되도록 세상의 유혹에 적게 노출되는 환경에서 자라야 한다고 생각하기에 심지어 책도 선별해서 읽힌다. 오늘날에도 계속되고 있는 도덕적 가치의 급속한 쇠퇴가 TV의 보급과 더불어 시작되었다는 사실은 논쟁의 여지가 없다. 많은 사람들이 그 두 가지 사이에 직접적인 인과 관계가 있다고 생각한다.

부모로서 우리가 텔레비전을 집에 들인다면 가장의 자리를 포기하는 것이다. 그것은 아이들을 양육할 우리의 책임을 저버리는 일과 다름없다. 헐리우드와 뉴욕의 가치를 우리 거실로 불러들이고 우리 가정과 마음의 열쇠를 세상에 넘겨주게 된다. 우리가 TV를 거실로 초대하면 TV는 기꺼이 찾아와 우리의 가정을 차지하고, 우리 자신과 가족의 생각과 세계관을 틀어쥘 것이다. 이 괴물은 자신의 가치에 절대복종할 것을 우리에게 요구한다. 물론 TV에서 무엇을 볼지, 아이들에게 무엇을 보여줄지 정한다면 그 속도를 늦출 수야 있겠지만 결국 TV에 정복당할 운명을 피할 수는 없다.

우리 아미쉬들은 이 TV라는 우상을 거부한다. 우리는 신이 주신 부모의 책임을 다하는 길을 선택했고, 우리 자신과 아이들에게 도움이 되는 분위기를 만드는 것이 우리의 의무라 믿는다.

TV를 집에 들여놓고 뉴스와 시장분석, 일기예보를 들으면 편리하다는 걸 인정한다. 그러나 우리는 우리가 TV를 감당할 수 있다고 생각하지 않는다. 그 대가 또한 너무도 크다. 우리는 아이들을 건강하게 키우기 위해 기꺼이 그 편리함을 포기할 것이며, 세속적 욕망의 화신인 거짓된 신들을 우리 집에 모시지 않을 것이다. 그것이 바로 우리가 TV에 굴복하지 않는 이유이다.

데이비드 웨글러David Wagler는 아이오와 주 블룸필드의 올드오더 아미쉬 교회의 일원으로, 아미쉬 서적을 출판하는 패스웨이 출판사와 서점을 운영하기도 했다. 아미쉬 교도들 사이에서는 잘 알려진 작가로, 『뉴스 뒤의 이야기』등 여러 책을 썼으며 오랫동안 아미쉬 신문 「더 버짓」의 통신원으로 활동했다.

라디오를 끄고 침묵을 되찾다

매리 앤 리저

남편과 나는 오랜 시간을 TV 없이 살았다. 결혼하고 4년 동안 그렇게 살았고 결혼 전에도 각자 5년 정도를 TV 없이 살았다. 그러나 우리가 라디오까지 포기한 것은 보다 근래의 일이다. 1년이 조금 넘는 시간 동안 우리는 우리 가족을 찾아온 친구들의 진짜 살아있는 목소리 말고는 다른 목소리가 울리지 않는 집에서 살았다.

우리는 이 일에 대해 오랫동안 이야기를 나누었다. 나는 집에서 라디오를 없애는 게 나 자신에게나 가족에게나 긍정적인 선택일 것이라 믿었지만 한편으로 라디오를 포기하고 싶지 않은 마음도 있었다. 아침저녁으로 몇 시간씩 공영 뉴스를 듣는 습관을 선뜻 포기하고 싶지 않았던 것이다. 당시는 선거를 앞둔 가을이었고 대통령 후보 토론회를 듣고 싶었기에 나는 "나중에"라고 말하며 라디오를 포기하는 일을 미루었다. 그러던 어느 날, 아침을 먹다가 집에 있는 모든 라디오를 굿윌 가게에 기증하기로 결정했고 행동으로 옮겼다.

더는 필요치 않은 물건을 처분하고 생활과 집안에 더 많은 여유가 생길 때면 늘 그렇듯, 홀가분하고 자유로워진 기분이 들었다. 그리고 동시에 망망대해에 있는 느낌이었다. 이제 세상에 무슨 일이 일어나는지 어떻게 알지? 어떻게 세상 소식을 알고 세상과 연결되지? 이제 와서 돌이켜보면 그렇게 심각하게 여겨지던 질문들이 우습게 느껴지지만, 그렇게 되기까지 우리는 긴 여정을 지나왔다.

라디오를 처분한 지 한 주가 지나서야, 매일 아침 식사를 하기도 전에 뉴스를 들으려 라디오에 손을 뻗던 습관을 멈출 수 있었다. 그다음으로는 정적이 얼마나 무거운 것인지 알게 되었다. 라디오를 없애기 직전에 말을 배우기 시작한 딸아이가 부엌 조리대 위에 놓인 라디오를 손가락으로 가리키며 이렇게 말했었다. "저게 말을 해." 그리고 라디오가 사라진 뒤 그 자리를 손가락으로 가리키는 아이에게 나는 이렇게 말해주었다. "이제 저건 말을 안 해. 이제 우리만 말을 할 거야." 그 말을 하면서도 한편으로는 방송전파에 실려 온 목소리가 채워주던 침묵을 과연 우리가 채울 수 있을지 걱정되었다.

고요를 채울 것이라곤 나의 목소리밖에 없었기에 나는 노래를 시작했다. 이제 두 살이 된 딸아이가 태어났을 때부터 노래를 불러 주곤 했지만 그냥 이 노래 저 노래를 조금씩 불렀을 뿐이었다. 얼마 되지 않아 가사를 알고 있는 모든 노래가 동났고, 나는 가사를 떠올리려고 애를 써야 했다. 6학년 캠프파이어 때 둘러앉아 불렀던 그 노래들이 뭐더라? '주먹 쥐고 손뼉 치고'의 2절이 어떻게 되더라? 나는 동네 도서관에서 노래책을 찾아 여러 해 동안 부르지 않았던 노래들을 다시 배웠다. 재미있었다. 딸아이와 함께 새 노래도 많이 배웠다. 있는 줄도 몰랐던 노래들이었다. 성가와 찬송가, 오래된 민요, 자장가, 엉뚱하고 웃긴 노래들, 애절한 민요 등 모두 우리가 물려받은 유산들이었다.

물론 나는 노래를 잘하지 못한다. 음정이 틀릴 때면 남편은 여전히 움찔하곤 하지만 내 노래 솜씨가 백배는 나아졌다고 처음으로 말해 준 사람도 남편이었다. 무엇보다 나는 내가 노래 부르길 좋아한다는 사실을 발견했다. 하루 종일 나도 모르게 노래를 흥얼거리고, 세 살짜리 딸아이도 그렇다. 아침 설거지를 하면서 '클레멘타인'을 부르고 아기를 흔들면서 '그린슬리브스'를, 비질을 하면서 '매리 제인 양과 마차를 타고'를 흥얼거리고, 거실을 정돈하면서 '다운 인 더 밸리'를, 빨래를 널면서 '올드 댄 터커'를, 산책하러 나가면서 '기뻐하며 경배하세'를 부른다.

이제 우리 집은 사람의 목소리로 가득하고 그 소리는 어떤 전자음보다 감미롭다. 한 살과 세 살이 된 아이들은 음악으로 가득한 세계에 산다. 노래란 우리를 대신해 부르는 연예인들에게 돈을 지불하고 듣는 게 아니라는 걸, 진짜 사람이 순수한 즐거움을 위해 부른다는 걸 우리 아이들은 경험을 통해 배우고 있다. 그리고 무엇인가를 매우 잘해야만 그 일을 할 가치가 있는 게 아니라는 것 또한 배운다.

자발적으로 노래를 부르는 일은 얼마나 즐거운가. 모든 사람이 그런 즐거움을 누릴 가치가 있다. 그러나 많은 이들이 전자기기를 통해 끊임없이 울려오는 목소리를 자신의 목소리와 비교하면서, 노래를 부르려면 음정이 정확해야 하고 오케스트라 반주도 있어야 한다고 믿는다. 우리는 우리 자신의 목소리를 그 어떤 것과도 비교하지 않는다. 아마 침묵을 제외하고는, 전파를 타고 오는 그 어떤 것보다 우리의 목소리가 아름답다고 생각한다.

그렇다고 우리가 노상 노래하거나 종알대는 것은 아니다. 내가 그토록 채우려고 애쓰던 침묵이 이제는 아름답게 느껴진다. 나는 생각에 귀를 기울이며 조용히 지내는 일에 익숙해졌다. 특히 설거지 같은 집안일을 할 때면 명상하듯 차분해진다. 예전에는 라디오에 귀를 기울이거나 라디오에서 나오는 목소리가 머릿속에 가득해 결코 있을 수 없던 일이다. 이렇게 고요하고 차분한 생활은 우리 가족이 추구하는 더 느린 삶과 아주 잘 어울린다.

TV부터 빨래 건조기까지, 우리가 포기했거나 혹은 그것 없이 지내기로 의식적인 결정을 내린 그 많은 것들에 라디오도 속하게 되었다. 편의시설이든 사치품이든 노동을 덜어주는 도구든 많은 물건을 끌어안고 살던 시절에 비하면 우리의 삶은 상상했던 것보다 더 많은 면에서 풍요로워졌다.

라디오를 갖고 있을 때 누리던 자유, 밤이든 낮이든 언제고 십여 개가 넘는 채널을 들을 자유는 사라졌지만 그와는 다른 더 충만한 자유를 누리고 있다. 우리 집안과 내 머릿속에서 울리던 라디오 소리와 소음으로부터 해방될 자유 말이다. 그리고 기분 전환을 위해 또는 생각을 잊기 위해 라디오를 켜는 강박으로부터도 자유로워졌다. 라디오가 있을 때는 뉴스를 별로 듣고 싶지 않아도 혹시 뭔가를 놓칠까봐 들어야만 한다는 강박을 느끼곤 했다. 이제는 그 선택지가 사라졌기에 뉴스가 궁금할 때 알아볼 수 있는 자유가 생긴 것이다.

그렇다면 '놓치는' 것들은 어떻게 하지? 어떻게 세태에 뒤떨어지지 않고 따라가지? 세상이 어떻게 돌아가는지 어떤 방법으로 알 수 있지? 1년 넘게 라디오 없이 살아보니 그런 걱정들이 전혀 문제가 되지 않는다는 결론을 내릴 수 있게 되었다. 세계 뉴스든 지역 뉴스든 늘 접할 수 있고, 한 주에 한 번만 시간을 집중하면 더 깊게 더 잘 이해할 수 있다. 읽을거리를 훑어보며 어떤 주제에 얼마만큼 시간을 투자해 읽을지에 대한 결정권이 나에게 있기 때문이다. 내 마음의 시간을 보스니아에 얼마나 쓰고 소말리아에 얼마나 쓸지는 공영 라디오 방송이 아니라 내가 결정한다.

실제로 라디오가 없다는 것은 세상과 지역의 사건들을 더 잘 알게 된다는 것을 뜻한다. 라디오가 없다는 것은 저녁을 준비하면서도 방에서 노는 아이들에게 신경을 더 집중할 수 있고, 그래서 아이들의 필요와 기분을 더 잘 이해할 수 있음을 뜻한다. 라디오가 없다는 것은 무엇으로 나의 마음을 채울지 내가 결정할 수 있고 침묵을 더욱 편안하게 받아들일 수 있으며, 집을 채우는 침묵에도 다양한 종류와 질감이 있음을 배운다는 것을 의미한다. 결국 라디오가 없다는 것은 궁극적으로 나의 내면 풍경에 더욱 섬세해지고 내 삶에 중요한 사람들과 더욱 많은 시간을 보내며 더 인간다운 인간이 된다는 것을 뜻한다.

또한 나는 집에 전자매체를 두지 않았기 때문에 우리 아이들이 훨씬 풍요로운 어린 시절을 보내고 있다고 믿는다. 아이들은 고요함의 여러 질감을 익히며 자신들이 가장 잘하는 일, 바로 자신의 방식으로 고요함을 채우는 법을 배우고 있다. 지금 내 딸아이는 '뽕나무를 돌자'라는 노랫가락에 마음대로 가사를 붙여 인형에게 불러주고 있다. 그리고 아직 말을 못하는 아들은 '내 사랑에게 뛰어가요'의 음에 따라 흥얼거리고 있다.

매리 앤 리저Mary Ann Lieser는 「플레인」지의 편집장으로, 오하이오 주 반즈빌에서 아이를 키우며 글을 쓴다. 「커밍 홈」, 「플레인」, 『연필 클럽의 기록』(빌 헨더슨 엮음)에 글이 실렸다.

기업과 기계의 지배에 맞서

제리 맨더 인터뷰

제리 맨더는 첨단기술을 둘러싼 논쟁에서 대단히 중요한 인물이다. 매리 앤
과 나는 미국의 유일한 비영리 광고 대행사인 '샌프란시스코 공공 미디어
센터' 사무실에서 제리 맨더를 만났다. 우리는 원래 이 인터뷰를 기록해줄
속기사를 데려갈 생각이었다. 그렇게 하면 속기술이라는 놀라운 기술도 활
용할 수 있고 기계에 대고 말을 하는 것도 피할 수 있을 터였다. 하지만 우리
가 연락한 어떤 속기사나 법원 녹취사도 컴퓨터를 포기하고 다시 연필을 잡
으려 하지 않았다. 그것은 뒷걸음치는 것이었다! 결국 공공 미디어 센터에
서 녹음기를 빌려주었는데 당연히 녹음기를 제대로 작동시키느라 대화가
지연되었다. 마침내 녹음기가 돌아가기 시작했고 우리는 건강, 일, 미디어,
공동체, 교육 등 다양한 주제에 걸쳐 이야기를 나누었다. 그 주제들은 이 책
에 실린 다른 글들의 주제이기도 하다.

플레인 요즘은 주로 자유무역에 대해 연구하고 계시는 걸로 알
고 있습니다. '자유무역'이란 표현은 사용하고 싶지 않은데 세계
화 문제를 연구한다고 해도 될까요?

제리 맨더 네, 맞습니다. 40편의 글이 실린 『위대한 전환』이라
는 매우 두툼한 책을 한 권 엮고 있습니다. 영국 잡지 「디 이콜로

지스트The Ecologist」의 편집자인 에드워드 골드스미스Edward Goldsmith와 함께 작업하고 있는데 그는 지난 30년간 유럽의 환경운동을 선도한 투사라 불릴 만한 인물이죠. 책의 1부는 세계 경제체제를 중심으로 삶을 구축할 때 발생하는 모든 차원의 문제에 대한 대략적인 정리입니다. 세계 경제체제가 어떻게 비서구권문화를 파괴하는지, 서구문화를 얼마나 균질하게 만들어버리는지, 기업의 경제 지배가 공동체에 어떤 해악을 미치며 작은 농장들을 어떻게 파괴하는지를 다룹니다.

플레인 음식과 연결된 주제가 많겠네요.

제리 맨더 그렇죠. 세계 경제체제의 중요한 측면 가운데 하나가 식량공급의 세계화입니다. 식량공급의 세계화는 일자리와 노동, 그리고 누가 누구를 지배하느냐의 문제에 큰 영향을 미치죠. 물론 그런 지배는 제3세계에 대단히 큰 영향을 미칩니다. 세계화는 원주민들이 어렵사리 얻은 주권을 파괴해버립니다. 1부에는 세계화가 가져올 결과를 예측해보는 글도 있습니다. 그리고 2부 '실패한 패러다임'에서는 세계 경제체제를 움직이는 패러다임이 무엇인지 살펴봅니다. 끝없는 경제성장, 시장경제, 발전에 대한 믿음, 과학에 대한 맹신, 자유무역 사상 같은 것들이지요. 3부의 제목은 '세계화의 엔진'입니다. 세계화의 현재 모습을 구성하는 도구들의 관계에 대한 글입니다. 주로 현재의 세계화를 구성하는 도구인 기업과 기술이 어떻게 서로 맞물려 돌아가는지 살펴봅니다. 마지막 4부는 지역 경제로 돌아가 지역 경제를 튼튼하게 만드는 일이 얼마나 중요한지를 다루지요. 어쩌면 「플레인」이 4부에 글을 하나 써야 할 텐데요!

플레인 저는 맨더 씨가 여러 차례 밝혀온 '현재의 제도가 바로 우리 시대의 기술적 산물'이라는 생각에 대해 이야기해보고 싶습니다. 방금 『위대한 전환』을 소개하면서도 언급하셨던 부분인데요. 사람들에게 그 생각을 설명하기가 어렵더군요. 그 부분에 대해 조금 더 설명해주실 수 있을까요?

제리 맨더 제가 말하는 제도란 주로 기업과 무역협정 같은 것입니다. 기술의 표현물이라기보다는 기술과 공생적 관계에 있는 것들로, 하나가 있기에 다른 하나가 존재할 수 있지요. 기업은 기술적 형태를 고안해내고 기술은 다시 기업에 힘을 보탭니다. 그러면 기업은 기술로 확장된 경영 기회를 지원할 수 있는 조직 구조를 만들어야 하죠. 컴퓨터를 보면 기술이 어떻게 세계화를 가능하게 하는 동시에 필연적인 것으로 만드는지 잘 알 수 있습니다. 현대를 사는 우리는 모든 것을 세계화할 수 있는 기술을 갖고 있는데 바로 사이버 공간을 통해 세계를 하나로 묶는 컴퓨터입니다. 사람들은 컴퓨터가 우리에게 힘을 준다고 생각합니다. 컴퓨터를 작동하고 컴퓨터에 입력하는 게 사람이니까요. 좁은 의미에서는 그렇다고 볼 수도 있겠지만, 컴퓨터로 가장 큰 힘을 얻는 것은 세계 도처를 움직이며 거대해진 몸집을 국제적으로 굴리고 있는 기업입니다. 컴퓨터를 이용한 레이저 위성기술이 연결된 요즘, 초국적 기업은 과거보다 더 빠르고 능숙하게 세계 도처로 자원을 옮기고 움직이면서 점차 강해지고 있어요. 사실 그런 기술이 있기에 초국적 기업이 생길 수 있었던 거지요.

플레인 그러니까 우리 모두가 지역적으로 행동하고, 지역적으로 살고, 그리고 웬델 베리가 표현한 대로 '지역적으로 생각'하는 반면 큰 기업들은…….

제리 맨더 …… 세계적으로 행동하고 세계적으로 존재하며 세계적으로 영향을 미치지요. 저는 현재 상황에서 지역적 생각과 행동으로써 맞서는 방법은 다소 부족하다고 생각합니다. 올바른 태도이지만 그와 동시에 세계를 철저히 알아야 합니다. 세계는 우리에게 늘 영향을 미치니까요. 지역에서 많은 것을 창조하고 지역적인 것을 보호해도 브뤼셀에서 열리는 세계무역회담의 결정으로 모든 것이 한순간에 물거품이 되기도 합니다. 어쨌든 새로운 기술 덕에 거대 기업들이 세계적 규모로 움직일 수 있는 겁니다. TV와 운송수단을 비롯한 속도의 기술, 통신 기술, 우주개발-우주 개발로 인해 지구 자원의 사진을 찍을 수 있습니다-등 이 모든 기술 덕택에 세계적 기업들이 세계적 조건 속에서 더 빨리 성장할 수 있습니다. 더 빨리 성장하기 위해 기업은 아무 제한 없이 세계적으로 움직일 수 있어야 하고, 그 어떤 지역적 저항도 용납하지 않는 국제적 구조가 필요한 법이지요. 여기서 '지역적'이라는 표현은 소도시나 지역사회를 말하는 것이 아닙니다. 기업 활동을 법적으로 통제할 수 있는 '국가의 능력이 미치는 범위'를 말하는 것입니다. 미국이든 어느 나라든 환경법이나 소비자보호법, 또는 그밖의 어떤 법으로도 자연과 노동자와 환경을 보호하거나 무역을 제한할 수 없다면 그건 지역의 범위를 벗어난 것입니다. 만약 어느 지역에 자유무역을 제한하는 규제가 보인다면 기업은 무역협정 등의 도구를 동원해 "다음과 같은 방식으로 자유무역을 벗어나서는 안 된다는 데 모든 국가가 동의한다" 같은 규칙을 만들어냅니다. 그리고는 각 나라가 자유무역을 제한할 수 없게끔 하는 방법들을 만들어냅니다. 이러한 규칙을 어기는 국가는 당연히 문제시되지요. 이런 식으로 유럽이 미국의 법규를, 미국이 유럽의 법규를 문제시할 수 있습니다. 그렇게 주거니 받거니 하면서 서로의 지역 법규를 무력하게 만들어버립니다. 그러면 기업 활동을 제한할 규제가 사라지는 것이지요. 기업들이 국제적으로 움직이는 데 필요했던 진보된 기술 형태가 이제 이런 일을 부추기고 있습니다.

플레인 그런 기술들이 제대로 움직이려면 어떤 법적 규제도 없이 작동해야 하니까요.

제리 맨더 맞습니다. 사실 우리가 흔히 생각하는 것 같은 의도적 공모라기보다는 형식의 공모에 가깝습니다. 제가 '현대의 제도가 바로 우리 시대 기술의 산물'이라고 말했던 것은 바로 이런

기업과 기계의 지배에 맞서

의미입니다. 일단 컴퓨터나 위성처럼 전 지구적으로 존재를 구축할 수 있는 연결망이 만들어지고 나면, 기업은 그 기술을 대단히 효율적이고 유능하게 이용할 수 있게 되지요. 그리고는 그렇게 세계화된 기술 구조에 상응하는 국제적 정치, 경제 체계를 갖추게 됩니다. 물론 세계화에 대한 정치적, 경제적 저항이 일어날 수도 있지만, 저항은 이런 체제 속에서 늘 무력화되었습니다.

플레인 그 모든 과정의 끝은 세계적 기업의 지배가 되겠군요. 결국 세계 도처에서 지역적 문화와 경제가 밀려나고 미국화될 겁니다. 예컨대 보르네오가 세계체제에 협력하지 않기로 마음먹는다면 그 고리에서 잘려나갈 수 있어요. 만약 보르네오 사람들이 식량자급 능력을 이미 잃었다면 이런 말을 듣게 되겠지요. "좋아. 너희 숲을 원자재로 내놓을 수 없다면 너희는 세계 식량시장을 더는 이용할 수 없어."

제리 맨더 차라리 그런 일이 일어난다면 좋겠어요. 저항하는 공동체라도 생겨날 수 있으니까요. 하지만 그런 공동체들도 결국 저항할 수 없는 조항에 묶이게 되겠지요. 지금 등장하는 세계체제는 전통적 문화와 경제를 남겨두지 않을 겁니다. 그 모든 곳을 시장으로 만들어야 하니까요. 빌 클린턴은 시장을 넓혀야 한다고 말했습니다. 미국이 시장을 확장해야 하는 이유는 시장으로써 미국의 수명이 거의 끝나가기 때문입니다. 알다시피 미국인들은 이미 소비문화에 파묻혀 살고 있어요.

플레인 다들 많은 물건을 갖고 있지요.

제리 맨더 그래도 아직 가질 수 있는 물건은 많아요. 새로운 상품은 끊임없이 출시되고 사람들은 줄기차게 새로운 물건을 사야 합니다. 이를테면 신형 컴퓨터처럼 말이죠. 그렇다 해도 시장으로 돌아가는 수익이 줄어드니까 중국 시장이 필요하고 인도네시아와 인도 시장이 필요한 겁니다. 그런데 그곳을 시장으로 만들려면 그곳 사람들도 우리 미국인들처럼 살고 싶다고 생각하게 만드는 게 우선입니다.

플레인 미국이 파는 것을 갖고 싶게 만들어야 하겠군요.

제리 맨더 TV가 바로 그런 욕망을 만들어내는 하나의 수단이지요. TV는 이념적 침략입니다. TV를 보며 서구문화에 노출된 사람들은 서구인처럼 되고 싶고 서구에서 만든 상품을 사고 싶다는 욕망을 갖게 됩니다.

플레인 TV의 위력은 대단합니다. 효과적이죠. 미국에서도 상당한 효과가 있었고요. 미국 사회가 소비문화에 등 돌릴 준비가 될 즈음이면 이미 나머지 세상을 소비문화에 옭아맨 뒤일 겁니다.

제리 맨더 세계화는 이쪽 소비자를 다른 소비자로 대체하겠다는 생각입니다. 이미 해외로 공장을 이전하고 있는 미국 기업들이 더 빨리 미국을 떠나 저임금 국가로 옮겨가면 무슨 일이 벌어질까요? 모든 제조업이 멕시코로 옮겨가면 어떻게 될까요?

플레인 사람들은 아무 문제가 없을 거라고들 하지요. 어쨌든

기업과 기계의 지배에 맞서

미국은 정보기반 구조니까 제조업을 굳이 여기 둘 필요가 없다고 말입니다. 이를테면 미국은 바나나를 지구 반 바퀴 너머로 운송할 항공 스케줄만 짜면 됩니다. 사람들이 직접 제철 과일을 키우고 저장하는 대신 일 년 내내 바나나를 사 먹을 수 있도록 말이에요. 우리는 서비스업 중개인일 뿐, 미국에서는 아무것도 생산할 필요가 없다는 얘기죠.

제리 맨더 제러미 리프킨Jeremy Rifkin은 『노동의 종말The End of Work』에서 사실상 미국 내 일자리가 줄어들고 있다고 말했습니다. 모두 로봇으로 대체되고 있어요. 제조업뿐 아니라 정보 부문을 비롯한 모든 곳이 자동화되고 있습니다.

플레인 사람들이 아직 모를 뿐, 정보 분야가 다음 차례죠.

제리 맨더 사람들은 서비스 부문에 새로운 일자리가 생겨날 거라고 기대하고 있어요. 제조업은 이미 끝났습니다. 모두 로봇이 자리를 차지했어요. 농업은 생명공학과 자동화된 공장식 축산 농장에 자리를 내주고 있고요. 그런데도 서비스 부문, 곧 정보 경제가 있으니까 전혀 문제가 없다고들 생각합니다. 하지만 도서관에 가보세요…… 사서가 없답니다! 은행에 가면 은행원이 없고, 맥도날드에 가면 일하는 사람이 거의 없어요. 대부분의 일은 기계가 하지요.

플레인 기계로 대체된 그 모든 노동자들은 정리해고되었죠.

제리 맨더 그렇다면 효율성이 무엇을 뜻하는지 생각해보아야 합니다. 예컨대 제너럴 모터스가 효율성을 개선했다는 기사가 실리면 그건 노동자들을 기계로 대체했다는 말입니다. 효율성을 높이기 위해 노동자를 해고했다는 뜻이지요.

플레인 농업에서 일어난 일과 비슷합니다. 현대 농업은 쉽게 구할 수 있는 값싼 에너지에 의존하는 기술로 사람과 공동체를 대체했습니다. 요즘의 세계 경제라는 것도 마찬가지로 값싼 에너지를 사용해 세계 도처로 상품을 운반할 수 있다는 생각에서 나온 거죠. 집에 앉아 비디오 쇼핑으로 물건을 구매하면 인도네시아의 어디에선가 자동화 장치가 물품을 제조해 바로 다음 날 문 앞에 배달해 줄 거라고 생각합니다.

제리 맨더 하지만 제레미 리프킨이 지적한 대로, 자동화 장치가 늘어나고 기업이 미국 밖으로 공장을 이전하면 사람들의 구매력이 떨어지고 미국의 시장 잠재력이 줄어들겠지요. 그러면 다른 나라에 시장을 만들어야 하는 문제로 되돌아가게 됩니다. 그나라 사람들도 미국과 같은 구매력을 지녀야 하지만 임금이 너무 낮으니 개인의 구매력이 그다지 높지 않을 겁니다. 모순된 상황이 동시에 닥치는 파국이 다가오는 거죠.

플레인 물론 모든 문제가 거기에서 시작됐죠. 대량생산 경제의 초기 시절, 헨리 포드는 노동자들이 포드사에서 생산한 차를 살 수 있을 만큼의 임금을 주고 싶다고 말하지 않았습니까.

제리 맨더 맞습니다.

플레인 저희 같은 사람들은 의식적으로 현대문명과 거리를 두는 삶을 선택하는 것을 '세상'으로부터 분리된다고 말합니다. 사람들은 우리가 선택한 생활방식 때문에 삶이 제한되거나 관점이 좁아지거나 어떤 면에서는 편협한 태도를 갖게 되지 않느냐고 묻곤 하죠. 저희 같은 사람들은 세상이 어떻게 돌아가는 모를 거라고 (TV나 라디오가 없으니까) 생각하는 사람들이 있어요. 그럴 필요가 있을 때면 우리도 언제든 신문을 읽을 수 있다고 알려줍니다. 맨더 씨는 현대적 삶을 신봉하는 사람들의 의식이 어떤지 경험해 본 적 있으신가요?

제리 맨더 네, 기술의 틀 속에서 살아가는 사람들은 그 틀 밖에서 살아가는 사람과 비교해볼 때 아마도 매우 제한되고 좁은 삶을 살지 않을까 싶습니다. 기술의 틀이라는 건 다른 형태의 지식과 비교해도 극도로 좁은 체계이니까요. 조금 전에 제 친구 저넷 암스트롱Jeannette Armstrong과 점심을 먹으면서 북아메리카 원주민들의 앎과 소통 방식에 대해 이야기를 나누었습니다. 그녀는 『위대한 전환』에 '우리는 한 살갗'이라는 제목으로 자신의 부족이 어떻게 공동체를 이해하는지에 대해 썼는데, 그 부족에서는 공동체가 하나의 대가족처럼 살아갑니다. 이미 세상을 떠난 조상들뿐 아니라 부족의 미래상도 염두에 두는 공동체이지요.

플레인 그렇다면 4차원적인 인식이군요.

제리 맨더 사실 6차원이지요. 물리적으로는 4차원이지만 과거

188
그들이 사는 마을

와 미래도 있으니까요. 세상 속에서 자아와 공동체를 대단히 종합적으로 경험하는 방식입니다. 하지만 그런 인식체계는 TV 같은 것에 모두 밀려나고 말았어요. TV에는 오직 현재밖에 없고 철저하게 일차원적이지요.

플레인 게다가 모든 걸 머리로만 인식합니다. '몸과 분리된 두뇌'의 문화라 할 수 있죠. 하지만 이런 일차원적 문화가 사람들을 완전히 바꿀 수 있을까요? 사람들은 자신이 기계처럼 산다는 것을 정말 눈치채지 못할까요? 저는 결코 비관적이지 않습니다. 우리 각자 안에는 그런 악에 저항할 수 있는 무엇인가가 있다고 믿습니다.

제리 맨더 한 세대 안에서도 주류 패러다임에 대한 반응은 각양각색인 법이지요. 당신과 저의 반응도 그 다양한 방식 가운데 하나고요. 어쩌면 우리의 관점 또한 당신이 방금 언급한 지배 패러다임에 대한 저항을 표현하는 것일 수 있습니다. 많은 사람들이 이 상황을 깨닫고 저항하리라는 게 희망입니다. 지금 미국에서도 그러한 저항이 자라고 있다고 생각하고요. 하지만 유감스럽게도 그 반대 또한 사실입니다. 이런 기술은 특정 유형의 사람들을 창조해 주류사회를 채우려 하고, 그런 일은 이미 일어나고 있습니다. TV를 많이 보는 사람이 경험하는 것은…… TV입니다! TV가 곧 삶입니다. 하루의 대부분을 컴퓨터를 사용하며 보내는 사람은 자신이 더 고차원적인 의식을 경험한다고 착각하지만 실은 컴퓨터를 경험하고 있을 뿐입니다. 현대 기술이 우리에게 강요하는 상호작용 방식에 따라 우리는 현대의 도구들과 관계를 맺고 그 도구에 적응해가는 사람으로 서서히 진화하죠. 기술은 그렇게 인간을 변화시킵니다. 그렇기 때문에 우리는 힘닿는 한 그 기술에 대해 토론하고 저항하고 도전해야 합니다. 말씀하신 대로 모든 사람이 기술에 저항할 능력을 가졌다면 좋겠어요. 분명히 몇몇에게는 그 능력이 있다고 생각합니다. 타고난 사람일 수도 있고 기술에 대해 체계적으로 사고하도록 훈련받은 사람일 수도 있습니다. 하지만 많은 사람들은 새로운 기술을 접할 때 질문을 하지 않아요. (그 사람들을 비난하는 것이 아닙니다. 사실이 그렇다는 것이지요.) 그냥 그 기술을 흡수하고 일종의 기계 인간이 되어 더 큰 기계를 위해 어느 때보다 열심히 일하지요. 이것이 비극입니다. 우리는 그 문제를 이야기해야 하고, 그 문제에 대항할 조직을 만들어야 합니다. 그게 바로 여러분들이 「플레인」을 만드는 이유겠지요.

플레인 어떤 면에서는 그렇습니다. 하지만 저희는 모든 사람이 저항할 수단이나 도구를 갖고 있다고 표현하지는 않습니다. 다만 모든 사람이 자기 안에 신을 갖고 있다고 말하지요. 제가 지난 3년간 어떤 실험 하나를 해봤는데요, 사람들을 만날 때마다 방금 당신이 이야기한 문제에 대해 말해보았죠. "저리 비켜요. 그런 문제에 관심 없어요. 저는 기계처럼 지내는 게 좋아요"라고 말하는 사람은 아무도 없었답니다. 제가 진심으로 걱정을 털어 놓으면 그들도 저를 바라보며 이렇게 말했죠. "저도 이렇게 사는 게 마음이 편치 않습니다. TV를 너무 많이 보는 것 같아요. TV 에 지배당하는 느낌이에요." 만약 제가 그 사람들을 비난하거나 '일깨우기 위한' 운동을 조직한다면 그들은 오히려 주류문화 속 에서 익숙한 자리를 더 고수하려 하겠지요. 하지만 저의 두려움 을, 부족함을 솔직히 털어놓으면 누구든 제 말에 응답합니다. 저 는 그렇게 손을 내밀어야 한다고 믿습니다. 그것이 사람들의 두 려움을 달래는 우리의 방식입니다. 우리의 삶을 통해 다른 사람 들에게 용기를 주고자 하는 것이지요.

제리 맨더 동감입니다. 어쩌면 이 기술체제는 지금까지처럼 그 리고 제가 생각하는 것처럼 지배적 형태를 만드는 데 성공하지 못할지도 모릅니다. 또한 모든 사람에게는 인식의 씨앗이 있어 서 어떤 기회가 주어지면 그것에 응답할 것이라 생각합니다. 저 희는 그 응답을 자극하거나 촉진할 수 있겠지요. 하지만 많은 사 람들이 이 획일적 현실에 너무 깊이, 철저하게 빠져있어서 그 씨 앗에 닿지 못하는 것도 사실입니다. 격리탱크(미국의 신경과학자 존 C. 릴 리가 1954년에 감각차단 효과를 실험하기 위해 1954년에 개발한 장치로, 빛과 소리를 차단한 탱크-옮긴이) 속에 빠져 밖에 무엇이 있 는지 모르는 것과 같지요. 저는 이런 현상을 설명할 때 '우주비 행사의 광기'라 부르는 예를 듭니다. 현대인들은 우주비행사처럼 대지와 분리된 금속성의 세상에서 삽니다. 모든 시스템이 어딘가 다른 곳에서 제공되고, 근원과는 아무런 연결고리도 뿌리도 없이 선회하면서 철저하게 추상적인 세상에 사는 겁니다. 그 어떤 것과도 연결된다는 느낌 없이 순전히 인공적인 현실에 둘러싸인 채 말이죠. 그런 사람이 진짜 현실과 지속적으로 접촉하기란 힘든 일입니다.

플레인 그렇게 사는 사람은 정말 쉽게 무너질 것 같습니다.

제리 맨더 믿을 수 없을 만큼 쉽게 무너지지요. 그런 상황에 붙들린 사람들은 돌아갈 곳이 없어요. 이 사회는 갈수록 사람들에게 뿌리 없는 삶을 권하고 있습니다. 디즈니월드의 에프코트센터(Epcot Center, 디즈니월드의 미래형 도시 테마파크-옮긴이)에서 살라고 하는 것과 같죠. 여러 다른 도시에 비해 샌프란시스코는 근사한 곳이지만 어디를 둘러봐도 자연이 없어요. 샌프란시스코에서 살거나 일하다 보면 여기에 도시가 세워지기 전에 무엇이 있었는지, 이 도시 아래 무엇이 있는지 기억하기란 어렵습니다.

플레인 그러면 이제 방법에 대한 문제를 고민해야겠군요. 모든 사람에게 현대적 삶이 옳지 못하다는 잠재적 인식이 있다면-인간적 혹은 정신적 본성 같은 게 있어서 어떤 면에서 자신이 혹사당한다는 것을 깨닫고 있다면-제 경험으로 보건대 기존의 사회운동 같은 접근(도덕적 분노와 정의감에 호소하거나 숨겨진 정보를 폭로하는 방식)으로는 인간의 고차원적인 본성을 움직이지 못할 것 같습니다.

　　제리 맨더　기존의 운동방식으로도 가능할 때가 있긴 합니다. 사람들이 느끼고 있는 그것이 옳다고 확인시켜주거나, 그들처럼 생각하는 사람들의 공동체를 알려줄 수 있지요.

　　플레인　그렇다면 그게 열쇠군요. 다른 사람들도 '우리처럼' 현대적 삶에 대해 걱정하고 있는가. '우리에게' 희망이 있는가. 웬델 베리는 「치유, 온전한 존재가 되는 것」이라는 글에서 '사랑의 힘'에 대해 말했습니다. 신성한 형태의 사랑에는 세상을 조직하는 힘이 있다고, 저항조차 할 수 없을 것 같은 거대한 기술체계에 직면했을 때 우리는 사랑이라는 힘을 끌어들여야 한다고. 우리는 그렇게 조금씩 전진하려고 합니다. 선동과 대중운동보다는 이 체제의 덫에 걸린 사람에게 다가가, 그들이 덫에 걸려있고 우리 또한 그렇다고 말해주려 합니다. 그렇게 한다면 분명 사람들의 마음에 가닿을 수 있을 겁니다.

　　제리 맨더　중요한 것은 이 세상에서 자신이 무엇을 하는지, 무엇을 당하는지를 잘 의식하는 것입니다. 해로운 것들을 멀리하려고 노력하는 동시에 세상에 영향을 미칠 만큼 세상과의 연결고리를 유지해야 합니다.

　　플레인-매리 앤　여기 오기 전에 저는 최첨단 기술을 다루는 잡지의 편집자들과 점심을 같이 먹었는데 최고경영인이 제게 이렇게 묻더군요. "당신 가족의 생활방식을 선택한 것은 당신네 부부잖아요. 그런데 아이들은 어쩌죠? 평범한 삶과는 동떨어져 고립된 채 자라고 있지 않습니까? 그 아이들이 자라서 스스로 선택을 할 수 있을까요?" 제게 그런 질문을 던진 사람에게도 어린 아들이 있더군요. 저는 그에게 이렇게 되물었죠. "그럼, 당신 아이는 선택을 할 수 있을까요?"

플레인-스콧 앤이 되묻자 같이 밥을 먹던 사람들이 다들 웃었어요. 그런데 그 사람 대답이라는 게 재미있더군요. "글쎄요. 저는 아이가 대학에 가서 훌륭한 교양 교육을 받았으면 합니다."

플레인-매리 앤 자기 아이는 제도 교육을 받을 거라고 말이죠.

플레인-스콧 그 말을 듣고는 또 다들 웃었어요. 물론 부드러운 웃음이었지만 다들 그 대답이 불합리하다는 걸 알아차린 거죠. 그 사람은 우리 아이들이 현대 기술과 소비문화를 접하지 못하기 때문에 자신이 어떻게 살지를 결정할 만한 정보를 갖지 못할 거라 생각했습니다. 하지만 현실적으로 보면, 주류문화에서 자라는 아이들이 틀에 박힌 삶에 '갇히는' 경우가 더 많습니다. 컴퓨터 사용법은 나중에 자란 뒤에도 배울 수 있어요.

플레인-매리 앤 우리가 「플레인」을 통해 전달하려는 메시지 가운데 하나는 어떻게 살지를 우리 스스로 선택할 수 있다는 것입니다. 오늘 제게 질문을 했던 그 사람은 아이들이 십대나 성인이 되었을 때 무언가를 선택할 수 있으려면 지금 제가 어떤 선택도 내려서는 안 된다고 생각하지요. 그러니까 그냥 세속적인 문화를 따라 살아야 한다는 것이지요.

제리 맨더 자신이 속한 문화라는 게 이미 결정된 선택과 방향, 패러다임, 가정假定으로 이루어진 견고한 시스템이라는 걸 모르고 있군요. 그게 훨씬 제한된 문화인데 말이죠.

플레인-스콧 컴퓨터와 아이들의 관계에 대해서는 어떻게 생각하시나요? 제가 보기에 사람들은 아무 거리낌없이 아이들과 컴퓨터를 맺어주고 있는 것 같아요. 어쨌든 컴퓨터쯤은 다룰 줄 알아야 교육을 잘 받았다고 생각하는 듯합니다.

플레인-매리 앤 사실상 컴퓨터 교육을 밀어붙이고 있어요. 세 살부터 컴퓨터에 익숙해지지 않으면 뒤처지리라 생각하면서요.

제리 맨더 뒤처지겠지요!

플레인 하지만 실제로 말이 되지 않습니다. 지금 수천, 아니 수백만 명의 사람들이 대단히 복잡한 컴퓨터 시스템을 다루며 먹고 살지만 그들은 세 살 때 컴퓨터라곤 접해보지 못한 사람들인 걸요. 그렇게 어릴 때부터 컴퓨터를 한다면-나중에 따라가지 못할 거라는 부모들의 우려 때문에-, 커서는 결코 할 수 없는 온갖 다른 일들을 할 시간이 없어집니다. 저는 그게 걱정스러워요. 스무 살이 돼서도 색칠하고 오리고 붙이는 것을 할 수야 있겠지만 몸과 마음의 발달 단계상 필요한 일이 아니지요. 어쨌든 우리 아이들은 예부터 건강하게 성장하기 위해 필요하다고 여겨온 일들을 할 시간을 빼앗기고 있어요.

제리 맨더 저도 어린이와 컴퓨터에 대해서 생각해보긴 했지만 그 문제에 관한 한 전문가는 아닙니다. 귀 기울일 만한 전문가는 포틀랜드 주립대학의 쳇 바워스Chet Bowers죠. 그는 아이들이 생태적 세계관을 익히고 전인적 지성과 소통 방식을 배우기를 바란다면 사실상 컴퓨터는 위험한 것이라고 말합니다. 바워스에 따르면, 컴퓨터는 특정 방식에 익숙해지도록 정신을 훈련시킵니다. 컴퓨터를 사용하는 아이들은 그 특정 방식으로 생각하고 인식하는 법을 습득하게 되죠. 다양한 감각을 활용하는 게 아니라, 기계를 통해서만 해석되는 디지털 정보를 다루면서 특정 시스템 안에서 생각하는 법을 연습하는 것입니다. 뿐만 아니라 기계와의 관계 속에서 하루를 경험하고 기계로부터, 기계가 전달하는 좁은 형식의 지식을 얻을 뿐입니다. 컴퓨터 교육은 그런 유형의 생각과 경험을 확장시킵니다. 디지털 본성을 학습하는 거지요. 이제는 데이터가 지식과 지혜를 대체하고 있다고들 합니다. 그와 동시에 예전 방식의 앎은 억압되고 있고요. 결국 현대의 기계적 의식과 기계적 세상에 맞추어진 인간이 만들어집니다. 기계적 환경 속에서는 그런 유형의 인간이 아마도 당신의 아이들보다 더 잘 작동하겠지요.

플레인 『위험에 빠진 정신Endangered Minds』을 쓴 제인 힐리Jane Healy는 미래 세대의 뇌 구조가 달라질지 모른다고까지 말합니다.

제리 맨더 많은 사람들이 그렇게 경고하지요.

플레인 뇌가 한창 성장하는 어린 시절에 컴퓨터를 접하면, TV나 컴퓨터 없이 자란 아이들과는 다른 신경회로가 만들어질 것입니다.

제리 맨더 조지프 칠턴 피어스Joseph Chilton Pierce는 설령 TV를 반대하지 않는 부모라도 11세 미만의 아이가 TV를 보지 않게 하는 것이 좋다고 말합니다. 저도 그 말이 옳다고 생각해요.

플레인 발도르프 교육관(오스트리아 철학자 루돌프 슈타이너의 교육철학에 바탕을 둔 교육사상으로, 상상력을 중심에 둔 배움을 강조하며 인지적 영역에 치우치지 않은 신체와 정신, 감각의 조화로운 발달을 추구함-옮긴이)과 비슷하군요.

제리 맨더 컴퓨터에 관한 비판은 아이들에게만 국한되는 것이 아니라 훨씬 넓은 영역을 아우릅니다. 저는 컴퓨터를 '구조적으로' 비판합니다. 컴퓨터가 눈부신 유토피아적 전망을 실어 나르고, 모든 사람이 컴퓨터의 좋은 점만 본다는 것이 가장 큰 문제입니다. 두 분이 점심 때 만난 최첨단 공학 잡지의 편집자들처럼 똑똑하고 비판적이라는 사람들조차 책상 앞에 앉아 비슷한 부류의 사람들에게 이메일을 날리며 컴퓨터의 효능에 감탄하지요. 현실적인 또는 깊이 있는 구조적 분석 따위는 하려 하지 않습니다. 대체로 현대기술이 받아들여지는 방식이 그와 비슷합니다. 비판적 태도가 부족하기에 그 기술의 장단점을 평가할 길이 없습니다. 컴퓨터를 구조적으로 분석해보면, 우리가 그로부터 얻는 권한이라는 게 세계적 기업과 중앙권력이 얻는 권한에 비하면 너무도 미미하다는 걸 발견하게 됩니다. 게다가 컴퓨터는 (환경적으로나 물리적으로나) 해롭습니다. 우리가 생각하고 배우는 방식을 바꿔버리며 사람들을 공동체로부터 분리시킵니다. 그리고 사이버 공동체라는 걸 만드는 데, 그건 물론 진짜 공동체가 아닙니다. 사람들은 컴퓨터 때문에 공동체가 무엇인지, 현실이 무엇인지 혼란을 느낍니다. 그런 식으로 우리는 더 이상 자연 세계를 실제로 지각하지 못하고 컴퓨터가 보여주는 대로만 이해하도록 훈련되는 것입니다. 구조적 비판에서 무엇보다 중요한 것은 컴퓨터가 다른 기술공학과 만났을 때 어떤 일이 일어날 수 있는지를 이해하는 것입니다. 다시 말해, 컴퓨터가 더 무서운 신기술이 성장하는 토대라는 걸 이해해야 합니다.

플레인 유전공학 같은 것 말입니까?

제리 맨더 맞습니다. 로봇공학, 우주개발, 나노공학……. 컴퓨터가 없다면 이렇게 해괴하고 끔찍한 온갖 기술도 존재할 수 없습니다. 컴퓨터는 다른 시스템이 들어오는 창과 같습니다. 컴퓨터의 도래와 함께 기술에 장악된 완전히 새로운 세상이 시작되었습니다. 컴퓨터가 없었다면 존재하지도 않았을 그런 세상이지요. 이것 역시 컴퓨터에 대한 구조적 비판의 일부입니다. 우리가 진정 민주사회에 살고 있다면 이렇게 말할 수 있을 것입니다.

"자, 이 문제에 대해 토론해봅시다. 이 기술을 전면적으로 받아들이기 전에 앞으로 어떤 영향을 미칠지 철저히 따져봅시다." 그러나 이 사회는 무턱대고 기술을 받아들이고 있습니다. 그 영향에 대해서는 전혀 생각해보지 않지요. 제가 컴퓨터의 영향을 하나씩 열거하면 사람들은 저를 이상한 사람 취급합니다. 컴퓨터를 통해 세계가 하나가 되는 멋진 미래에 대해서는 이야기하지 않고 왜 그렇게 '부정적'이냐고 묻지요. 글쎄요, 하나가 되긴 하겠지만 그건 우리가 아니라 기업과 세계 경제일 것입니다.

플레인 제가 보기에 바로 그것이 구조적 비판의 핵심인 것 같습니다. 몇몇 환경운동가들은 "이 컴퓨터를 사용해서 세계적 기업의 삼림채벌을 막을 수 있으니 대단하지 않아요?"라고 말합니다. 하지만 숲이 그렇게 순식간에 베여나가는 이유가 바로 세계적 기업들이 컴퓨터를 갖고 있기 때문입니다. 그러므로 우리는 어떻게 하면 컴퓨터 사용을 멈출 수 있을지 물어야 합니다.

제리 맨더 본질적으로 우리는 기술 없이 더 잘 살 수 있습니다. 우리가 물어야 할 근본적 질문은 이것입니다. "우리는 이것이 필요한가? 필요하다면 무엇 때문에 필요한가?" 우리는 무엇을 근거로 기술의 이점을 말하고 있는 걸까요? 이렇게 결정을 내리는 과정이 아직 우리 문화에는 없습니다. 제 비판의 방향은 그것입니다. 컴퓨터가 아이들에게 미치는 영향은 많은 문제 가운데 하나일 뿐입니다. 컴퓨터의 학교 점령은 우리가 컴퓨터라는 기술에 대해 비판적으로 사고하지 못하고 있음을 보여주는 하나의 사례입니다. 학교에까지 컴퓨터가 들어가다니, 컴퓨터가 모든 것을 장악하고 있어요! 기업이 마음대로 학교에 컴퓨터를 설치하고 있어요. 아이들에게 사용법을 가르치기 위해서 말이죠. 애플컴퓨터는 학교의 컴퓨터화에 가장 책임이 큽니다. 아이들은 모든 정보를 컴퓨터로 처리하는 법을 배우고, 선생님들은 컴퓨터로 대체되어 제거되고 있습니다. 그런데도 학교에서 일어나는 그 문제에 대해 토론하지 않습니다.

플레인 전혀 않지요.

제리 맨더 토론하지 마! 따져보지 마! 이게 좋은 건지 나쁜 건지 묻지도 마!

플레인 맞습니다……. 토론은 필요 없어! 이건 좋은 생각이야, 끝!

제리 맨더Jerry Mander는 샌프란시스코에 위치한 비영리단체 '공공 미디어 센터'의 선임연구원이자 '심층생태학 재단'의 기획 책임자, '세계화 국제포럼'의 의장이다. 기술에 대한 현대인의 사고방식을 최초로 이해하기 쉽게 비평한 『TV를 없애야 하는 네 가지 이유Four Arguments for the Elimination of Television』(New York: Morrow, 1978)와 『신성함의 부재 속에서In the Absence of the Sacred』(San Francisco: Sierra Club Books, 1991)를 썼고, 에드워드 골드스미스와 함께 『위대한 전환The Case Against the Global Economy』(San Francisco: Sierra Club Books, 1996)을 엮었다.

5
서 로 돕 기

서 로   돕 기

아미쉬 신문 「더 버짓The Budget」과 「데 보차프트Der Bot-schaft」에 매주 편지 형식의 글을 기고하는 데이비드 웨글러는 아미쉬를 존경하고 그들처럼 살고자 하는 사람들이 가끔 오해하는 것이 있다고 지적했다. 아미쉬가 하는 행동이 곧 아미쉬라고 생각한다는 것이다. 데이비드는 아미쉬처럼 행동하기 때문에 아미쉬가 된 것이 아니라 아미쉬이기 때문에 아미쉬의 생활 방식을 선택하는 것이라고 말했다. 우리는 모두 믿음에 따라 살려고 노력하지만, 일상의 순간마다 내리는 선택은 우리의 영적 성장을 돕기도 하고 해치기도 한다.

소박한 삶을 사는 우리 공동체는 우리의 믿음을 지탱할 수 있는 사회적 관계와 물건을 선택하고자 노력해왔다. 매리 앤과 나처럼 옛 전통을 따르려는 퀘이커 교도들은 우리 힘으로 처음부터 시작해야 한다. 소박한 삶을 살려는 퀘이커 공동체와 문화가 수십 년간 사라졌다가 이제야 다시 부흥하기 시작했기 때문이다. 현대문명 속에서 자라나 공동체에 들어오려는 사람에게는 두 배로 힘든 일이다. 지금까지 자신이 당연하게 여겼던 문화적 배경과 합리적이라고 여겼던 모든 것들이 공동체의 엄격한 관점과 실천에 의해 시험받기 때문이다.

그러한 엄격함에 부딪혀 더 나아갈 수 없다 해도 괜찮다. 여기 실린 글들이 보여주는 것처럼 모든 공동체는 대안을 가지고 있기 마련이다. 그리고 혹여 동의할 수 없는 부분이 있을지라도, 대안적 삶과 공동체 이웃들에게 자신을 헌신하는 사람들의 진정성과 선의만큼은 당신의 마음을 움직일 것이다.

사라져가는 마을 광장

매리 앤 리저

나는 오래된 건물과 예스러운 느낌이 잘 보존되어있기로 유명한 소도시에 살고 있다. 그 느낌이야말로 내가 3년 전 우리 가족과 함께 이곳으로 이사를 오게 된 이유다. 이곳은 예전에 코네티컷 정착민들이 보유했던 서부 보류지(Western Reserve, 코네티컷 식민지-훗날 코네티컷 주-가 1800년 오하이오 주에 양도할 때까지 소유권을 보유했던 오하이오 주 북동부 지역-옮긴이)로, 뉴잉글랜드와 비슷하게 이 지역의 소도시들 한가운데는 널찍하게 탁 트인 공유지나 잔디 광장이 자리하고 있다.

하지만 이웃 도시 중에 이런 잔디 광장을 여전히 보존하고 있는 경우는 거의 없다. 우리 동네 동쪽에 있는 소도시의 잔디 광장은 고속도로 두 개(하나는 무려 5차선 도로이다)가 그곳을 교차하면서 사분면으로 나뉘었고 패스트푸드 식당들이 그 주위를 둘러쌌다. 남쪽에 있는 두 동네의 광장 또한 노상 차들에 에워싸인 채 광장의 역할을 못 하는 잔디밭이 되고 말았다.

그러나 우리 동네는 늘 보존에 힘써왔기에 유용하고 아름다운 잔디 광장이 여전히 살아남아있다. 이 너른 광장의 하얀 정자에서는 여름 내내 일요일 밤의 음악회가 열린다. 물론 나무와 벤치도 있다. 안전하고 걷기에도 편한 이 광장에서는 뛰어노는 아이들, 자전거 타는 사람들, 벤치에 앉아 쉬는 행인들을 심심치 않게 볼 수 있다.

우리 가족은 여기에서 두 블록 떨어진 곳에 있는 백 년 전에 지어진 작은 집에 산다. 많은 이웃집에 지역유산보존협회가 수여한 명판이 달린 것을 보면 알 수 있듯 이곳은 오랜 역사와 장소의 개성이 물씬 풍겨 나오는 곳이다.

우리 집에서 북쪽으로 네 블록을 가면 1808년에 조성된 옛묘지가 나온다. 나는 아이들과 함께 산책을 하다 그곳에 들르곤 한다. 아이들이 잔디밭을 뛰어다니고 나무를 기어오르는 동안 나는 비석에 새겨진 글귀를 읽는다. 독립전쟁 참전용사도 묻혀 있으며 마지막으로 시신이 매장된 때는 1900년이었다.

나는 잔디 광장 맞은편에 있는 시내까지 걸어가서 볼일을 보곤 하는데, 많은 일들을 집에서 그리 멀지 않은 거리에서 처리할 수 있다. 은행, 도서관, 우체국, 약국 모두 두 블록 내에 있고 식료품 가게와 철물점은 거기에서 800미터만 더 가면 나온다. 이렇게 걸어 다니면 차를 운전하고 주차해야 할 때보다 훨씬 즐겁다.

그러나 우리를 매혹시켰던 그 많은 특징도 이제 더는 우리를 이곳에 붙들어 두지 못한다. 우리는 아이들에게 우리의 가치를 더 잘 전해줄 수 있는 좋은 시골에 살만한 집과 땅을 찾고 있다. 이곳에 사는 동안 우리도 많은 면에서 달라졌지만 이 동네 또한 변했다.

나는 박물관이나 커다란 영화 세트장에 사는 듯한 느낌을 받곤 한다. 이 오래된 동네를 벗어나 두 블록 정도 더 가면 또 다른 현실이 펼쳐지기 때문이다. 지난 20년 전부터 지금까지 이곳엔 주택건설산업이 계속되고 있다. 이 소도시에 매혹된 많은 사람들이 이곳에 살길 꿈꾸고, 새로운 집이 지어지기만 하면 어김없이 사겠다는 사람이 나타나니 어디든 빈 땅이 남아나질 않는다.

수십 년 전만 해도 오래된 농가들과 새로 짓는 주택지구 사이에 텅 빈 들과 숲이 살아있는 다채로운 곳이었지만, 이제 쓸 만한 땅은 거의 모두 건축 부지가 되고 말았다. 목초지도 숲도 아랑곳하지 않는 주택 개발로 인해 시에서 관리하는 야구 경기장 말고는 공터도 남아있지 않다. 어딜 가나 단조롭고 똑같다. 또한 이 모든 주택지대에서 몇 안 되는 주요 도로로 차들을 쏟아내는 바람에, 출퇴근 시간에는 시내 교통체증이 극심하고 가장 분주한 시간에는 우리 집 앞까지 차들이 밀려든다.

지난여름 우리 가족은 이곳에서 16킬로미터 정도 떨어진 '역사마을'에 다녀왔다. 오래된 농장에 집과 건물들을 옮겨와 복원한 곳으로, 옛날 도구와 가구로 가득한 전형적인 19세기 중반의 마을 모습이었다. 학교든 교회든 법률사무소든 방직소든 주택이든 모든 건물마다 그 시대의 의상을 입은 여행안내원이 150년여 전의 삶에 대해 간단히 설명해주었다.

이 역사마을 가운데에도 드넓은 잔디 광장이 있었다. 차가 지나갈 만큼 넓은 길이 광장을 둘러싸고 있었고 가게와 주택들이 그 길을 향해 서 있었다. 초록 잔디 광장을 둘러싼 시내를 지나면 농장이 나타난다. 그곳에서 일하는 직원과 방문객들은 예스러운 마을을 바라보며 향수에 젖는 듯했다.

내가 주목했던 점은 이 마을의 구조가 얼마나 기능적인가 하는 것이었다. 주택 사이사이에 가게와 학교를 비롯한 편의시설들이 있고 인근 농장에서도 마을의 시설과 서비스를 이용할 수 있다. 마을 가운데 자리한 공터는 사람들이 모이는 공유지 역할을 한다. 또한 마을 중심부에 녹지가 있으니 자연스레 도시의 지나친 성장이 제한된다. 마을 외곽이 성장해 마을의 시설을 더는 편리하게 사용할 수 없는 시점에 이르면 몇 킬로미터 떨어진 곳에 새로운 마을이 생겨난다. 그렇게 해서 작은 공간에 오밀조밀 모여 사는 마을들이 성장하게 되는 것이다. 오늘날 서부 보류지 지역을 집어삼킨 교외 주택지구의 무분별한 팽창과는 다른 모습이다. 하지만 이 역사마을이 아무리 훌륭하다 해도 그저 박물

관일 뿐, 거기에는 아무도 살지 않는다.

우리 조상들의 '공유지'는 자동차에 의해 파괴되었다. 거의 모든 소도시에서 초록 공유지가 사람들이 접근할 수 없는 버려진 유물이 되어버린 까닭은 바로 자동차 때문이다. 사라져가는 삶의 방식을 보존하려고 그토록 애써온 우리 동네마저 파괴되고 있지 않은가.

나는 우리 마을을 백 년 전처럼 활기찬 마을로 만들기 위해 무엇을 해야 하는지 잘 모르겠다. 그러나 한 가지는 분명해 보인다. 십여 곳의 주택개발 지구에서 몇 안 되는 도로로 자동차들을 쏟아내고, 고개를 돌리는 곳마다 자동차의 행진이 끊이지 않으며, 대부분의 사람들이 차로 이동하는 곳에서 진정한 공동체가 자라기란 불가능하다는 것이다.

지난 3년간 나는 마을이 조금씩 사라지는 모습을 지켜보았다. 저 파릇파릇한 잔디 광장으로 상징되는 우리 마을의 심장과 영혼은 과연 얼마나 더 버틸 수 있을까?

매리 앤 리저Mary Ann Lieser는 「플레인」지의 편집장으로, 오하이오 주 반즈빌에서 아이를 키우며 글을 쓴다. 「커밍 홈」, 「플레인」, 『연필 클럽의 기록』(빌 헨더슨 엮음)에 글이 실렸다.

어느 날 마차를 사다

세스 힌쇼

　나는 매주 넷째 날마다 (옛 전통을 따르는 퀘이커 교도들은 일반적인 요일과 달의 명칭 대신 숫자를 사용한다. 넷째 날은 수요일이다.) 우리 군의 주간 신문을 훑어본다. 사실 이것은 이상한 습관인데, 이 신문은 몇 해 전부터 주나 전국 단위 뉴스를 싣지 않아 거의 모든 기사가 내가 모르는 사람들의 이야기이기 때문이다. 그러니까 나는 최근에 일어난 범죄에 대해 알아보려고 신문을 읽는 게 아니다. 주요 기사를 더러 읽고 난 뒤 지역 광고를 훑으며 어떤 물건이 나왔나를 본다. 보통 5분이면 충분하다.

　나처럼 소박한 삶을 사는 퀘이커 교도를 위한 광고, 이를테면 '오래된 퀘이커 책 많아요'라거나 '조지 폭스와 존 월버에 대해 알려주실 분 찾아요' 같은 광고는 거의 없다. 그런데 어느 주엔가 내 관심을 끄는 흥미로운 광고가 등장했다. 내가 사는 곳에서 그리 멀지 않은 곳의 한 농부가 팔려고 내놓은 목록 중간쯤에 '오래된 덩커파 마차'가 있었다.

나는 신이 나서 친구 수지에게 그 이야기를 했고 이야기 중에 두 가지 중요한 문제가 거듭 거론되었다. 하나는 그 마차의 가치에 관한 문제였다. 나는 말이나 마차에 대해서는 전혀 아는 게 없었다. 수리비가 많이 드는 물건을 비싸게 사오면 어찌한단 말인가? 멀쩡한 마차는 가격이 어느 정도인가? 우리는 수지의 이웃에 사는 아미쉬 한 분을 찾아갔고 그가 선뜻 함께 가서 마차를 봐주겠노라고 했기에 이 문제는 쉽게 풀렸다.

두 번째 질문에 대한 대답은 훨씬 힘들었다. 도대체 마차는 왜 갖고 싶지? 아마 이렇게 되받아칠 수도 있을 것이다. 도대체 TV는 왜 갖고 싶지? 흔히 퀘이커 교도가 옛 풍습을 좋아하고 옛날처럼 살길 좋아한다고 생각하는 고정관념에 편승하자면, 말과 마차를 끌고 다니는 것도 그리 대수로운 일은 아닐 것이다. 어쨌든 윌리엄 펜도 마차를 타고 다녔으니까.

하지만 그것만으로는 소박한 삶을 사는 우리 퀘이커 교도들이 왜 말과 마차를 주요 교통수단으로 사용하고자 하는지 충분히 설명할 수 없다. 역사적으로 대부분의 퀘이커 공동체는 자동차 발명 이전에 해체되었고, 우리는 자동차를 소유한 첫 퀘이커 세대에 속한다. 몇몇 퀘이커 교도들은 2차 세계대전 중에도 자동차를 소유하려는 사회적 흐름을 단호하게 거부했다. 그들이 자동차로 갈아타는 변화를 반대했다는 증거는 끝까지 말을 포기하지 않은 오하이오 동부의 두 공동체를 보면 알 수 있다.

두 번째 질문에 대해 생각하면 할수록 나는 교통수단의 선택이 우리의 생활방식에 큰 영향을 미친다는 사실을 깨닫게 되었다. 교통수단을 바꾸겠다는 결정은 사실상 내 삶의 거의 모든 부분을 바꾸겠다는 결심과 다름없었다. 예를 들어 지금 내가 문득 아이스크림을 먹고 싶다면 차를 몰고 시내로 나가면 된다. 그리고서 도서관에 가고 싶다면 다시 차를 몰고 가면 된다. 그러나 말과 마차를 교통수단으로 쓴다면 그렇게 즉흥적인 결정에 따라 살기는 힘들다. 시내에 가는 일은 아마도 일주일에 두 번 정도일 테고 한 번 갈 때 모든 볼일을 다 처리해야 할 것이다. 혹시 깜빡 잊는 일이 있으면 다음에 시내에 나갈 때까지 기다려야 하므로 필요한 모든 것을 꼼꼼하게 적어두는 노력도 필요하다.

무엇보다 직업 선택의 폭이 줄어든다. 지금 나는 차로 40분 거리에 있는 직장에 다니고 있는데 말을 타고 가면 적어도 몇 시간은 걸릴 것이다. 그러니 교통수단을 바꾸면 직장 근처에 살아야 하고, 아마도 인쇄업을 그만두고 농장을 가꾸거나 지역 중심의 소규모 사업체를 시작하게 되지 않을까? 그게 무엇이든 지역 경제에 도움이 되는 일일 것이다.

한편, 말과 마차의 유지비용이 만만치 않다는 지적은 잘 모르고 하는 소리다. 어느 모로 보나 자동차가 더 비싸다. 연간 자동차 유지비와 연료비면 마차를 끄는 말을 여러 마리 구입하고 먹일 수 있다. 그뿐인가. 자동차를 끌면 보험이나 면허증과 관련된 비용도 들어간다. 자동차 대신에 말과 마차를 이용해 지역에서 농사를 지으며 일한다면 멀리 떨어진 직장에 출퇴근할 때보다 수입이 수천 달러는 줄겠지만 사실상 돈이 더 많이 남는다.

왜 말과 마차로 돌아가야 하는지 고민하면서 나는 땅에 대한 책임에 대해서도 생각했다. 이 땅은 신의 것이고 이 땅의 풍요도 신의 것이므로 언젠가 우리가 땅을 황폐화하고 오염시킨 죄를 추궁당할 날이 올 것이다. 내연기관이 오염의 주요 근원이며 지구온난화를 일으키는 온실효과에 큰 몫을 한다는 사실은 모두가 알고 있다. 그런데도 수확한 지 6일이나 지난 농산물을 동네 식료품 가게에 배달해줄 트럭 회사가 정말 필요할까? 동네 농부가 농산물을 키워 동네 가게에 팔고 지역에서 화폐가 순환하도록 하면 어떨까? 간단히 말해 교통수단을 말과 마차로 바꾸면 더 튼튼한 공동체를 만들고 외부에서 오는 에너지와 원료에 덜 의존하게 된다. 이런 대답에 도달하자 나는 확신이 생겼다.

드디어 운명의 날이 왔다. 우리는 아미쉬 이웃인 워렌과 함께 마차를 보러 갔다. 가는 길에 그에게 적정 가격을 물었다. 덩커파 마차는 아미쉬 마차와는 무척 달라서 아미쉬 사람들이 관심을 갖지 않을 터이니 가격을 낮출 수 있겠지만 마차를 직접 보기 전에는 알 수 없다고 그가 말했다.

마차를 내놓은 농부에게도 흥미로운 사연이 있었다. 그는 시내 근처에 있는 농장을 살 계획이었고 차를 모는 것에 비하면 비용이 저렴하므로 플레인시티 근처에 사는 독일 침례교도에게 마차를 샀다. 그런데 농장 거래가 중단되어 마차를 쓸 일이 없어졌고 거리행진 때 몇 번 말고는 사용해보지 못했다고 했다. 그리고 헛간이 불타는 바람에 이 마차를 팔아 새 헛간을 짓는 데 보태기로 마음먹었다는 것이다.

우리는 많은 농기구가 쌓여있는 칙칙한 건물 안으로 들어갔다. 한쪽 벽에 마차가 기대어져있었다. 바퀴는 벌레 먹었고 캔버스 천 덮개에는 구멍이 나있었으며 커튼은 다 떨어져 나가고 없었다. 이걸 고쳐서 쓸 수 있을까? 워렌은 시원하게 대답하지 못했다. 농부도 정말 그 물건을 팔고 싶은지 확신이 없는 듯했다. 그래서 나는 며칠 후에 다시 전화하겠노라고 했다. 며칠 동안 수많은 생각이 내 마음을 오갔지만 나는 그 마차를 사기로 마음먹었다. 약속한 날짜에 전화를 걸었고 그 농부는 200달러에 마차를 주겠다고 했다. 거저나 다름없었다.

그렇게 나는 말도 없는데 덜컥 마차부터 사고 말았다. 속담대로 '말 앞에 마차를 놓은 셈'이었다. 이제 나의 철마를 살아 숨쉬는 말로 바꾸겠다는 결심만 남았다.

—

세스 힌쇼Seth Hinshaw는 오하이오 주 제인즈빌에 살며 조판과 인쇄 일을 한다.

아미쉬와 함께 한 하루

린다 에게네스

색상이 다채로운 아미쉬 퀼트의 주름처럼 블루리지 산맥의 봉우리들이 완만한 언덕으로 차츰 누그러질 때쯤 노스캐롤라이나 주 야드킨 카운티가 나온다. 깔끔하게 포장된 시골길이 지형을 따라 오르락내리락 이어지고 길가에는 푸른 봄빛의 아름다운 목초지가 펼쳐진다. 멀리 목초지 테두리에는 산맥이 둘러서있다.

'벅 숄즈 로드'는 야드킨 카운티에서 교회 이름을 따지 않은 몇 안 되는 길이지만 대신에 5킬로미터도 채 안 되는 거리에 교회 세 곳을 구불구불 지나가는 축복을 누리고 있다. 울창한 협곡으로 길이 곤두박질치기 직전에 '에쉬 목공소'라는 팻말이 나왔다. 검은색 마차들을 보아하니 길을 제대로 찾은 듯했다.

존 에쉬는 유니언 그로브 아미쉬 공동체(1985년에 뉴 오더 아미쉬 집단의 일부가 모여 만든 공동체로 마차를 몰고 소박한 복장을 하지만 다른 아미쉬 공동체와는 달리 전기를 사용한다-옮긴이)의 주교로, 부드러운 말투의 진지한 남자였다. 존은 우리를 보더니 집으로 들어오라고 청하며 식탁에 자리를 마련해주었다. 부엌에서는 두 딸이 남자 형제들을 위해 오전 간식을 준비하고 있었고 남자 형제들은 가족의 사업인 헛간 짓는 일을 하고 있었다. 네 살짜리 딸 레이첼은 장난감 화살을 쏘며 거실에서 놀고 있었다.

존 부부와 열두 명의 아이들은 1985년에 펜실베이니아의 프랭클린 카운티에서 이곳으로 이주했다. 지금 유니온 그로브 공동체에는 스무 가족이 살아가는데 반 정도는 농사를 짓고 다른 가족들은 헛간을 짓거나 정원용 가구와 잼 등을 만들어 생계를 꾸린다.

나는 존에게 그의 믿음이 어떻게 일상생활에 영향을 미치는지 말해줄 수 있느냐고 물었다. "그건 제가 제일 좋아하는 주제인 걸요." 그가 살짝 웃으며 대답했다. "믿음이 있기에 모든 면에서 정직하고 겸손하게, 더 열심히 살 수 있습니다. 우리의 소망과 욕망도 그 믿음의 방향을 향하지요."

아미쉬 교도들은 옷차림도 신앙의 일부로 여기며 '오드눙'(Ordnung, 규칙이라는 뜻의 독일어로 아미쉬 공동체의 일원으로 지켜야 할 사항을 말함-옮긴이)이라 불리는 규정에 따라 옷을 입는다. 존은 손으로 만든 데님재킷과 멜빵바지를 입고 있었고, 흰색 기도 모자 아래로 머리카락을 단정히 말아 넣은 딸들은 무릎 밑까지 넉넉하게 내려오는 긴소매 원피스를 입고 있었다.

올드 오더 아미쉬 공동체와 달리 유니언 그로브 아미쉬들은 전기와 전화를 사용하며 집 대신 교회에서 예배를 올린다. 그 외에는 비슷한 관습을 유지하는데, 자동차 대신 말과 마차를 몰고 TV를 비롯해 세속적이라 여겨지는 모든 것을 피한다. 나는 존에게 전기를 사용하기 시작하면서 공동체가 달라지지 않았는지 물었다.

"제가 알고 있는 한 전기 때문에 달라진 것은 없습니다. 저희는 다른 아미쉬들과 마찬가지로 소박한 삶을 중요하게 여기지요. 사업을 지나치게 크게 벌이지 않도록 규칙으로 정했습니다. 기독교도로서 살아가는 일, 소박하게 살아가는 일에 집중하는 것은 우리 공동체 정신을 튼튼하게 해주는 생활방식입니다."

존은 길을 따라 조금 더 가면 최근에 아미쉬 공동체에 들어온 가톨릭 교도 가족이 살고 있다고 알려주었다. 그 집에 도착하자마자 마거릿 콜레티가 오래된 흰색 농가 밖으로 나와 우리를 반겼다. 짙은 머리칼에 앞이마에 V자형 머리 선이 나있고 푸른 눈에는 웃음이 가득한 쾌활한 목소리의 여인이었다. 그녀는 두 달만 지나면 스물한 살이 된다고 했다. 우리는 식탁에 앉아서 이야기꽃을 피웠다. "부모님은 성당에서 열심히 활동하셨어요. 기독교도다운 삶을 사는 게 중요하다고 생각하셨지만 저희가 지내던 환경에서는 그렇게 살기 힘들다고 느끼셨지요." 마거릿이 말했다.

아미쉬 생활방식에 적응하는 게 어떤지 묻자 그녀는 웃었다. "저는 이곳에서 평화와 만족을 찾았어요. 아미쉬 사람들의 친밀함이 좋아요. 이곳에서는 서로가 서로를 돕지요. 슬프게도 요즘 세상에서는 보기 드문 분위기예요. 제가 9월에 캐나다 출신 아미쉬 교도와 결혼을 해서 퀼트를 만들어야 하는데요, 우리 가족은 퀼트 만들기에 아직 서툴러요. 그래서 교회 아주머니와 아가씨들이 세 모임으로 나뉘어서 도와주러 온답니다. 한 번에 일고여덟 땀을 떠야 하는 섬세한 작업이죠. 이제 거의 다 만들었어요." 마거릿은 옆방에 있는 퀼트 프레임 위에 펼쳐진 퀼트를 보여주었다. 공들여 촘촘하게 수놓은 바늘땀이 가득했다.

흰색 별채에는 마거릿 가족의 빵집이 있었다. 마거릿은 그곳에서 도매로 파는 파이와 빵 만드는 일을 돕는다고 했다. 봄에 작물을 심기 위해 갈아놓은 커다란 텃밭에서 닭들이 모이를 쪼아대고 있었다. 헛간에 있는 작업실에서는 마거릿의 남동생이 개집을 만들고 있었다. 헛간 밖 잔디밭에는 나무로 만든 개집 열다섯 개가 나란히 놓여 팔리기를 기다리고 있었다.

마거릿은 오늘 어머니와 다른 여자들의 바느질 모임이 있다며 그곳에 가보라고 했다. 가는 길에 나는 요더 컨트리 마켓에 들렀다. 말 한 마리와 덮개 없는 작은 마차 한 대가 가게 밖에 서있었고 젊은 아미쉬 여인이 가게에서 나왔다.

여기에서 물건을 사는 사람들은 옛날 사람들처럼 자기 손으로 음식을 만들어 먹는다는 걸 알 수 있었다. 밀가루 일곱 종류, 콩 여덟 종류, 국수 열한 종류, 말린 과일들, 견과류를 비롯한 다른 건조 제품들이 선반과 낮은 나무진열대에 나란히 놓여있었다. 지역에서 만든 빵과 잼, 젤리, 피클도 팔고 다른 아미쉬 공동체에서 만든 다채로운 색상의 병조림 제품도 팔았다. 천수근, 캐모마일, 컴프리, 카옌, 감초, 에키네시아, 옐로우덕 뿌리, 켈프, 채퍼랠, 우엉 뿌리, 유카, 차풀, 피버퓨, 쥬니퍼베리를 비롯한 허브 종류가 한 귀퉁이를 차지했다. 『일반적이고 일시적인 질병을 위한 아미쉬 민간 치료법』과 요리책, 찬송가 책들이 계산대 오른쪽 선반을 차지했고 계산대 위 칸에는 챙이 넓은 다양한 아미쉬 모자가 진열돼있었다.

가게에서 일하는 데이비드 밀러는 부드러운 갈색 눈을 가진 사려 깊은 사내였다. 손님들에 대해 묻자 그는 이렇게 대답했다. "아미쉬 교도가 아닌 사람들이 더 많이 와요. 저 멀리 그린즈버러에서도 온답니다."

나는 그에게도 전기 때문에 달라진 게 없는지 물었다. "저희는 거듭나는 삶, 하느님을 따라가는 길을 더 중요하게 생각합니다. 당신이 말하는 물질적 측면은 그다지 중요하지 않아요. 우리 일에 필요한 기계들을 디젤용으로 바꾸는 것보다 더 실용적이기 때문에 전기를 사용할 뿐이에요."

저렴한 가격을 보고 신이 난 나는 피칸과 말린 파인애플, 피치 빵집에서 만든 스위트롤을 샀다. 데이비드는 스위트롤을 선물로 주겠다며 내가 돈을 내려고 해도 받지 않았다.

나는 가게를 나와 교회로 갔다. 교회 앞에는 표지판 없이 195번지라고 적힌 검은 우편함만 있었다. 교회 지하실로 들어가자 스물다섯 명의 여인과 십대 소녀들이 여러 무리를 지어 커다란 퀼트 프레임 주변에 앉아 나직하게 소곤거리며 도톰한 이불을 만들고 있었다.

케이티 요더(요더 컨트리 마켓의 주인인 샘 요더의 아내)가 나를 안내하며 말했다. "몇 해 전 작은 공장이 폐업 정리할 때 옷감 수백 필을 사 왔어요." 지난 7, 8년간 여자들은 매달 둘째 화요일에 모여 바느질을 했고 대체로 한 번에 열 개 정도의 이불을 만드는데, 이렇게 만든 이불은 루마니아와 러시아를 비롯해 도움이 필요한 나라로 보내진다고 했다.

"가끔 저녁에 가족 전체가 오기도 해요. 남편과 아들도요. 그러면 더 빨리 만들 수 있죠. 길고 가는 조각을 바느질로 이어 붙여서 큰 네모 조각을 여럿 만든 다음 이 틀 위에 겹쳐서 펴놓고 가운데에는 솜을 넣어요." 케이트는 틀 위에 얹힌 큰 퀼트를 가리키며 말했다.

사바나 밀러는 미소를 띤 활기찬 할머니였는데 노란 장식술 모양으로 여러 겹의 퀼트 천을 고정하는 법을 보여주었다. "예전에는 매듭을 묶었다오. 그런데 위아래로 고리를 만들 듯 털실을 두 번 통과시키면 무슨 일이 있어도 퀼트가 떨어지지 않는다는 걸 알아냈지."

나는 레아 피치도 만났다. 그녀는 재봉틀로 가장자리에 길고 가는 띠를 박아 이불을 마무리하고 있었다. 푸른빛의 아름다운 눈동자에 말할 때면 부드러운 미소를 짓는 여인이었다. 스물네 살의 사랑스러운 레아의 딸 오르파는 금발 머리를 모자 아래로 깔끔하게 올린 채 레아의 옆에서 바느질을 하고 있었다. 내가 농장을 방문하고 싶어 한다는 이야기를 듣고 그녀는 소 젖 짜는 시간에 자기네 농장으로 오라고 나를 초대했다.

매달 모여서 이불을 만들어 보낸다니 참 친절한 분들이라고 말했더니 케이티가 이렇게 답했다. "다행히 저희에게는 재료가 많고, 또 같이 모이면 즐겁잖아요."

오후 4시 40분경, 윈저스 크로스로드를 지나자마자 폴 피치와 그의 아내 버사, 그리고 일곱 아이가 사는 집이 나왔다. 폴과 버사는 잼을 만들어 파는 창고 바깥에 앉아 밭에 심을 감자를 준비하고 있었다. 버사는 환한 얼굴에 따뜻한 미소를 지으며, 감자를 어떻게 세 조각으로 잘라야 한 조각마다 적어도 세 개의 새싹을 틔울 수 있는지 보여주었다. "하나를 심으면 감자가 열개에서 많게는 스무 개까지 열린답니다."

0.5에이커의 밭에서 웬만한 채소는 다 길러 먹는데, 여름에는

그들이 사는 마을

신선한 상태로 먹고 나머지는 겨울에 먹기 위해 병조림을 해둔 다고 말했다. 그리고 이번 봄에는 완두콩과 감자, 옥수수, 토마토, 온갖 종류의 강낭콩(리마콩, 그린빈, 흰 강낭콩, 제비 강낭콩)을 심을 생각이라고 했다.

나는 폴에게 잼 만드는 곳을 보여 달라고 부탁했다. 잼을 만드는 부엌에서 달달한 냄새가 풍겨왔다. 폴의 딸인 레베카가 조리대를 닦고 있었고 그녀의 여동생이 유리병을 씻고 있었다. 폴은 가족들이 잼을 만들 때 쓰는 작은 스테인레스 냄비를 보여주었다. "일정한 맛을 내기 위해 한 번에 조금씩만 만들지요." 곧이어 버사도 잼 가게로 들어왔다. 막내아들 폴 데이비드가 그녀에게 기대자 그녀는 아들의 어깨에 팔을 둘렀다.

폴이 말했다. "평생 잼을 만들 생각은 아니에요. 나중에는 농장을 운영하고 싶어요. 그게 저희의 꿈이지요." "하지만 그때까지는 잼 만드는 게 우리 가족이 함께할 수 있는 일이에요." 버사가 덧붙여 말했다.

우리가 밖으로 나올 때 버사가 폴에게 뭐라고 소곤거리자 그가 우리를 불러 세웠다. "잼 좀 가져가실래요?" 폴은 책상 위에 단정하게 진열된 아홉 가지 맛의 잼 가운데 하나를 고르라고 했다. 잼 병에는 모두 '더치 케틀'이라는 상표가 붙어있었다. 나는 블랙베리를 선택했고 폴은 자신도 그걸 제일 좋아한다고 했다. 그날 밤 남편과 나는 그 잼을 먹으며 상자째 사오지 않은 걸 후

회했다. 엄마가 만든 잼처럼 이렇게 맛좋은 잼은 처음이었다. 햇빛을 듬뿍받은 새콤하고 달콤한 베리 향이 입안에 가득 고였다.

소 젖 짤 시간이 다 되자 나는 언덕 위의 큰 농장으로 향하는 구불구불한 길로 나섰다. 바로 폴의 형 토머스 피치의 농장이었다.

검은색 울 스카프를 머리와 어깨에 두른 한 여인이 쇠스랑을 들고 뜰을 돌아다니고 있었다. 내게 손을 흔드는 그녀는 레아 피치였다. "당신을 놀래려고 한 게 아니라 밭에서 흙을 뒤집던 중이었어요. 바느질 모임을 마치고 집에 왔더니 열한 살짜리 아들이 밭을 파고 있지 뭐에요." 올해에는 아들이 농사를 짓도록 밭을 하나 줄 생각이라고 했다.

우리는 헛간으로 갔다. "옛날 농장에서는 집에서도 헛간이 보였는데 여기서는 보이지가 않아서 늘 농장 일을 놓친답니다." 레아 부부는 모두 낙농장에서 나고 자랐다. 이제는 아이들이 일하는 걸 돕기 위해 나와 본다고 했다.

착유실 안에서는 레이첼과 네이선이 아버지를 도와 홀스타인 젖소 여덟 마리의 젖을 짜고 있었다. 80마리에 달하는 암소젖을 다 짜려면 착유기를 사용해도 아침과 저녁 다섯 시부터 일곱 시까지 네 시간이 소요된다고 했다. 피치 씨네 가족이 키우는 옥수수와 콩, 건초는 소먹이로도 쓰이고 팔기도 한다.

착유기가 땡그랑거리며 돌아가고 있었지만 레아는 거실에 있는 것처럼 나직하게 말했다. 다른 아미쉬들처럼 레아도 독일 방언을 쓴다. 그녀는 영어가 익숙지 않다고 했지만 소박하고 진실한 표현으로 자신의 생각을 유려하게 전달했다.

"저는 다르게 사는 법은 알지 못해요. 농사를 짓지 않는다면 어떻게 살아야 할지 모르죠. 자연과 더불어 일할 때 신을 더 가까이 느낄 수 있다고 생각해요. 물론 다른 기술이나 직무를 익힐 때도 마찬가지겠지만요. 사람마다 삶을 풍요롭게 만들고 신을 따라 걸어가는 자신만의 방법이 있겠지만, 농사를 지으면 생장하는 모든 것에서 신의 존재를 알 수 있어요."

우리는 암소들이 어슬렁거리며 축사 밖으로 나갈 수 있도록 길을 비켜주었다. 다음에 젖을 짤 암소 여덟 마리가 들어왔다. 레아가 말했다. "암소들은 서두르는 걸 좋아하지 않아요. 행복한 암소가 더 좋은 젖을 준다는 이야기 들어보셨나요?"

레아는 자기 어머니 아멜리아를 만나 보겠느냐고 물었다. 일흔네 살의 아멜리아는 헛간 근처의 이동식 주택에 살면서 여전히 밭일을 하고 있었다. "저희가 대신하게 놔두질 않으세요. 어머니에게 밭일은 아이들의 공놀이만큼이나 재미있는 일이지요." 레아는 어머니가 일하는 모습을 보여 주었다. 아멜리아는 구덩이를 파고 소똥으로 채운 다음 그 옆에 다른 구덩이를 판 흙으로 구덩이를 메웠다. "이렇게 하면 흙이 정말 좋아져요. 어머니는 이 작은 밭에서 굉장히 많은 채소를 키우고 우리에게도 나눠주신답니다."

아멜리아가 나를 집으로 초대했다. 내가 먼저 올라가 계단 오르는 것을 도우려 했더니 그녀가 쾌활하게 말했다. "나는 뭐든지 혼자서 한다오. 양쪽 무릎이 관절염에 걸렸지만 내 갈 길은 내가 가야지."

아늑한 트레일러 집에 들어서자 아멜리아는 자신의 방명록에 서명하라고 했다. 1987년부터 쓰기 시작한 그 방명록은 이미 거의 채워져있었다. 나는 그녀를 찾아오는 사람이 왜 그리 많았는지 이해할 수 있었다. 친절하게 미소 짓는 그녀의 얼굴을 마주하니 마음이 편안해졌다. 우리가 이야기를 나누는 동안 해가 지고 어둠이 내리기 시작했다. 가족의 온기가 느껴졌다.

마차를 타보고 오퍼 씨가 운영하는 깔끔한 빵집을 둘러본 다음 나는 아쉬운 마음으로 작별 인사를 했다. 레아가 이렇게 말했다. "당신을 친구처럼 여길게요." 내게 그보다 더 좋은 일은 없을 듯했다.

___

린다 에게네스Linda Egenes는 「플레인」지에 젊은이들을 위한 많은 글을 썼으며 에세이집 『아미쉬와 함께』를 발표했다.

함께 살아간다는 것

엘모 스톨

대도시에서 시골로 이사 온 어떤 사람에 대한 이야기다. 우연히도 그가 구입한 집과 땅이 소박한 삶을 사는 공동체 한가운데 있었다. 도시에서 온 그는 집에 전기도 놓지 않고 딸각거리며 마차를 몰고 다니는 수염 기른 남자들 틈에서 살아갈 일이 조금 걱정스러웠다. 그래도 소문에 따르면 사는 방식만 다를 뿐 해를 끼치지 않는다고 하고 사람들도 점잖아 보여 설마 별일이 있으랴 생각했다.

이사하는 날, 소박한 이웃 한 명이 찾아와 짐 내리는 걸 도와주자 그는 다시 안심이 되었다. 튼튼한 허리와 근육을 가진 그 이웃은 여느 미국 가정에서 흔히 볼 수 있는 다양한 전자제품과 노동을 절감해주는 편리한 도구들을 아무 말 없이 날라주었다. 그날 저녁 집으로 돌아가기 전에 그 이웃은 자신이 날라준 수많은 도구를 가리키며 도시 사람에게 말했다.

"혹시 하나라도 고장 나면 주저하지 말고 저를 부르세요. 제가 곧 올 테니까요."

깜짝 놀란 도시 사람은 그 말을 반기며 대답했다. "오, 친절하시네요. 기계를 고칠 줄도 아세요?"

"아니요. 전혀 모릅니다. 하지만 이런 물건 없이도 살아가는 방법을 기꺼이 알려드릴게요."

우리처럼 소박한 삶을 사는 이들의 생각을 잘 보여주는 이야기이다. 오늘날 많은 사람들이 삶을 편하게 만들어준다는 소유물을 중심으로 살아가고 있다. 이들 중에는 자신의 생활방식이 환경에 미칠 영향을 걱정하는 사람들이 늘어나고 있으며, 자신의 영혼에는 어떤 영향을 미칠지 걱정하는 사람도 더러 있다.

그러나 자기단련과 희생, 절제를 기꺼이 감수하지 않는 한 진정한 해법은 없다. 사람들은 지금처럼 호화로운 삶을 지속하면서도 나쁜 결과는 떠안지 않을 방법을 찾지만 우리는 삶의 방식을 바꾸는 것만이 유일한 해결책이라고 생각한다.

요즘 들어 주류사회에 환멸을 느끼고 대안을 찾는 사람들이 소박한 삶의 공동체를 꾸준히 찾아오고 있다. '길 찾는 사람들'이라 불리는 이들의 유형은 다양하다. 스스로 무엇을 찾는지를 아는 사람이 있는가 하면 무엇을 피해 달아났는지를 아는 사람이 있다. 두 가지 모두 분명히 아는 사람도 있고 둘 다 모르는 사람도 있다. 이들은 문화와 교육, 지성, 진지함, 헌신, 부유함에 있어서도 다양한 스펙트럼을 보인다.

소박한 삶을 사는 사람들은 대부분 변화를 피해 숨어 살아왔기에, 지금처럼 사람들이 밀려와 문을 두드리는 것 자체가 그들에게는 큰 변화라고 할 수 있다. 이런 변화 앞에서 어쩔 줄 몰라 하며 위협을 느끼는 사람도 있고 공동체를 찾아오는 사람들을 도우려 애쓰는 사람도 있다. 그 성공 여부 또한 다양하다.

소박한 삶을 사는 사람들에 대해 널리 퍼진 오해 중 하나는 원래부터 그런 공동체에 태어나지 않은 이상 그 속에 낄 수 없을 것이라는 생각이다. 그건 결코 사실이 아니다. 다른 공동체보다 덜 개방적인 공동체가 있긴 하지만 열성적으로 공동체에 들어오고자 하는 이를 돌려보내는 공동체는 없다.

여러 공동체 중에서도 이런저런 이유로 '길 찾는 사람들'이 더 큰 매혹을 느끼는 곳이 있다. 테네시 주 시골 언덕에 위치한 우리 공동체가 그런 곳이다. 이곳에는 말과 마차를 몰거나 전기를 사용하지 않는 공동체에서 성장하지 않은 사람들이 유독 많다. 그러다 보니 다른 공동체에서는 이런 '길 찾는 사람들'을 돕는 게 우리 공동체의 소명이라고 믿고, 그들을 찾아온 사람들을 종종 이곳으로 보내곤 한다. 그것이 싫지는 않지만 우리가 늘 도움을 줄 수 있고 나머지는 늘 도움을 필요로 한다는 생각만큼은 반대한다.

사실 우리가 도움을 주는 만큼이나 '길 찾는 사람들'이 우리를 도울 때가 많다. 우리가 모든 답을 갖고 있어서 다른 사람들을 도울 수 있다고 생각한다면 그건 오만이다. 그리스도는 제자들에게 어떤 환경에서 성장했든 '길 찾는 사람'이 되라고 하지 않았던가. "너희는 먼저 하느님의 나라와 하느님께서 의롭게 여기시는 것을 찾으라."(마태복음 6:33)

이곳 쿡빌 공동체는 4년 전, 소수의 아미쉬와 메노파(재세례파의 한 교파로 16세기 네덜란드 신학자 메노 시몬스의 믿음을 따라 신약성경을 토대로 평화주의와 무저항을 강조함-옮긴이) 가족을 중심으로 구성되었다. 소박한 삶을 추구하는 대부분의 공동체들은 땅값이 상승해도 각자 가족 규모의 농장을 유지하게끔 하고 있다. 이런 상황에서 재정적 부담이 커질 수밖에 없기에, 우리는 재산을 공동투자해 공동체가 함께 소유하는 80헥타르의 땅을 샀다. 우리는 누구라도 빚을 떠안기보다는 적은 땅에서 열심히 일하기로 했다.

현재 이 공동 소유지에 열여섯 가족이, 근처 임대지에 세 가족이 살고 있다. 경작할 수 있는 땅을 구하기란 쉽지가 않아서 우리는 적은 노동력으로도 면적당 소득을 많이 올릴 수 있는 작물에 집중한다. 우리 중 절반 이상은 채소와 시장 판매용 청과물, 이를테면 토마토, 캘러루프 멜론, 딸기, 피망을 키운다. 수수당밀을 만드는 사탕수수도 주요 작물이다. 사탕수수는 살충제와 화학물질을 안 써도 잘 자라는 데다 투자비용도 적게 들고 사람과 말의 힘만으로 수확할 수 있어서 우리가 꿈꾸는 농업에 적합한 작물이기도 하다.

우리는 할 수 있는 한 우리의 먹을거리도 직접 키우려고 애쓴다. 이곳에는 냉장시설이 없어서 제철이 지나서도 먹을 수 있게 작물을 병조림하거나 건조해서 보관해야 한다. 판매용 작물은 도매와 소매, 두 경로로 판매하는데 소비자들이 농산물이나 제조품을 직접 살 수 있도록 공동체 끄트머리에 소매시장을 마련해 일주일에 6일간 정해진 시간에 운영한다. 농산물과 당밀 외에도 빵과 쿠키, 꿀, 가구도 판매한다. 소매시장 근처에는 우리 동료가 마구를 제작하고 수리하는 마구 가게가 있으며 그밖에도 대장장이, 제빵사, 소목장, 구두장이, 간판장이, 편자공들이 있다.

우리 공동체는 자동차 사용을 제한하기로 선택했다. 우리의 유일한 교통수단은 말이 끄는 마차와 짐수레 그리고 자전거다. 말이나 자전거로 가기에 너무 멀다면 자동차 운전사를 고용해 짐을 나르거나 타고 가기도 하지만 아주 드물게, 특별한 경우에만 그렇게 하려고 한다. 그레이하운드 버스는 자주 이용하는 편이다. 우리는 현대 기술 자체가 악이라고 생각하지는 않는다. 그러나 기술에 지배당하기보다는 우리가 기술을 지배하기를 원한다.

이 세계는 가속도가 붙은 채 내리막을 빠르게 달려가는 기차와 같다. 많은 사람들이 기차가 향하는 방향을 바라보며 경악하지만 아무도 안전하게 뛰어내리는 법을 찾지 못해 그저 앉아있는 듯하다.

어떻게 무언가의 지배를 받으면서도 자신들이 그것을 조종하고 있다는 환상에 매달릴 수 있을까? 전형적인 북미인들은 흔히 이렇게 말한다.

"제가 가진 것은 도구에 불과합니다. 자동차는 제가 가고 싶은 곳에 갈 때 쓰는 도구일 뿐이죠. 그러니 현대 기술이 저를 지배하는 게 아니라 제가 그들을 지배합니다. 예컨대 저는 자동차를 좋은 일에 씁니다. 자동차가 있으니 일주일에 두 번 양로원에 계신 어머니를 뵈러갈 수 있거든요."

"양로원이라고요? 왜 어머니가 그런 곳에 계세요?"

"어머니는 그곳에서 좋은 보살핌을 받지요. 제 아내와 제가 맞벌이를 해서 집에서는 어머니를 돌볼 수 없거든요. 둘 다 직장에 나간 시간에 아이들을 돌봐줄 사람을 구하는 것만으로도 힘이 들어요."

얼마나 슬픈 일인가. 여러 세대 동안 간단한 수공구만을 사용하던 평범한 사람들도 집에서 아이들과 연로한 부모님을 돌볼 시간이 있었다. 그런데 이제 우리는 이 모든 발명품과 노동 절약형 장비를 갖추고도 병든 부모님을 돌볼 시간이 없다. 무엇 때문에 이런 변화가 생겼는가? 여러 세대가 함께 모여 살던, 모두를 위한 자리와 역할이 있던 그 시절보다 우리는 진정 진보한 것일까?

우리는 전문가들에게 맡겨진 세상에 살고 있다. 보통의 미국인은 세상에 태어나는 날부터 전문가에게 맡겨진다. 불이 환하게 켜진 살균된 분만실에서 전문가의 도움으로 세상에 나오고, 죽으면 고용된 전문가가 시신을 씻고 방부처리와 염습을 하고 관을 준비해 매장한다. 한 인간이 스스로 자신의 삶을 통제하거나 스스로 일을 해결할 수 있다는, 또는 해야 한다는 개념이 거의 없다. 사람들은 이런저런 일을 스스로 해낼 능력이 없거나 그런 일을 스스로 하는 건 적절치 않다고 배운다. 이런 배움은 곧 자기충족적 예언이 된다.

물론 우리 공동체도 갈 길이 멀지만 우리는 아기가 탄생하는 순간부터 육신이 땅으로 돌아가는 순간까지 우리 삶의 주도권을 되찾으려고 애쓰고 있다.

교육은 우리가 물러설 수 없는 또 다른 영역이다. 공동체의 아이들 가운데 절반 정도가 교실 한 칸짜리 8학년 과정 학교에 다니고 나머지는 집에서 부모님에게 배운다. 부모가 아이를 가르칠 수 있고 기꺼이 가르치고자 한다면 그렇게 해도 좋고, 그렇지 않다면 공동체 학교에 아이들을 보낼 수 있다.

학교는 일찍 시작해서(오전 7시 30분) 정오를 조금 지난 시각(12시 30분)까지 수업을 한다. 학교가 끝나면 아이들은 집으로 돌아가 가족과 함께 점심을 먹고 오후 내내 손으로 유용한 일을 하는 법을 배우며 보낸다. 머리로 배운 지식이 필요한 곳도 있지만 대부분의 미국 사람들이 손을 써서 일을 한다면 아마도 더 행복해질 것이다.

우리는 어디를 향하는지도 모르고 달려가지만 그 어디에도 도달하지 못하는 '쥐떼들의 경주' 같은 치열한 경쟁을 거부한다. 하지만 우리 공동체의 삶은 나무 그늘 아래서 하품이나 하는 나른한 오후 같은 낭만적인 이미지와도 거리가 멀다. 우리는 많은 시간 동안 뜨거운 햇볕 아래 이마의 땀을 훔치며 일한다. 열심히 일하는 것은 전혀 유감스럽지 않다. 무임승차나 쉬운 길을 찾는다면 다른 곳을 찾아가기를 바란다. 톱으로 장작을 자르거나 수동 빨래통에서 빨래를 하면 땀이 나고 몸이 쑤시긴 해도, 아이들이 거들 일이 생길뿐더러 어른들의 영혼에도 좋다.

우리 공동체를 요모조모 뜯어보면서 우리가 사유재산제를 지지하는지 공유재산제를 지지하는지 분석하려 애쓰던 사람들은 우리를 정신분열증 환자로 의심하기도 한다. 그러니까 우리는 흔한 분류법에 들어맞지 않는 사람들인 것이다. 재산을 공유하는 후터파(Hutterites, 재세례파의 한 교파로, 재산 공유를 강조하며 공동체 생활을 한다-옮긴이)건 사유재산제를 유지하는 아미쉬와 메노파건 말이다. 우리는 개인의 책임과 완전한 공유 사이의 균형을 목표로 한다. 그것이 복음서의 뜻과 초기 교회의 본보기를 제대로 따르는 방식이라고 생각한다.

전형적인 아미쉬 공동체와는 달리 우리는 밖에 나가 복음을 선포하는 일이 가치 있다고 생각한다. 하지만 실제로 '나가는 일'은 아직 많지 않다. 공동체를 '찾아오는' 사람들과 더 많은 시간을 보내야 하기 때문이다. 우리가 복음을 전파하는 한 가지 방법은 새로운 동네에 작은 공동체를 세우는 것이다. 일반적으로 아미쉬 공동체의 문제점은 공동체가 지나치게 커지면서 생겨나기 때문에 우리는 처음부터 그런 실수를 반복하지 않겠다고 결심했다. (우리 아버지는 거대한 아미쉬 마을을 볼 때면 고개를 절레절레 저으며 벌떼도 벌집이 붐비면 이동하는 법이라고 말씀하곤 했다.) 쿡빌 공동체에 사람이 너무 늘어나자 우리는 테네시 주 뉴디케이터에 새로운 공동체를 시작했고 최근에는 캐나다 뉴브런즈위크에도 새로 공동체를 만들었다.

사람들은 우리에 대해 어떻게 알게 될까? 주로 입소문을 통해서다. 그리고 우리는 시간과 재정이 허락하는 한 「업데이트」라 불리는 공동체 신문도 발행한다. 이 신문에는 주로 공동체 소식이 실리고 우리의 믿음과 생각을 설명하는 한두 편의 글과 독자 편지가 실린다. 대개 필자들의 이름과 주소를 같이 내보내기 때문에 이 작은 신문은 전국 곳곳에 흩어져있는 생각이 비슷한 사람들과 가족들이 서로를 찾는 통로가 되기도 한다.

어느 날 다윗 왕이 어린 시절을 추억하며 베들레헴의 우물물이 얼마나 맛있었는지 부하들에게 이야기했다. 이 말을 듣고 충직한 부하 두 사람이 용감하지만 위험한 일을 꾸몄다. 그들은 그날 밤 목숨을 걸고 우물에 다가가 필리스틴 보초병의 코앞에서 몰래 물을 떠 다윗 왕에게 가져왔다. 하지만 다윗 왕은 그 물을 들이키는 대신 땅에 부어 하느님께 바쳤다.

구약성서에 나오는 이 짧은 이야기가 어리석게 들릴지도 모르겠다. 우리는 희생의 개념을 잃어버린 시대에 살고 있으므로 하느님께 바치고자 땅에 물을 붓는 일이 낭비로만 보일 것이다. 사람들은 그 물을 마셔야만 값어치가 있다고 여기게 되었다. 그러나 공동체 속에서, 같은 신앙을 나누는 형제들 속에서 살려면 자기를 내세우고 자기만족을 중심에 두는 생각을 바꾸어야 한다. 자기를 버리고 다른 사람을 위해 사는 일을 의미 있고 가치 있게 여겨야 한다.

현대사회는 우리 입에는 달콤함을 선사하지만 위에는 심한 고통을 일으키고 있다. 그 고통을 좋아하는 사람은 없지만 그렇다고 그 달콤한 맛을 기꺼이 포기하려는 사람도 거의 없다. 변치 않는 삶의 진실은, 선택은 자유롭게 할 수 있지만 그 선택에 뒤따르는 결과까지 선택할 수는 없다는 것이다. 이를 두고 사도 바울은 '뿌린 대로 거둔다'고 말했다.

우리는 우리 공동체에 모든 해답이 있다고 생각하지 않는다. 다만 해답을 알고 계신 그분을 안다고 말할 뿐이다. 우리는 많은 실수를 했고, 분명 앞으로도 더 많은 실수를 할 것이다. 힘들게 배운 교훈도 있다. 우리 자신에 대해서라면 우리는 자랑할 만한 게 없다. 그러나 탈출할 방법을 모른 채로 덫에 갇히거나 손발이 묶인 사람들이 곳곳에 있는 한 우리는 침묵할 수 없다. 지금 가고 있는 그곳이 마음에 들지 않지만 선택의 여지가 없다고 생각하는 사람에게 희망을 전해주고 싶다.

우리는 당신의 삶에서 고장 나버린 그 모든 것을 고치는 방법은 알지 못한다. 하지만 그 고장 난 물건 없이도 함께 일하며 살아갈 방법은 찾을 수 있을 것이다.

엘모 스톨Elmo Stoll은 테네시 주 쿡빌 근처 재세례파 공동체에 산다. 예전에는 캐나다 온타리오에서 발행되는 아미쉬 잡지 「패밀리 라이프」의 편집자였다.

우리는 서로가 필요하다

데이비드 클라인

지난 2주 동안은 사일로에 건초를 저장하느라 무척 바빴다. 가뭄 때문에 옥수수가 예상보다 너무 일찍 말라버려서 갑자기 모든 농작물을, 늦게 심은 옥수수마저 거두어들여야 했기 때문이다. 우리 두레의 일곱 이웃은 다른 사일리지 두레도 도우러 다녔기에 함께 일할 날짜를 이리저리 맞추느라 꽤 시간이 걸렸다.

어제는 오전 11시 무렵까지 3에이커에 달하는 옥수수를 베고 우리 사일로에 채워 넣었다. 그리고는 말을 풀어 마구간에 넣고 여물을 준 다음 씻고 저녁을 먹었다. 힘들게 일을 한데다 날씨도 시원해서 식욕이 돋았다. 아내와 딸들이 배고픈 우리를 위해 풍성한 식탁을 차렸다. 감자와 옥수수, 소고기, 콘슬로우, 저민 토마토, 멜론과 더불어 근사한 후식 몇 가지가 나왔다. 일을 일찍 마치고 이른 저녁을 먹은 덕에 이웃들은 한 시간 정도 더 머물다

그들이 사는 마을

가 말을 수레에 메고 집으로 돌아갔다.

오늘 우리를 도운 이웃들은 모두 아미쉬였다. 하지만 30~40년 전까지만 해도 그렇지 않았다. 그때는 가톨릭 신자든 감리교 신자든 퀘이커 교도든 루터파든 아미쉬든 모두가 서로를 도왔고 서로를 필요로 했다.

우리 부모님은 1929년 1월에 결혼해 2월에 이곳으로 옮겨왔다. 당시 이 동네 사람들은 대부분 가톨릭 신자였고 개신교 가족과 아미쉬 가족들이 드문드문 흩어져있었다. 종교적 다양성은 마을 사람들이 함께 모여 일하는 데 전혀 걸림돌이 되지 않았다. 사람들은 서로가 필요했다. 시골 생활에 필요한 모든 기술과 방법을 아는 사람은 없을 터, 특별한 기술이나 방법을 알고 있는 사람들은 저마다 이웃들과 그 지식을 공유했다.

작년 겨울이 끝나갈 무렵, 아버지가 여든일곱의 나이로 돌아가셨다. 아버지는 67년간 이 농사 공동체의 일원이었다. 지난가을 몸이 아파 수많은 검사를 거친 끝에 결장암 진단을 받으셨고 12월에 종양을 제거할 수 없다는 의사의 진단에 따라 혈관우회 수술로 대신했다.

아버지는 의식을 되찾자마자 내게 물으셨다. "이웃들이 내가 아픈 걸 아느냐? 내가 어떻게 지내고 있는지 묻지 않던?" 나는 이웃들 모두 아버지의 병을 알며 매일 같이 누군가 집에 들러 아버지가 괜찮으신지, 언제 집에 오는지 묻는다고 말씀드렸다. 그리고 이렇게 덧붙였다. "아버지, 왜 그런 줄 아세요? 그동 안 아버지가 사심 없이 이웃들에게 모든 걸 다 주셨기 때문이에 요. 아버지는 모르셨겠지만 '베푼 만큼 돌아온다'는 말도 있잖 아요." 아버지와 나는 서로를 끌어안고 울었다.

아버지는 번성하는 시골 공동체에 필요한 많은 기술과 요령을 터득한 흔치 않은 사람 가운데 하나였다. 농사를 짓고 가축도 키울 뿐 아니라 타작도 (여기서 타작이란 사일로에 건초 채우기, 기계로 옥수수 껍질 털기, 가축 먹일 꼴 만들기, 클로버 씨 털기 등을 포함한다) 하고 톱질도 하고 과수원도 가꾸고 기계가 고장 나면 고쳐 쓰고 목공도 했다(부엌 찬장부터 짜맞춤 건물에 이 르기까지 무엇이든 설계하고 지을 수 있었다). 한동안 대장장이 이자 배관공이었고, 과수용 분무기를 활용해 석회도료로 착유 실을 하얗게 칠하기도 하셨다. 석회가 온통 묻어있는 아버지의 작업복이 아직도 가게 벽 옷걸이에 걸려있다. 아버지는 이런 기 술을 이웃과 기꺼이 나누셨다.

병원에 15일을 머문 뒤 우리는 아버지를 집으로 모셔왔다. 병원 침대에 누워 쇼핑센터 지붕과 주차장을 내다보는 대신 거실 침대 에 누워 친숙한 들판과 이웃들을 내다보는 편이 나을 듯했다.

농장에 살고 있던 나는 아버지가 병상에 계신 넉 달 동안 곁 에서 많은 시간을 보낼 수 있었다. 아버지가 원하실 때면 우리는 이야기를 나누었다. 아버지는 1941년부터 1943년까지, 1949년부터 1959년까지 일기를 쓰셨는데 전에는 읽어본 적 없던 아버지의 일기를 책상에서 꺼내 읽으며 가끔씩 아버지에게 큰 소리로 읽어드렸다. "그래, 그랬지." 아버지는 기억을 더듬으며 어떻게 이웃들의 탈곡 일을 도와주기 시작했는지 회상하셨다. 탈곡기를 공동으로 소유한 다섯 이웃으로 시작되었던 두레는 이후에 스무 곳의 농장을 아우르는 탈곡 두레가 되었다.

아버지가 이웃을 도우며 보낸 날들이 얼마나 많았는지, 나는 일기를 읽으면서 깜짝 놀랐다. 1943년 11월의 어느 주에는 하루도 빠짐없이 다른 이웃 농장의 일을 도우러 다니셨다.

월요일: 존 로새커씨(루터교 가족)네 농장에서 옥수수 껍질을 벗김

화요일: 밀러 부인(남편이 정신병원에 있음)을 도움

수요일: 엘 리(아미쉬)가 통나무 자르는 걸 도움

목요일: 댄 코프만 부인(과부)의 농장에서 옥수수 껍질을 벗김

금요일: 클라렌스 브장송 (가톨릭)네 농장에서 옥수수 껍질을 벗김

토요일: 레비 쿤스(보수주의 메노파)네 농장에서 옥수수 껍질을 벗김

아버지와 이웃들은 일을 도운 농장의 식구들과 자연스레 점심 식사를 함께했고 아버지는 마을 도처에서 맛본 뛰어난 요리들에 대해 자주 말씀하셨다. 가을이 되면 펄 스터츠가 만들던 사탕고구마처럼, 모든 농부의 아내들에게는 누구도 흉내 낼 수

없는 자기만의 특별 요리가 하나씩 있는 듯했다.

　이 모든 것이 2차 세계대전 직후 농업의 기계화가 가속도를 내면서 달라지기 시작했다. 산업혁명은 한동안 공동체에 도움이 되는 듯했다. 적어도 공동체를 파괴하는 데 대단한 영향력을 발휘하지는 않았다. 예를 들어 탈곡기나 옥수수 껍질을 벗기는 기계를 제대로 사용하려면 이웃들의 도움이 필요했다. 그러나 전시 경제가 평화 경제로 전환되면서 농부들은 현대화를 받아들이라는, 즉 더 크고 더 '효율적인' 트랙터와 농기구를 구입하라는 압력에 시달렸다.

　아미쉬들은 이런 변화의 압력에 저항했고 오늘날까지도 굴하지 않았다. 다른 많은 이웃들도 처음에는 현대화의 압력에 굴하지 않았다. 1940년대 말에 어느 가톨릭 농부는 트랙터 농업으로 전환하느니 차라리 농장을 팔겠다며 경매에 내놓았다. 한 루터파 농부는 이웃의 도움 없이 농사를 짓는 이 새로운 방법을 결코 좋아하지 않았고, 그의 동네에서조차 구닥다리 방식으로 취급되기 전인 1950년대 말까지 여전히 다른 이웃과 함께 탈곡을 했다. 그가 떠나자 기술 하나가 사라졌다. 그는 이 동네에서 밀짚을 가장 잘 쌓는 사람이었다.

　기계는 공동체의 파괴자라고 표현해도 지나침이 없다. 1950년까지만 해도 점진적 변화였던 것이 돌연 갑작스럽고 잔혹한 과정이 되었다. 농부들이 노동력을 절감해주는 농기계를 소유하면서부터 엄청난 변화가 생겼고, 그것은 소박한 삶을 사는 공동체에도 막대한 영향을 끼쳤다. 이런 변화가 해악을 불러오리라 예상했던 사람조차도 결코 예상치 못했던 결과였다.

이웃 농부들이 더욱 현대적인 농업으로 갈아타자 예전처럼 대학을 졸업한 뒤 농장이나 공동체로 돌아오는 아들딸도 줄어들었다. 많은 자녀들이 성공적인 직업의 길을 쫓아 고향을 떠났다. 그러다 보니 그들의 관심도 달라졌다. 예전에는 이웃과 친구들과 함께 집이나 교회에서 축제일을 기념했지만 이제는 머나먼 과거의 일이 되고 말았다. 마찬가지로 여흥거리도 옛날과는 달라졌다.

1950년대의 10년 동안, 대부분의 미국 농부들이 콤바인을 사용하기 시작하자 중고 탈곡기 값이 급락했다. 1940년대에 거의 2,000달러에 팔리던 것이 300~400달러로 떨어졌다. 스무 명의 농부가 서로 돌아가며 돕던 탈곡 두레도 거의 하룻밤 사이에 사라지고 대부분 네 명이나 대여섯 명의 모임으로 쪼개어졌다. 탈곡 기간이 줄어든 만큼 곡물과 밀짚의 비 피해도 줄어들었다는 점에서 농부들에게 이득이 되기도 했지만 말이다.

대다수의 아미쉬 농부들은 공동체가 함께 일할 기회를 지켜내기 위해 농장에서 특정 기계의 사용을 제한했다. 교회 지도자들은 이웃의 도움 없이도 농사를 짓게 하는 기계를 들여와서는 안 된다고, 너무 많은 것을 잃게 될 거라고 경고했다. 그리고 탈곡 두레를 사라지게 만드는 콤바인이나 사일로 두레를 위태롭게 할 목초 수확기의 사용을 제한했다. 심지어 사람과 사람 사이의 직접 소통을 방해하는 전화도 거부했다. (우리 동네에서 가장 보수적인 경향의 아미쉬들은 부고 기사도 신문에 내지 않고 이웃과 친구, 친척들에게 직접 알린다) 달리 말해, 아미쉬들은 개인의 편리함과 공동체 가운데 공동체를 선택한 것이다.

지난가을 성찬식에서 여든일곱 살인 나의 아버지와 아흔 살인 요나스 씨는 몸을 구부린 채 서로의 발을 부드럽게 씻겨 주며 나지막한 목소리로 이런 이야기를 나누었다.

"우리가 같은 공동체에 살면서 같은 교회를 다닌 지도 (자녀와 손자들도 같은 학교에 다녔지) 벌써 63년이라는 세월이 지났지만 나는 여전히 자네가 필요하네그려."

그분들은 봄 성찬식이 오기 전에 함께 묘지에 묻혔다.

데이비드 클라인David Kline은 『위대한 소유: 아미쉬 농부의 일기』, 『우드척을 쓰다듬으며: 아미쉬 농장의 자연』을 썼다. 오하이오 주 홈스 카운티의 120에이커 면적의 농장에서 다각농업을 실천하고 있다.

자급자족의 영토 넓히기

빌 듀싱

  시골에 집과 농장이 있지만 우리는 뉴헤이븐과 브리지포트(롱아일랜드 해안가에 위치한 두 도시는 반대 방향으로 32킬로미터쯤 떨어져있다)에서도 몇 가지 중요한 일을 한다.

  농장에서는 우리의 먹을거리를 마련하고 다양하고 지속가능한 이로운 생태계를 창조하기 위해 땅을 갈아엎고 동식물을 활용한다. 도시에서는 지역을 기반으로 지속가능한 식량공급 체계를 만들려는 모임의 일원으로 활동하며, 어른 아이 할 것 없이 모두의 힘을 합쳐 관료주의를 개선하기 위해 노력한다.

  도시의 단단한 관료주의를 갈아엎는 일은 농장이나 도시의 메마른 땅을 갈아엎는 일보다 더 어렵지만, 이런 상황에서도 지속가능한 미래가 조금씩 밝아오고 있다.

  40년 전만 해도 이 도시는 풍요롭고 다양한 농업활동을 벌이는 작은 마을들에 둘러싸여있었다. 코네티컷 주는 먹을거리의 절반을 지역에서 생산했으며, 근처 낙농장의 농부들은 우유를 직접 배달했고 우유병을 수거해 재사용했다. 지역의 양조장과 음료제조자들도 마찬가지였다. 집집마다 뒷마당에 땅을 파서 만든 쓰레기통이 있어 양돈 농부들은 거기서 음식물 쓰레기를 가져다 사료로 썼다. 이웃 중 한 명은 브리지포트의 작은 가게에 계란을 배달했고, 작은 규모로 친환경 농사를 짓는 농부들은 동네 가게에 채소와 과일을 배달하며 빵을 사 가곤 했다. 이처럼 도시와 시골은 서로 연결되어있었고 서로에게 의존했다.

1950년대 이후 교외 주택지구가 빠르게 성장하면서 상황이 달라졌다. 교외 주택지구의 낮은 세금과 좋은 학교 시설, 널찍한 공간, 낮은 범죄율은 부유한 백인 주민과 사업주들의 도시 탈출을 부추겼다. 중산층의 도시 탈출은 도시의 세금 기반과 시골의 농업 기반을 동시에 약화시켰다. 도시에서는 아름답고 견고하게 지어진 공장과 근사한 빅토리아풍 주택들이 문과 창문에 판자가 박힌 채 폐가가 되거나 허물어졌다. 시골에서는 주택개발의 물결이 들이닥치면서 멋진 옛 마구간과 아름다운 닭장, 과수원, 잘 관리된 밭들이 황폐화되었다.

전형적인 교외 주택지구의 집들은 널찍한 땅과 햇빛과 비를 비롯한 좋은 자연환경을 누리지만 주변 환경과는 거의 관계를 맺지 않았다. 낮 동안에는 잔디 깎기와 제초기, 낙엽 날리는 기계를 돌리며 생태계의 숨통을 틀어쥐는 일꾼들 외에는 대체로 사람을 볼 수 없다. 생활에 필요한 거의 모든 것이 멀리서 운송되며 직장, 오락, 학교, 음식, 심지어 식수까지 자동차가 없으면 해결할 수 없다.

교외 주택지구가 도시 근교의 농업자원을 집어삼킨 시기는 음식산업 분야에 급격한 변화가 일어난 시기와 일치한다. 에너지 소비, 식품 포장, 식품 회사의 합병과 집중, 도시 고형 폐기물이 급증했다. 반납할 필요도, 재사용할 필요도 없는 포장용기가 도입되면서 지역의 낙농장과 양조장, 음료 제조자들은 대규모 식품가공공장으로 손쉽게 대체되었다. 지역의 돼지 농장은 말 그대로 쓰레기 매립지로 전락했다. 재사용이 불가능한 용기와 식품 포장용 랩 사용이 급증한 데다 근교의 돼지 농장에 대한 규제가 심해졌기 때문이다.

이제 도시와 인근 땅 사이의 상호 의존은 심히 줄어들었다. 대부분의 교외 지역 거주자들은 보수가 좋은 도시의 일자리에 의존한다. '도시에서 도망친' 제조업체가 남긴 빈곤과 범죄, 환경 재앙 등을 처리하는 (또는 적어도 격리하는) 문제는 도시에 떠넘겨진다. 이곳 코네티컷의 교외 주택지구는 여전히 쓰레기를 도시로 보내 소각한다.

도시에 남겨진 사람들은 더 높은 세금을 감당해야 하고 동네를 관통하는 꽉 막힌 주간 고속도로를 참아야 한다. 취업의 기회는 더 줄어들었고 대부분의 먹을거리는 멀리서 들여와야 한다. 이제 코네티컷 주는 먹을거리의 85퍼센트 이상을 평균 2,000킬로미터 이상 떨어진 곳에서 들여온다. 한때 도심의 구멍가게를 밀어냈던 슈퍼마켓은 편의점과 패스트푸드 식당에 밀려나고 있는 실정이다. (농업 보조금과 에너지 보조금은 가공식품 가격을 하락시키는 한편 도시 경제를 소진시킨다.)

자족 기반을 갖춘 지역을 재건하자는 구상이 등장하면서, 도시와 주변 지역을 되살릴 수 있으리라는 희망이 커지고 있다. 지역 식량 체계의 가능성과 함께 여타의 심각한 지역 문제를 해결할 가능성 또한 엿보이고 있다.

코네티컷 지역에서는 1970년대 말, 에너지 위기와 식량체계의 문제점에 대한 인식 확산에 부응하여 도시 인근에 공동체 텃밭과 농산물 직거래 장터, 작은 농장을 활성화해 지역에서 먹을거리를 생산하자는 운동이 일어났다.

이 운동의 기세는 아파트와 복합 상업 지구 건설 외에는 생각할 가치도 없다고 여겨지던 1980년대 들어 한풀 꺾였다. 그러나 요즘에는 1970년대의 지역 먹을거리운동 전사들과 새로 합세한 젊은 세대가 다양하고 창조적인 방식으로 운동을 넓혀가는 반면 80년대 건설된 많은 건물은 여전히 텅 비어있다.

지난 12년 동안 매년 봄이 되면 우리 농장의 동물들(돼지, 닭, 염소, 오리)은 어느 공원의 작은 유기농 농장으로 실려 갔다. 고등학생들이 생태를 공부하며 가축을 돌보고 작물을 키워 소풍에 쓸 먹을거리를 마련하는 농장이었다. 이 프로젝트의 교육적성과와 중요성에 힘입어 뉴헤이븐 생태 프로젝트가 탄생했다. 그 일환으로 방황하는 9학년 청소년들을 위한 여름 프로그램이 시작되었고, 농장을 모든 과목의 배움의 터전으로 활용하는 고등학교 설립을 계획하고 있다.

지난 몇 년간 학교 텃밭이 뉴헤이븐과 브리지포트, 그리고 교외 지구에까지 잡초처럼 무성하게 생겨났다. 텃밭은 아이들이 즐겁게 참여할 수 있는 중요한 배움의 장이다. 브리지포트에서 함께 텃밭을 가꾸는 학생들은 대단히 다양하고 활기가 넘치는데 대부분은 미국의 남부 지역이나 캐리비안 지역, 중앙아메리카의 시골 출신이다. 학교 텃밭은 학생들의 문화적 유산을 긍정하는 동시에 그들의 풍요로운 선행지식을 끌어낼 수 있는 공간이다. 이런 텃밭 교육은 우리의 희망을 키우는 신나는 일이기도하다.

지난 10년 사이, 두 개의 공동체 지원 농업(CSA, 소비자들이 모여 지역의 농장을 지원하는 대안적 농업과 먹을거리 유통 모델로, 주로 농장에 일정한 지원금을 내고 먹을거리를 공급받는 형태-옮긴이) 프로젝트가 뉴헤이븐 교외 지역에서 성장했다. 한 프로젝트는 여름 내내 90개의 가정에 채소를 공급하는 일을 했다. 두 가지 모두 농부와 먹는 사람을 직접 연결하는, 소규모 지역 농업의 성공적 모델이었다. 이 농장들은 유기농사를 지으며 기계를 사용하지 않기에 이웃하기에도 좋다. 교외 지역의 다른 농부들도 예전부터 농사를 지었든 새로 짓기 시작했든, 다들 도시 시장과 소비자와의 지속적 관계를 만들어가고 있다.

뉴헤이븐에 새로 생긴 유기농산물 직거래 장터는 더 작은 규모로 농사를 짓는 도시 농부들에게 먹을거리를 직접 판매할 기회를 제공한다. 동네 주민들이 이 장터 근처의 돌투성이 공터를 일구어 키워낸 먹을거리도 판매한다. '뉴헤이븐 토지 신탁The New Haven Land Trust'이라는 비영리단체는 농부들과 함께 도시 곳곳에 공동체 텃밭 네트워크를 넓히면서 작물재배에 필요한 교육을 제공하고 있다.

공동체 텃밭에 퇴비장을 만들어온 '레인보우 재활용 센터Rainbow Recycling' 등의 노력으로, 지난 십여 년간 도시 쓰레기를 퇴비로 만드는 작업은 아주 성공적이었다. 도시에서 나온 음식물 쓰레기와 낙엽은 돼지와 닭의 도움으로 소중한 퇴비로 변신했고 쓰고 남은 퇴비는 도시민과 교외 거주자들의 정원용으로 판매되었다.

이제 많은 젊은이들이 뒷마당과 공동체 텃밭에서 직접 먹을거리를 길러 먹는 일에 진지하게 참여하고 있다. 도시에서 닭을 키우는 사람이 늘고 있고, 주택을 개조하고 단열처리해 재생가능한 자원인 나무로 난방을 하려는 움직임도 일고 있다. 이렇듯 지역의 자족 기반을 부활시키려는 운동이 전국 곳곳의 도시에서 일어나고 있다.

　우리가 서둘러 도시와 시골, 교외 지역을 더 이롭고 지속가능하고 자족적인 곳으로 만들지 않는다면 우리는 오래 버티지 못할 것이다. 열정이 넘치는 아이들과 너그러운 초록 식물, 그리고 자연의 순환과 함께라면 우리는 해낼 수 있을 것이다. 이 얼마나 신나는 일인가!

빌 듀싱Bill Duesing은 코네티컷 주 옥스퍼드에 살며 유기농 농사를 짓는 농부이자 환경 교육가, 작가, 예술가로 활약하고 있다. 저서로는 에세이집 『지구에서 살기』가 있다.

6

지혜롭기

「플레인」지를 들여다보며 대체 종교는 어디 있느냐고 묻는 사람들이 있다. 소박한 삶에 대한 이 모든 글 속에 성서와 설교, 신의 말씀이 어디에 있느냐고, 자전거 타기와 농사에 대한 글이 구원과 단죄 같은 궁극적 질문과 무슨 관계가 있느냐고 말이다.

「플레인」의 편집자들이 빨래를 신성한 일로 여긴다는 걸 이미 알아차린 독자도 있다. 만약 우리가 하는 모든 일에 신이 함께한다면 종교적 상징과 성상의 의미는 서서히 퇴색될 것이다. 그렇다면 보잘것없는 물건, 이를테면 백 년 전 어느 이름 모를 셰이커 교도의 목공 선반에서 탄생한 나무 실패가 종교적 의미가 담긴 공예품으로 여겨지지 않겠는가?

아미쉬와 퀘이커들의 삶에서 실용성이나 소박함, 힘든 노동에 대한 인내에 주목한다면 '무엇이 정말 중요한가?'라는 이 책의 수수께끼를 풀 수 있을 것이다. 존 테일러 개토는 "'무엇이 중요한가?'는 더없이 종교적인 물음이다"라고 말했다. 그에 대한 답은 일상 속에서 하느님의 사랑을 매 순간 실천하는 것이다. 그 실천에는 책임과 배려, 무조건적인 사랑이 필요하다. 사랑을 실천하려면 우리가 만나는 한 사람 한 사람에 대해, 우리가 맞닥뜨리는 모든 상황에 대해 내밀하게 알아야 한다.

그렇게 내밀하게 알기 위해 우리는 정보를 검색하는 사람이 아니라 지식을 찾는 사람이 된다. 우리는 경쟁자를 누르기 위해 정보를 검색하는 것이 아니라 (우리에게 정말 중요한 일인) 사랑을 실천하는 일에서 무엇이 '효과적'인지 알고자 지식을 구한다.

이 책은 그런 실천적 지식의 사례를 제시하면서 그런 지식이 여전히 존재한다는 사실을 상기시키고자 한다. 지식은 사랑의 실천적 측면이며, 세계적이든 지역적이든, 실제적이든 정신적이든, 모든 지식은 지혜의 원료이다. 이 책에서 당신에게 필요한 배움을 얻기를 바란다.

아이가 정말로 원하는 건

제인 마틴

나는 열네 살 된 친구 레베카와 이야기를 나누고 있었다.

"나는 장난감과 그밖에 아이들에게 진짜 필요한 게 무엇인가에 대해서 쓰고 있어."

"사랑해주고 안아주는 사람이면 되지, 뭐."

"그래, 동감이야! 하지만 그걸로 어떻게 450단어를 채우지?"

"이렇게 쓰면 되잖아. 아이들은 자기를 사랑해주고 안아주는 사람이 정말, 정말, 정말, 정말…… 필요하다."

이번에는 두 살짜리 딸 사라에게 물었다.

"네가 제일 좋아하는 장난감이 뭐니?"

"아빠."

이튿날에는 일곱 살인 딸 줄리아에게 물었다.

"네가 가장 좋아하는 장난감이 뭐야?"

"내 동생 사라."

　장난감 판매를 업으로 삼는 내게는 그다지 도움이 되지 않는
답들이었다. 하지만 어쩌랴. 그게 사실인걸. 장난감은 좋긴 하지
만 필수품이라고는 할 수 없다. 그런데도 부모들은 아이들에게
장난감을 사주길 좋아한다. 그러니 장난감에 대해 한번 이야기
해보자. 당신은 자녀들에게 가장 좋은 장난감이 무엇인지 어떻
게 판단하는가?

　아름다운 여름날 야생화가 피어있는 들판과 푸른 하늘, 가벼
운 산들바람을 상상해보라. 이 장면에 어울릴만한 게 또 무엇일
까? 그렇다. 행복하게 달려가는 아이! 들판과 아이는 같은 주파
수로 진동한다. 자유롭고 자연스러우며 행복하고 단순하고 '살
아있다'! 이번에는 똑같은 들판을 상상하면서 TV를 갖다 놔보
자. 이건 아니다. 어울리지 않는다. 매틀사의 시앤세이 장난감은
또 어떤가? 이것도 아니다! 바니 인형? 바비 인형? 미안하지만
다 어울리지 않는다.

　내가 우리 아이들의 장난감을 고를 때 판단하는 기준은 이렇
다. 나무나 면, 실크, 양모로 만들어져야 한다. 이런 재료들이야
말로 아이들의 세상에 속하는 요소들이며, 그것들이 아이들의
몸과 정신, 영혼과 교감할 때 우리가 배움이라 부르는 과정이 이
루어진다. 꽃이 핀 들판에 TV가 어울리지 않는 것처럼 플라스
틱과 요란한 합성색소, 귀에 거슬리는 기계음, 이질적 느낌의 합

성섬유는 아이들의 세상과 어울리지 않는다.

10년간 아이를 키우면서 내가 깨달은 사실은, 아이들은 자신이 필요한 것에 자연적으로 끌린다는 것이다. 그래서 나는 아이들이 이끄는 대로 따라가며 필요한 도구를 적절하게 제공한다. 아이들에게 필요한 것은 아이들을 억지로 교육하기 위해 미리 만들어진 교육과정과는 분명 맞지 않는다.

내 아들 데이비드는 몇 시간씩이나 하릴없이 보내는 것처럼 보이곤 한다. 하지만 데이비드가 여섯 살이 되던 해 어느 아침, 나는 나에게만 그렇게 보일 뿐 아이에게는 실제로 활발한 일이 일어나고 있음을 깨달았다. "데이비드, 멍하니 있지 말고 어서 신발 신어! 늦었단 말이야. 15분 동안 그렇게 멍하니 있으면 어떡하니?"라고 고함을 치자 데이비드가 이렇게 말했다. "엄마, 4분의 3 더하기 8분의 7이 뭐야?" 그러니 우리가 가장 먼저 알아야 할 것은 아이의 마음속에서 무슨 일이 일어나고 있는가이다.

혹시 아이가 여기저기 나무를 그리고 있는가? 그렇다면 밀랍 크레용 한 상자와 사무실에서 쓰는 메모지 몇 상자를 갖다주는 게 90제곱미터나 되는 토이저러스의 미술용품 매장보다 훨씬 의미 있을 것이다. 아이에게 공 하나만 던져주면 밖에서 몇 시간이나 놀 수 있는지 아는가? 언젠가 사라는 2주 동안 하루 세 시간씩 물이 가득한 싱크대에서 내 주전자와 냄비를 갖고 논적도 있다. 딸의 장난감이 내 요리도구이기도 하니 일석이조였다. 그 후

사라는 퍼즐에 빠졌고 데이비드는 별안간 태양계와 사랑에 빠졌다. 아이들이 다음번엔 또 무엇에 빠져들지 알 수 없는 일이다.

지금까지 우리 집에서 가장 인기 있는 장난감은 형형색색의 실크 천을 담아놓은 바구니다. 아이들은 가벼운 천 조각 하나와 약간의 상상력만 있으면 무엇이든 만들 수 있다. 아이들은 식탁 의자에 실크 천을 덮어씌우고 (노랑은 태양, 검정은 밤, 초록은 초원, 파랑은 강) 훌륭한 인형극을 많이도 창조했다.

요즘 만들어진 복잡한 장난감들은 그 안에 이미 어떤 이야기가 정해져있어 두세 번만 쓰고 나면 곧 지겨워지고, 결국 선반 위에서 먼지나 뒤집어쓰기 마련이다. 약간의 재료만 주어지면 아이들의 놀라운 상상력은 무한히 뻗어 간다. 이렇듯 상상력과 서로 상승작용을 일으키는 것이 좋은 장난감이다.

마찬가지로 인형이 아이에게 대사를 지시해서는 안 된다. 형태와 표정이 단순한 인형이라야 아이들은 그 얼굴에서 미소든 눈물이든 상상해낼 수 있다. 몸체는 양모로 속을 채운 부드러운 것이 가장 좋다. 아이들은 바느질 상자에서 꺼낸 네모난 천조각을 인형 이불 삼아 접었다 폈다 하면서 몇 시간이고 보낼 수 있다.

남자아이들은 트럭을 너무나 사랑한다(성 차별적 발언이라는 건 알지만 내가 관찰한 바로는 그렇다). 움직이는 덤프트럭이야말로 최고다. 그런데 한 번 생각해보자. 쇳소리가 나는 차가운 금속(또는 플라스틱)에 선명한 색상의 도안이 인쇄되어있고 장치들이 각기 분리되는 트럭이 더 좋을까, 아니면 단순한 형태에 만졌을 때 따뜻한 느낌이 드는 나무 트럭이 더 좋을까? 나무 트럭은 부서진다 해도 목공용 풀로 붙여 줄 수 있다.

장난감을 고를 때면 나는 늘 단순미를 지닌 것을 찾는다. 잘리지 않은 온전한 이미지의 나무 퍼즐, 흙 소리가 나는 듯한 나무나 면 재질의 딸랑이, 모래와 잘 어울리는 나무 삽과 들통. 만약 당신의 눈에 미키 마우스가 전혀 아름다워 보이지 않는다면 아이들에게 아름다워 보일 이유가 있을까?

나는 레베카의 말이 옳다고 결론 내렸다. 아이들에게는 애정이 깃든 따뜻한 품만 있으면 된다. 어떻게 3만 제곱피트나 되는 토이저러스 매장이 장난감으로 가득 채워질 수 있는지 나로서는 이해할 수 없다. 아장 대는 꼬마들에게는 돌무더기가 그렇게 재미나고, 초등학교 아이들에게는 눈 위에서 미끄럼을 타거나 나뭇가지를 모아 집을 만드는 게 대단히 신나는 일이다. 우리 네 살배기가 제일 좋아하는 놀이는 엄마의 걸레질을 돕는 것이다. 아이들은 삽 하나와 모래만 있으면 오후 내내 놀 수 있다.

마지막으로 나는 이렇게 말하고 싶다. 돈을 쓰지 마라. 그러면 아이들은 지금보다 더 행복해질 것이다.

제인 마틴Jane Martin은 '내추럴 베이비'사의 창립자로, 모성 친화적 고용정책을 도입한 선구자이다.

서두르지 않아도 스스로 배운다

진 록스던

    손자 에반과 나는 조림지의 오솔길을 따라 집에서 마구간까지 걸어가고 있었다. 두 살짜리 에반보다 앞서 가지 않기 위해 나는 천천히 걸어야 했다. 사실 나는 에반의 뒤에서 걸을 때가 더 많다. 이 글에서 하려는 말도 바로 그것이다. 나는 에반이 내키는 대로 이리저리 돌아다니게 놔둔다. 나보다 걸음이 더 느리고, 땅에 더 가까이 있는 데다 쓸데없는 정보들로 북적대지 않는 마음을 지닌 아이는 나보다 더 많은 것을 보고 이해한다.

    "하버지, 저기. 거미줄." 아이가 쪼그려 앉아 나무 둥치 옆구리의 비단실 같은 거미줄을 쳐다보았다. 나는 거미가 숨어있는 거미줄 쳐진 구멍을 손으로 가리켜 주었다. 아이는 주의를 기울이는 것 같지 않았지만 이튿날 할머니를 그 길로 데리고 가서는 거미가 '수믄' 곳을 보여주었다.

"하버지, 요기. 히코리 열매." 아이가 열매를 집어 들었다. 마구간에 도착하면 내가 망치로 껍질을 쪼개 속이 잘 여물었는지 아니면 꿈틀대는 흰 '버레'들에게 먹혔는지 보여주리라는 걸 아이는 안다.

어느 나무 위에선가 까마귀가 까악까악 울었다. "하버지, 까마귀. 까마귀 새." 나는 아이에게 어제 배운 것을 잘 기억한다고 칭찬해주었다.

그렇게 한 걸음 한 걸음 발을 뗄 때마다 아이 앞에는 놀랄 만한 일들이 펼쳐진다. 최근에 내가 본 통계에 따르면 아이가 생애 첫 4년 동안 배운 것이 그 이후에 배운 모든 것을 합한 것보다 많다고 한다. 나는 아이의 눈에는 거의 모든 것이 새로우며, 어른이었다면 아인슈타인이라도 정신 차리지 못할 만큼 엄청나게 많은 일이 밀려들고 있다는 사실을 잊지 않으려고 끊임없이 노력한다.

내가 서두르지 않아도 에반은 한 살이 된 지 얼마 지나지 않아 뭔가를 배우기 시작했다. 저 멀리 비행기나 트랙터 소리, 고속도로를 지나는 트럭 소리가 들려올 때면 에반은 내 품에서 잔뜩 긴장한 채 손가락을 치켜 올리며 묻곤 했다. "저게 뭐야?" 처음에 나는 무슨 말인지 잘 몰랐다. 내게는 너무 익숙한 소리라서 내 의식에 거의 포착되지 않았기 때문이다. 결국 아이 덕택에 나는 다시 듣는 법을 배웠다. 그리고 우리 사이에는 이런 대화가 오갔다.

"저게 뭐야?" 아이가 긴장하며 물었다. 인간의 마음은 이해할수 없는 것을 두려워하기 마련이다. "트럭이야." 내가 답했다. "오는 거야?" 아이는 여전히 불안해하며 피스톤 엔진 소리를 두려워했다. 생명체에게는 너무 낯선 소리이니 두려운 게 당연하다. "아니, 오지 않아. 저기 길로 가는 거야." 나는 아이를 안심시키고는 이렇게 거짓말을 덧붙였다. "너를 해치지 않아."

아이의 기억력이 얼마나 좋은지 놀라울 정도이다. 아직 '건초더미'를 '거추떠미'라 말하긴 하지만 에반은 내가 딱 두 번 알려줬는데도 그 단어를 기억했다. 건초 갈퀴, 건초 묶음, 잔디 깎기, 소, 송아지, 양, 닭, 수탉, 개구리, 두꺼비, 물고기, 메뚜기, 지렁이, 나비, 트랙터, 바위, 트럭, 비행기 등 우리가 놀거나 일하며 마주치는 수많은 단어도 마찬가지이다.

심지어 '고양이'와 우리 집 고양이의 이름인 '진저'가 같은 대상을 가리킨다는 것까지 빠르게 이해했다. 새는 새이지만 새 중에도 울새, 큰어치, 까마귀 등이 있다는 것도 안다. 달리 말해, 두 살배기 아이도 벌써 추상적 개념이라는 복잡한 정신기능을 터득한다.

에반이 "거추떠미 가요, 하버지. 거추떠미 가요, 하버지"라고 계속 말할 때 나는 건초더미가 있는 곳에 데려다 달라고 조르는 줄 알았다. 그런데 생각해보니 아이는 그 단어를 연습하면서 기억에 새기는 중이었다. 그리고 할아버지가 알고 있는 표현을 하나 더 말할 수 있다는 사실에 아이는 흥분해있었다.

캐롤과 나는 두 아이를 '키웠고' 아이들은 잘 자랐다. 이제 우리는 손자들을 '키우는' 일을 돕고 있다. 하지만 나는 아이를 키우는 법을 안다고 말할 수 없다. 모든 아이는 서로 다르기 때문이다. 더구나 나는 '아이를 키운다'는 표현이 불편하다. 이 표현에는 아이를 통제한다는 의미가 담겨있기 때문이다.

나는 어른들이 아이를 통제할 수 있는지, 또는 통제할 자격이 있기나 한지 잘 모르겠다. 아이를 '키운다'면서 아이의 진정한 자아나 창조적 사고를 다른 누군가의 생각에 맞게 억누를 때가 너무 많은 것 같아 걱정스럽다. 아이를 '키운답시고' 고작해야 우리 자신의 편견을 또 다른 세대에게 전달해줄 때가 얼마나 많은가? 그러면서 아이들이 사회적 영향에 얽매이지 않고 스스로 해낸 새로운 생각을 충분히 검토하지도 않고 무시해버릴 때는 또 얼마나 많은가?

물론 아이들을 다루고 교육하고 다듬어야 한다는 것에는 동의한다. 아이들은 작은 천사가 아니니까. 하지만 나는 아이들을 '키우는' 일에 관한 한 오랜 지혜에 귀를 기울일 만하다고 생각한다. 무슨 일이든 중용이 미덕이라는 생각 말이다.

공립학교의 공공연한 지침에 따르면, 아이들은 지나치게 위압적인 종교적 신앙의 '속박'에서 벗어나 더욱 자유롭고 과학적이며 객관적인 인생관을 배워야 한다. 나도 교사로서 이런 지침에 조금이나마 동의했던 적이 있다. 하지만 '객관적이고, 과학적이며, 비종교적인' 교육은 사실상 국가라는 종교를 지나치게 위압적으로 주입하고 있다. 이 신흥종교가 가르치는 미덕은 '돈이라는 신'을 무조건 숭배하고, 그 신을 따르는 과학자나 관료들이 하는 말은 무엇이든 진실로 받아들이라는 것이다.

안타깝게도 사립학교와 일반 가정에서조차 아이들을 지나치게 통제하려 든다. 악은 다른 사람을 지나치게 통제하려는 욕망에서 비롯되는 것이다. 우리가 아이들을 진심으로 사랑한다면, 우리 모두의 내면에 그들을 통제하려는 욕구가 있다는 것을 깨달아야 한다. 그리고 우리 중 누구도 완전한 진실을 알지 못한다는 사실을 겸허하게 기억해야 한다.

오늘날 많은 부모들이 자신이 편하기 위해, 혹은 스포츠 스타니 백만장자니 하는 근시안적 성공을 위해, 아이들을 지나치게 관리하려 드는 것이 걱정스럽다. 무엇보다 내가 이런 숨 막히는 관리를 두려워하는 이유는 이런 관리가 아이들의 창의성, 곧 스스로 생각하는 능력을 질식시키고 나아가서 민주주의 사회에 필요한 진정한 리더쉽을 살해하며 전체주의적 권위에 대한 복종을 부추기기 때문이다.

또한 전자매체를 활용한 교육이 아이들의 현실 경험을 대체할 순 없다. CD롬 백과사전과 TV의 자연 프로그램 같은 '좋은'

전자매체도 마찬가지이다. 전자매체에 저장된 정보는 학교 교육에 쓰이는 다른 모든 교구(교실을 비롯해)의 결점을 갖고 있다. 초고속 정보고속도로와 교실은 모두 인공적 환경이다. 둘 다 '어떤 사물의 모든 부분을 뜯어보고 이름을 붙인다면 그 사물을 이해한 것'이라고 생각하는 환원주의 과학을 가르치기에는 편리할 수 있다. 이를테면 개구리를 해부해 모든 부위의 이름을 안다면 개구리를 아는 것이라고 생각하는 것이다. 실제로는 개구리의 여러 부위의 이름을 알 뿐인데 말이다.

이런 환원주의적 과학이 우리를 어디로 이끌고 있는지 보라. 시인 게리 스나이더Gary Snyder가 에세이집 『지구, 우주의 한 마을A Place in Space』에서 말한 대로 "우리를 어디론가 데려가리라 여겼던 그 행성은 지금 우리 손 안에서 폭발하고 있다."

당신의 아이가 파랑새에 대해 알고 싶어 한다고 해보자. 유식한 선생님이 교실에서 약간의 정보를 알려 줄 수 있을 것이다. 또는 키보드를 두드려 컴퓨터의 백과사전 프로그램을 쉽게 불러올 수 있는 법을 배운 아이라면 파랑새의 간략한 자연사뿐 아니라 정확한 색깔을 보고 노래까지 들을 수 있을 것이다. 그런 종류의 지식은 어느 정도 유익하긴 하지만 환원주의 과학의 세계관을 따른 것일 뿐이다. 최고의 CD롬 백과사전이라 할지라도 거기서 배운 파랑새에 관한 지식은 끔찍할 만큼 단편적이며 지나치게 단순할 뿐 아니라 파랑새에 대해 충분히 알고 있다고, 혹은 '교육받았다'고 착각하게 만든다.

우리 사회는 이런 종류의 앎에 지나치게 사로잡혀있기 때문에 생태, 곧 여러 생물 사이의 관계를 제대로 이해하지 못하게 되었다. '정보들'로 생태를 아우르기란 거의 불가능하다. 생태를 이해하려면 '객관적' 환원주의 과학에는 낯선 개념, 즉 일종의 사랑이 필요하다.

컴퓨터 프로그램의 또 다른 결점은 시간이 모든 것을 통제한다는 점이다. 파랑새와 생태계의 관계에 대해 모든 '정보'를 전달하려는 전자 백과사전은 엄청나게 비싼 실패작일 뿐이다. TV의 자연 프로그램 또한 기술적으로나 서사적으로 아무리 잘 만들어졌다 해도 엄격한 시간 제약을 따라야 한다.

저학년 아이들에게 컴퓨터 사용법을 가르치는 것은 아이들을 지나치게 빨리 성인기로 밀어 넣는 또 다른 길이다. 최근 한 정치인은 교육 개혁의 첫 조치로 "어린아이들을 컴퓨터 시대로 이끌어야 합니다"라고 누구도 반대할 수 없는 진실인 양 선언했다. 말도 안 되는 헛소리다. 컴퓨터가 없던 시절에 유년기를 보낸 수백 수천만 명이 지금 컴퓨터를 능숙하게 다루고 있지 않은가. 컴퓨터를 발명한 사람들조차 컴퓨터가 존재하기 이전에 어린 시절을 보낸 사람들이다!

어린 학생들이 배우고 있는 컴퓨터와 소프트웨어 사용법은 아이들이 대학에 들어갈 때쯤이면 이미 구식이 될 테고, 아이들은 또 새로운 사용법을 배워야만 한다. 기껏해야 컴퓨터 속기사가 되는 데는 유용하겠지만 그마저도 음성 인식 컴퓨터가 등장하면 쓸모없어지고 말 것이다.

물론 아이들에게 자유를 주는 일에는 위험이 따른다. 열두어 살쯤 돼 보이는 어린 아미쉬 소년들이 슈퍼마켓 앞에 줄지어 앉아 자랑스럽게 담배를 뻐끔대는 것을 보면 나는 마음이 불편했다.

아미쉬 부모들은 아이들을 제지하려 하지 않으며 심지어 아이들이 이성적으로 판단할 나이에 이르러 스스로 준비가 될 때까지는 아미쉬로 살라고 강요하지도 않는다. 그들은 다만 본보기가 되는 삶을 살거나 조용히 못마땅함을 표시하는 방식으로 부드럽게 설득할 뿐이다. 하지만 내 오랜 경험으로 보건대 반항기에 있는 십대들을 그렇게 이끌려면, 아이들이 십대가 되기 전에 애정이 가득한 시간을 함께 보내야 한다.

아이들의 어린 시절, 특히 두 살에서 아홉 살까지가 그 이후의 삶을 좌우하는 대단히 중요한 시기다. 그런데 미국의 부모들은 이 나이 또래의 아이들을 부모의 욕심에 따라 엄격하게 관리되는 삶 속으로 밀어 넣으려고 작정한 듯 보인다. 그냥 웃고 놀고 꿈꾸고 타고난 지적 호기심으로 배워가게 하는 대신에, 아주 어린 아이조차 미래의 성공을 위한 경쟁으로 무작정 몰아넣으려 한다. 그 아이들이 어른이 되었을 때 어떤 종류의 세상에 살게 될지 알지도 못하면서 말이다.

인간의 마음은 늘 배우기를 원하고, 항상 무언가를 배울 수밖에 없다. 학교는 그 사실을 인정하려 들지 않으며 배움이란 교실에서 이루어지는 것이라고 믿게 만든다.

아이들을 끊임없이 관리하려는 욕망을 자제하기 위해서는 "너희가 어린아이와 같이 되지 않으면 하늘나라에 들어가지 못할 것"이라는 성서의 가르침을 기억할 필요가 있다. 달리 말해, 단순하고 방해받지 않으며 덜 관리되는 삶이 아이뿐 아니라 어른에게도 좋다는 것을 깨달아야 한다. 많은 어른들이 그토록 불안하고 불만에 차있으며 혼란스러운 까닭은, 물질주의적 삶이 얼마나 어리석은지조차 이해하지 못할 만큼 스스로 생각하는 힘을 잃어버렸기 때문이다.

나는 아이가 열 살이 되기 전까지는 지금과 같은 공교육을 절대로 시키지 말아야 한다고 생각한다. 만약 아이들이 집단으로 있어야 한다면 네 명에서 여섯 명 사이의 작은 집단으로, 그것도 한 번에 몇 시간씩만 함께 있도록 해야 한다. 집단이 커지면 아이들은 관리의 대상이 될 수밖에 없다. 부모들이 일터라는 곳에 갈 수 있도록 아이들을 그렇게 무리 지어 몰아넣은 것이야말로 현대의 가장 큰 실수일 것이다.

오늘날 학교 교육 옹호자들이 주장하는 것처럼, 아이들을 집단으로 모아 둔다고 사회성이 자라는 게 아니다. 우리가 도처에서 목격하듯 오히려 적대감을 키울 때가 많다. 혼자서 또는 소수의 사람들 속에서 좀 더 고독하게 지낼수록 더 넓은 세상의 사람들을 친절하게 대하는 경향이 있다. 사람은 무리 지어있을 때 쥐떼처럼 행동하며 서로를 죽이려 든다. 적절한 시간 동안 혼자 조용히 시간을 보내며 자란 아이들은 록콘서트나 스포츠 경기장에 모여든 구경꾼처럼 우스꽝스럽게 소리를 지르거나 정신없이 발을 구르지 않는다.

그런 사람들은 군중의 맥박 속에서 삶의 가치를 느끼려고 헛되이 애쓰는 사람이다. 독재자가 가짜 애국주의의 광분으로 휘몰아가기 좋은 사람, 대기업이 칸막이 사무실로 몰아넣기 좋은 사람들 말이다. 현대문화의 특징인 무리 짓기는 생각을 몰아낸다. 그와 더불어 무리의 승인-대개 무리가 승인한 '악'-에 반대할 의지도 몰아낸다. 한마디로 무리 짓기란 민주주의의 악이라고 할 수 있다.

내가 존경하는 19세기 초반의 농부이자 작가 윌리엄 코벳 William Cobbett은 한평생 영국 산업주의의 무절제한 발전에 반대한 인물로, 러다이트를 지지하는 글을 썼다는 이유로 투옥되기도 했다. 그는 시골의 지역적 목축 경제에서 도시의 집중적 공장 경제로의 대거 이동이 결국 영국을 몰락시킬 것이라고 정확하게 예언했다.

코벳은 『시골 여행Rural Rides』이라는 책에서 공교육의 혜택 없이 아이들을 교육한 일화를 썼는데, 그가 농장의 일상 속에서 어떻게 산수를 가르쳤으며 아들이 얼마나 쉽게 계산을 배웠는지 자세히 묘사한다. 그는 공교육이 아이들에게 배움을 강요하며 종종 회초리를 사용한 관행을 가차 없이 비판하기도 했다.

코벳이 쓴 다음의 구절은 두 세기 전 산업혁명 시대의 교육에 대한 훌륭한 통찰(요즘의 학교 교육 옹호론자들이 아직도 이해하지 못하는)을 담고 있다.

"교육에 대해 많은 이야기가 오가는 요즘, 나는 묻고 싶다. 부모가 한 아이에게 산수를 가르치기 위해 얼마나 많은 돈과 시간을 들여야 하는지, 또 아이들은 얼마나 많은 굴욕을 감수해야 하는지 말이다. 부모에게 꾸지람을 듣고 상심한 아이는 평생 머리 나쁘고 아둔한 사람으로 살아가게 될 것이다. 이 모든 이유는 간단하다. 아이가 즐겁게 탐구해야 할 것을 과제로 부과했기 때문이다."

그는 이런 말도 했다. "나는 우리 집에서 아이가 두려워하는 모습을 본 적이 없다. 원래 아이들은 어느 때건 무언가를 배우는 것에 불안을 느끼지 않는다. 나는 단 한 번도 책을 들여다보라고 명령하거나 지시하거나 요구하거나 심지어 충고하지도 않았다. 아이들을 바보로 만들고, 아이들이 책을 혐오하게 하고, 그 혐오를 정당화하게 하는 방법은 바로 그들을 재촉하고 괴롭히는 것이다. …… 내가 이제까지 봤던 무수한 사례로 보건대, 논리적인 사고력을 갖추기 전에 책으로 지식을 가르치는 일은 아이들의 정신을 평생 무력하게 만드는 일임에 틀림없다. 아이들이 타고난 재능을 완전히 망가뜨리거나 해치기 십상이다."

나는 제도 교육의 치명적인 영향력에 맞서기 위한 몇 가지 제안을 하고자 한다.

첫째, 당신의 삶에, 그리고 아이의 삶에 조용히 있는 시간을 만들라. 얼마간의 고독은 영혼을 건강하게 한다. 아주 소수의 사람과 친밀하게 보내는 시간, 그들과 만나 생각을 주고받는 시간도 꼭 필요하다. 그렇다고 아이들과 계획된 '양질의 시간'을 보내는 것은 또 다른 형태의 관리일 뿐이다. 엄마가 부엌에서 일하는 동안 엄마의 발치에서 노는 아이들이야말로 진짜 소중한 시간을 경험한다. 엄마와 아이는 홀로 그리고 함께 소중한 무언가를 공유하며, 침묵 속에서도 '모든 게 다 잘 되고 있다'는 평온함을 느끼며 그 시간을 즐긴다.

둘째, 당신도 아이도 자연스러운 호기심으로부터 창조적으로 배우라. 그런 배움이 금전적인 가치가 있는 것인지 또는 누군가의 '교육 계획'에 맞는 것인지 따지지 마라. 이 생각 저 생각으로 분주하지 않은 아이들의 마음은 창조적이고 상상력이 가득한 배움을 특히 잘 받아들인다.

내 손자 에반은 내가 들려주는 '말도 안 되는', 있을 법하지 않은 이야기들을 좋아한다. 그 이야기를 통해 내가 현실 세계의 놀라운 무엇인가를 보여준다는 것을 금방 이해하기 때문이다. 대부분의 어린아이들처럼 에반도 '허구'를 즉시 이해하고 내 이야기에 자기만의 허구를 덧붙인다. 그렇게 우리 둘은 현실에 대해 생각하는 새로운 방법을 이끌어낸다. 우리는 선생과 학생의 관계가 아닌 동등한 입장에서 함께 즐겁게 배우는 관계이다.

셋째, 아이가 질문할 때 아이를 진지하게 가르치고 싶은 유혹에 저항하라. 일상에서 일어나는 모든 일에서 진지한 배움을 끌어내려고 하지 마라. 아이의 사소한 실수를 늘 바로 잡으려 하지 마라. 아이들에게 (또는 어른들에게도 내가 지금 하는 것처럼) 훈계하려 들지 마라. 부모와 교사들은 엄청난 책임감에 사로잡혀 유아원과 유치원, 초등학교 저학년 아이들의 마음에 억지로 정보를 밀어 넣으려 한다. 이런 미친 짓은 아이들이 표준화된 시험에 떨어지면 안 된다는 우려에서 비롯된다. 이러한 광기는 불쌍한 어린 것이 '좋은' 대학에 떨어지지 않도록 태어나자마자 '성공'의 길로 밀어 넣으려는 부모들을 숙주 삼아 성장한다.

넷째, 아무것도 하지 마라. 아이들은 오직 그 순간만 알 뿐, 미래를 예견하고 대비하는 일에 그다지 관심이 없다. 심지어 한 시간 뒤의 미래도 생각하지 않는다. 기어다니거나 굴러다니다 보면 이런저런 일이 일어나기 마련이고 무슨 일이 일어나던 아이들에게 매우 중요하다. 그러나 아이들이 점차 어른으로 자라면서 미래의 일(그들의 기대에 거의 미치지 못하는)을 생각하고 준비하는 데 매달리게 되고, 자신의 주변에서 일어나는 수많은 작은 경이로움을 소홀히 여기게 된다. 가을날 동네에 늘어선 아름다운 나무에는 눈길 한 번 주지 않다가 애써 650킬로미터나 떨어진 국립공원으로 무리 지어 차를 몰고 가는 어른이 되는 것이다.

다섯째, 아이와 아이가 만나는 현실 사이에 일상적으로 전자매체를 끼워 넣지 마라. 전자매체를 손에 쥐여주고는 아이를 교육하고 있다는 생각도 버려라. 현대의 테크놀로지와 학교 교육은 컴퓨터를 설정하고 사용하는 법을 훈련시키지만, 대체 그 컴퓨터를 채워 넣을 가치 있는 생각은 어디에서 기른단 말인가? 컴퓨터가 세상의 모든 지혜를 저장할 수는 있다. 그러나 결코 그 지혜를 만들어내지는 못한다.

이 세계는 초고속 정보고속도로를 깔아나가고 있지만, 창조적인 인간의 생각이란 외로운 시골길을 걸어가는 법이다.

진 록스던Gene Logsdon은 오하이오 주 와이언도트 카운티의 30에이커 면적의 땅에서 농사를 지으며 십여 권의 책과 수백 편의 에세이를 썼다. 저서로는 『외고집 농부』, 『신성한 똥』, 『다시 집으로 돌아갈 수 있다』 등이 있다.

학교가 빼앗아간 아이들의 시간

존 테일러 개토

알고 보니 달에 가는 것은 그다지 중요한 일이 아니었다.

지구에서 60년을 살아온 내 경험으로도 그렇고 얼마 전에 목격한 바로도 그렇다. 내가 진짜 우주비행사를 보게 된 곳은 부커 T. 워싱턴 고등학교였다. 할렘의 십대들로 가득 찬 학교 강당에서, 잘생기고 체격이 좋은 한창나이의 흑인 청년이 은빛 우주복을 차려입고는 진정 자신감 있는 태도로 학생들의 주의를 끌려고 애를 썼다. '뛰어난' 흑인이 '무식한' 흑인 아이들에게 지혜를 전수하려는 그 행사야말로 교육위원회가 고안해낸, 극적인 성공을 위한 완벽한 각본이었다. 그 청년은 미 항공우주국이 제공할 수 있는 온갖 첨단장비와 시각 자료를 들고 왔지만 어린 청중의 관심을 끌기에는 역부족이었다. 아이들이 어찌나 떠드는지 그는 몇 번이나 발표를 중단해야 했다.

어쩌면 아이들은 이 청년이 버스 운전사가 버스를 다루는 것만큼도 우주 로켓을 통제할 수 없다는 것을 본능적으로 눈치챘는지도 모른다. 그가 선보이는 모든 실험이 다른 사람의 생각, 즉 미 항공우주국의 생각이라는 것도 말없이 알아차렸을지 모른다. 항공우주국의 광고는 아이들에게 먹혀들지 않았다. 그 젊은 우주비행사가 아무리 뛰어나다 해도 다른 사람의 '대리인'일 뿐이며, 그가 하는 말도 다른 사람이 쓴 대본에 불과하다는 것을 아이들은 이미 알고 있는 듯했다.

그 우주비행사는 개신교 신학자 라인홀드 니버Reinhold Niebuhr가 말했던 '생각 없이' 받아들인 생각을 지닌 부류였다. 그가 자기가 하는 실험의 의미를 이해하는지 아닌지는 중요하지 않다. 그는 주체가 아니라 대리인일 뿐이며, 마찬가지로 많은 학교 선생들도 다른 사람의 명령을 옮기는 대리인일 뿐이다. 이 우주인은 자신의 말에 따라 사는 사람이 아니라 누군가의 말에 따라 사는 사람이다. 그건 기계도 할 수 있지 않은가.

내가 가르치는 할렘 아이들은 달 탐사를 멍청한 놀이쯤으로 여기는 듯했다. 그 강당에 앉아있는 많은 아이들은 아빠가 없거나 그다지 귀한 대접을 받으며 자라지 못했고, 절반 정도는 식탁보가 깔린 식탁에서 밥을 먹어본 적도 없다. 이 아이들에게 달이 무슨 의미여야 할까? 누군가 내게 그렇게 묻는다면 나도 잘 모르겠다. 나에게는 아빠도 있었고…… 식탁보도 있었지만 말이다.

사실 우리가 생각하는 것만큼 중요하지 않은 것들이 많다. 그 가운데 하나가 바로 막대한 재정의 공립학교다. '학교 교육schooling'과 '교육education'의 차이를 모르는 사람들은 무책임한 소리라고 하겠지만, 지금까지 백 개가 넘는 연구 중 그 어느 것도 돈과 배움의 상관관계를 증명하지 못했다. 학교 교육 옹호자들은 초기부터 돈을 투자하면 좋은 성과를 올릴 수 있다고 했고 모두가 그렇게 믿었다. 1960년부터 1992년 사이, 미국 정부가 학교에 투자한 재정은 세 배 이상 증가했다. 그러나 12,000시간의 공교육을 받은 미국인 다섯 명 중 한 명은 약병에 적힌 사용법조차 읽지 못한다.

교사자격증을 소지한 백여 명의 교사들 손에서 무려 12,000시간의 의무교육을 받은 졸업생들은 대부분 생계에 도움이 될 기술은 고사하고 서로 대화하는 기술조차 익히지 못한다. 구멍 난 타이어를 교체할 줄도 모르고 책도 읽을 줄 모르며 수도를 수리하거나 타율을 계산하거나 전등을 설치할 줄도 모른다. 워드프로세서 사용 안내서를 읽어도 이해하지 못하며 벽도 만들지 못하고 거스름돈을 제대로 계산하지도 못한다. 혼자 지내는 법이나 행복한 결혼 생활을 유지하는 법도 모른다. 언론에서 떠드는 것보다 상황이 훨씬 나쁘다는 것을 30년간 교사로 살아온 나는 안다.

작년에 서던일리노이 대학에서 좋은 삶에 필요한 기본적인 기술이 무엇인가에 대해 워크숍을 할 때였다. 워크숍이 끝나갈 무렵 뒷좌석에서 한 젊은이가 일어나 내게 소리쳤다. "저는 스물두 살입니다. 사반세기 가까이 살았지만 시험 보는 것 말고는 할 줄 아는 게 없습니다. 눈보라가 몰아치는 텅 빈 도로에서 차의 팬벨트가 고장 난다면 저는 얼어 죽을 겁니다. 선생님, 왜 저를 이렇게 만드신 거죠?"

그의 말이 옳다. 나는 그를 그렇게 만든 사람 중 하나다. 다른 선생들처럼 나 역시 아이들이 삶에서 정말 중요한 게 무엇인지 스스로 찾아낼 시간을 빼앗았다. 물론 먹고 살려다 보니, 궁색하지 않게 살려다 보니 어쩔 수 없었던 것이지 일부러 그랬던 건 아니다. 어쨌든 내가 아이들이 잘 자라는 데 필요한 것에는 아무 관심도 없는 이 제도의 대리인 역할을 한 것은 분명하다.

알고 보니 나를 비판한 그 청년은 대학 학위를 두 개나 갖고 있었다. 학교에 다니고 좋은 직장을 얻는다 해도 그게 무슨 소용이냐고 그 두 학위가 나를 향해 절규하고 있었다. 실제로 우등생이라 여겼던 사람들이 자살과 결혼 실패, 가정불화, 불안정한 친구 관계, 허무감, 중독, 실패, 심장 우회시술, 건강 악화를 경험하는 비율이 훨씬 높다. 이에 대한 증거는 많지만 굳이 확인해 보지 않아도 직관으로 알만한 일이다. 학교 교육이 우리에게 '상처'를 준다면 대체 우리는 무엇 때문에 학교 교육을 받아들이는 것인가?

집 짓는 기술을 배울 시간을 다 잡아먹는다 해도 학교에 다니는 게 '정말 중요할까'? 만약 15세 청소년이 메인 주 배스에 있는 주거연구소Shelter Institute를 다닌다면 3주 안에 기둥과 보로 이루어진 아름다운 케이프코드식 집 짓는 법을 배울 수 있을 것이다. 집 짓는 데 필요한 수학과 계산까지 모두 포함해서 말이다. 3주를 더 보내면 배수 시설과 수도, 난방, 전기 시설 설치법까지 배울 수 있다. 모든 미국인이 너나 할 것 없이 자기 집을 갖는 게 꿈인데도 집 짓는 법을 애써 가르치는 공립학교는 거의 없다. 왜 그럴까? 모든 사람이 집이 중요하다고 생각하는 데 말이다.

사업을 시작하거나 채소 재배법을 배우거나 세계를 탐험하거나 옷 만드는 데 필요한 시간을 다 써버리는데도 학교에 다니는 게 그렇게 중요할까? 가족을 사랑할 시간을 빼앗기는데도? 좋은 삶을 살기 위해 중요한 것은 과연 무엇일까?

'나쁜' 삶에서는 다음과 같은 것이 중요하다. 다른 사람을 좌지우지할 권력을 갖는 것, 가능한 한 많은 물건을 모으는 것, 적에게 복수하는 것, 그다지 인간답지 못한 삶의 고통을 잊기 위해 이런저런 것에 중독되는 것. 학교는 대부분의 아이들에게 나쁜 삶을 성취하는 법을 가르친다. 어쩌나 잘 가르쳤는지 결국 우리 정부 조직은 자기 인생을 형편없이 사는 사람들의 손아귀에 떨어졌고 우리 모두는 심각한 곤란에 빠졌다.

얼마나 많은 대학 졸업생들이 전과목 A학점을 받았다는 이유

로 인생에서 무엇이 중요한지를 안다고 착각하며 대학을 떠나는
지 놀라울 따름이다. 광고를 보면 이들에게 가장 중요한 것은 기
계를 소유하는 일처럼 보인다. 블렌딩 기계, 요리하는 기계, 운전
하는 기계, 사진 찍는 기계, 소리 나는 기계, 양치질 기계, 컴퓨터
기계, 곤충 죽이는 기계, 유선 또는 무선으로 친밀함을 전달하
고 소식을 전하는 기계, 오락 기계, 쏘는 기계, 그 외에도 육체적
자아의 연장물인 수많은 기계들. 더 중요한 기계를 간접적으로
조종하는 것도 중요하다. 비행 기계, 폭격 기계, 심장과 폐 기계,
투표 기계 등 온갖 종류의 기계 말이다.

이 모든 장치는, 그것이 없다면 자연적으로 일어날 일을 무력
화하기 위해 만들어졌다. 인간의 운명을 무력화하는 한편 인간
에게 신과 같은 신비한 능력과 긴 수명을 주기 위해 만들어진 것
이다. 자연적으로 일어나는 일을 받아들이는 건 좋은 삶이 아니
며, 그래서 대대병력에 가까운 기계들이 필요하다는 말로 우리
를 설득하려는 자들이 있지 않은가.

이런 기계들은 약속을 지켰는가? 이런 기계가 등장한 이래 인
간의 삶이 전반적으로 나아졌는가? 내가 대답해줄 수는 없겠지
만, 당신이 자신의 삶을 들여다보면 답할 수 있을 것이다.

기계와 이야기하고, 기계를 사들이고, 사용법을 익히고, 기계
를 관리하고, 그 기계를 내다 버리고 새 기계를 사들이고 또 사
들이는 일에 당신 인생의 몇 퍼센트를 쓰고 있는가? 아마도 대

단히 많은 시간일 것이다. 그런데 우리는 그 많은 시간을 어디에서 가져왔을까? 미국인은 21세가 될 때까지 평균 18,000시간을 TV에 쓴다. TV를 보지 않았다면 그 시간을 어떻게 썼을까? 혹시 집 짓는 법을 배우진 않았을까? 학교 교육은 15,000시간을 앗아간다. 학교에 오가고 숙제에 쓰는 시간까지 합하면 21,000시간에 달한다. 학교에 다니지 않았다면 그 시간을 어떻게 썼을까? 그렇게 많은 시간을 쓰고 남은 얼마 안 되는 시간마저 다른 기계류가 꿀꺽 삼켜버린다. 우리는 그 시간에 무엇을 얻었는가? 마음의 평화나 사랑, 용기, 자립, 친구, 꿈을 얻었는가?

20세기의 끝에서 우리는 온갖 기계로 무장한 채 외로움의 터널 속에 길을 잃고 말았다. 서로 단절되고 자신을 혐오하며 더 좋은 기계를 가진 사람을 질투하는 한편, 자존과 삶의 의미를 찾아 헤매고 있다. 우리가 쏟아부은 시간과 돈만큼 기계가 우리에게 약속한 것들을 돌려주었다면 우리가 이렇게 적은, 또 이렇게 서툰 인간관계 속에서 길을 잃지는 않았을 것이다. 물론 내가 말하는 기계에는 학교라는 사회 기계도 포함된다.

학교에 다니는 다섯 살부터 스물한 살까지의 시간은 총 140,160시간이다. 그중 평균 46,720시간을 잠자는 데 쓰고 나머지 93,000여 시간 가운데 42퍼센트를 TV를 '보거나' 학교 의자에 '앉아있는' 데 쓴다. 무언가 잘못됐다. 지금 우리에게 무슨 일이 벌어지고 있는가? 중요하다고 여겨지는 이 기계들은 정말로 얼마나 중요하며 무엇에 꼭 필요한 것인가? 하나씩 따로 보면 그 존재 이유를 쉽게 떠올릴 수 있을지 모르지만, 모두 합쳐서 생각해볼 때 대체 이 기계들이 우리에게 무슨 일을 저지르는 것일까?

20세기 중반에 이르러 우리의 기계문명은 살아 있는 존재의 남루한 현실-기계의 깔끔한 단순성에 비교하자면-과 끈끈하게 관계 맺는 것을 참지 못하고 우리의 어머니와 아버지를 집단으로 감금하는 지경에 이르렀다. 노인을 수용하는 사업이 새로운 투자 기회로 떠올랐다는 것은 얼마나 희한한 일인가? 가장 가까운 인간관계를 내팽개치고 우리의 역사를 제거하는 일에 이 전례 없는 풍요로움을 쓰다니! 1세기 전, 우리 아이들을 학교라는 수용소에 가두기 시작하면서 등장한 복잡한 순환이 이로써 완성되었다. 아이들을 맡기는 것도 노인들을 맡기는 것도 좋은 사업이다. 그런데 대체 무엇에 좋다는 것인가?

우리 부모님이 낯선 사람들 사이에서 숨을 거두고 우리 아이들이 낯선 사람들의 울타리 안에서 지내는 게 정말 중요한가? 부모와 아이들을 갖다 맡긴 후 이론적으로는 복잡한 관계로부터 '자유'를 얻게 된, 늙지도 어리지도 않은 사람들의 삶은 과연 좋아졌는가? 좋은 삶이란 서로서로 복잡한 관계를 맺는 것이며, 궁극적으로 그것이 온전한 삶의 핵심이다. 아이와 노인을 격리하는 것이 인류사의 진보라는 주장은 눈앞의 현실과 맞지 않는다. 바보 같은 우주개발 계획에 대단한 의미가 있는 듯 구는 것처럼 '생각 없이' 받아들인 생각일 뿐이다.

다른 사람의 생각을 '생각 없이' 받아들이는 습관에 한번 빠지면 스스로 생각하는 힘을 잃어버리고 만다. 그게 바로 양로원과 TV, 유아원, 학교 같은 것들이 중요하다는 전제에 도전하는 사람이 거의 없는 이유이다. 기계에 대고 말하는 것을 더 좋아하게 되면서 우리는 기계의 사고방식에 익숙해져 버렸다. 우리는 기계적인 삶을 살고 있으며 우리의 생각도 기계의 생각처럼 통제되고 있다는 사실은 은폐된다.

일단 기계에 대해 알고 나면 그것은 더 이상 놀라운 사물이 아니게 된다는 사실을 경험해 본적 있는가? 시장 조사의 목적은 인간에게서 놀라움을 빼앗는 것이다. 우리가 서로에게 놀라운 존재이기를 멈출 때 우리는 인간적 삶의 큰 부분을 잃게 된다.

사람과 자연과 대화를 나누어야 할 시간에 기계와 말하기 때문에 서부 숲이 벌채되고, 퓨젯사운드(미국 북서부의 만-옮긴이)의 물고기가 죽어가고, 미국 곳곳의 토양이 황폐해지며, 케이프코드만의 바다가 죽어가고, 성층권에 구멍이 뚫리는 것이라고 나는 감히 말하고 싶다. 이런 사건 가운데 어느 것 하나도 기계에는 중요하지 않다. 그리고 아주 어린 시절부터 기계(학교라는 사회적 기계를 비롯해)와 친밀한 관계를 맺어온 우리도, 말로는 그렇다고 할지 몰라도 실제로는 중요하게 여기지 않는다. 만약 이런 일이 우리에게 정말 중요했다면 그 모든 파괴를 멈췄을 것이다.

우리는 기껏해야 양면적 태도를 지녔다고밖에 말할 수 없다. 제정신이라면 누가 자동차나 컴퓨터, 팩스기, 전화, 토스터, 평생 교육, 총이 없이 살고자 하겠는가? 물리적 기계든 학교나 제도 혹은 세계적 기업 같은 사회적 기계든, 기계를 중심으로 살아가는 사람들은 속속들이 그 기계의 영향을 받는다. 냉정하게 말해서, 자신이 지나치게 의존하는 그 기계를 섬기는 노예 기계가 되고 만다.

지금까지 나는 모두가 정말로 중요하다고 생각하도록 길들여진 미국적 삶의 세 가지 측면, 우주개발계획, 학교 교육, 최첨단 기술에 대해 고민해보자고 제안했다. 자세히 들여다보면 이 세 가지는 좋은 삶이나 좋은 사회에 꼭 필요한 것이라기보다는 미친 사람의 집착처럼 보인다. '정말' 중요한 많은 것들(서로 많이 안아 주는 것을 비롯해)이 무시되는 사이에 어떻게 이런 것들이 중요해지게 되었을까?

최근 들어, 무엇보다 세계 경쟁력이 중요하다는 말을 많이 듣는다. 지구상의 모든 경제체제는 예외 없이 '국가 경제'라는 사실, 사람들에게 가장 큰 행복과 자부심을 주는 경제는 대단히 '지역적인 경제'라는 진실을 잠시 잊고 그들이 믿으라는 것을 한 번 살펴보자.

그들은 사실상 미국의 총 식량자급률은 중요하지 않으며 부끄러울 만큼 풍족한 연료와 섬유, 금속, 건축 자재, 도로, 기술, 도서관, 대학, 재능 있는 인력도 더는 중요하지 않다고 한다. 세계 경쟁력이 없다면 이 모든 것을 잃어버릴 엄중한 위험에 처한다는 도무지 이해할 수 없는 이유 때문이다.

250만 명의 상비군을 갖춘 육해공군, 거대한 폭격 함대, 어마어마한 핵미사일, 세계 곳곳의 스파이와 파괴 공작원 네트워크 등을 지니고도 어떻게 경쟁력이 없을 수 있는지, 또한 금융시장과 통화를 조작하는 대단한 능력을 지니고도 어떻게 가까운 미래에 경쟁력이 없을 수 있는지는 묻지 않겠다.

세계 경쟁력을 들먹이는 수사법을 듣고 있자면 아무리 이해하려 노력해도 어리둥절하기만 하다. 우리는 물질적으로 잘 살기 위해 필요한 모든 것을 말 그대로 '집 안에' 풍족하게 갖추고 있다. 좋은 삶을 살아가는 데 꼭 필요한 물질을 더 많이 생산하여 분배하고, 더 많은 직업을 개발하고 더 많은 만족을 낳기 위해서가 아니라면 세계 경제는 무엇을 위해 필요한 것인가? 그리고 그런 것들은 이미 있지 않은가?

나는 세계 경제가 중요하다는 자들이 어떤 유형의 사람인지 궁금하다. 내가 보기에 그들은 종교적 신념 같은 것에 붙들려 있거나, 정말 중요한 인간의 필요-모든 인간의 필요는 대단히 작은 규모다-와 본성을 무시하는 이상한 사람들인 것 같다.

대량생산체제와 국제금융이라는 쌍둥이 기계가 왜 그토록 절박하게 세계 경제를 강조하는지 이해하기란 어렵지 않다. 하지만 세계 경제가 과연 살아 숨 쉬는 인간을 위한 것인지는 알 수 없는 일이다.

세계 경제 같은 것은 잊어버리고 남은 일생동안 고향처럼 느낄 수 있는 장소를 찾아보면 어떨까? 당신뿐 아니라 당신이 사랑하는 가족, 친구, 이웃의 영혼에 도움이 될 만한 일을 스스로 만들어내는 건 어떨까? 1776년에는 노예를 제외한 90퍼센트의 미국인이 자신만의 직업 환경을 조성해 독립적으로 생계를 유지했고, 1840년에는 산업화의 물결에도 불구하고 80퍼센트의 미국인이 자신의 일을 했다. 그 시절에는 자유롭게 흘러다니는 노동력이 많지 않았기 때문에 타인의 노동으로 부자가 되기란 힘들었다. 사람들은 자신을 위해 일했다. 풍요와 안락이 아니라 자유와 독립, 그것이야말로 미국이 일군 기적이었다.

알다시피 기계는 아무 곳에나 쌓아 둘 수 있고 아무 곳에서나 작동할 수 있으며 같이 사용돼야 할 기계에 무관심하다. 그러나 인간은 직접 만나고 돌보고 사랑하는 몇몇 사람을 중심으로 삶의 의미를 구축해야 한다. 주변의 관계들을 제거하면서 살고 있다면, 물건을 바꾸듯 사람들을 바꿔치우고 있다면, 당신이 삶에서 얻을 수 있는 것은 많지 않다. 또한 사람들과 관계를 맺으려는 이 중대한 노력에서 성과를 거두지 못한다면 우주개발계획이 어떻게 진행되든, 당신이 얼마나 많은 기계를 소유하든 전혀 중요하지 않다. 여전히 군중 속의 외로운 존재일 테니 말이다.

지금까지 나의 이야기에 조금이라도 동의한다면 경제 세계화와 학교 교육에 맞서는 일에 동참하길 바란다. 학교와 정부와 기계를 만드는 자들은 무엇이 중요한지에 대해 매 순간 당신을 속이고 있기 때문이다. 그들은 그럴 수밖에 없는 존재다.

이 모든 문제에 대해 어떻게 생각하든 '무엇이 중요한가?'라는 문제는 피할 수 없다. 이 문제를 풀기 위해 전문가가 제시한 길을 따라간다면 불쾌한 충격을 연이어 맛보게 될 것이다. 전문가들이란 대개 무엇이 중요한지 잘 모르는 불완전한 사람들이기 때문이다. '무엇이 중요한가?'는 의심할 여지 없이 종교적 질문이기에, 기계나 전문가가 그 답을 알 턱이 없다. 20세기의 전환점에 보편적 의무교육을 도입하고 기계 논리에 따라 작동하는 이 사회 역시 마찬가지다.

이 사회의 토대가 형성되던 시기에, 미국 대법원은 추상적인 법적 기계조직에 불과한 기업이 사람이 누리는 모든 법적 권리와 동등한 권리를 누린다고 선언하여 세상을 놀라게 했다. '대법원'이 고작 경제적 기계에 불과한 것을 사람과 같다고 말할 수 있다면, 사람도 기계에 불과하다는 선언 또한 어렵지 않다는 것을 짐작할 수 있을 것이다.

21세기의 문턱에서, 우리는 기계처럼 행동하고 중앙 조직의 명령을 따라 사는 게 중요한지 아닌지 결정해야만 한다. 그것이 중요한 문제라고 생각한다면, 그런 삶에 반대하기로 선택한다면, 당신은 인간다운 삶을 위해 짊어져야 할 책임을 맞닥뜨리게 될 것이다. 이를테면 당신이 어리고 무력했을 때 부모님이 당신을 돌본 것처럼, 연로하신 부모님을 돌볼 책임을 받아들여야 한다. (혹은 부모님이 당신을 돌보지 않았더라도 그분들을 돌봐야 할 수도 있다.) 물론 기계는 그런 책임 따위는 알지 못한다.

스스로 생각하는 것은 고통스러운 일이지만, 그럴 때만 우리는 진정 인간다운 삶이란 자유의지를 행사하는 것임을 깨닫게 된다. 인간다운 삶을 사는 유일한 방법은 인간답게 살려고 노력하고 그에 따르는 무거운 대가를 감당하는 것이다. 그렇지 않으면 우리는 기계일 뿐이다. 시장조사 통계로 모든 행동을 예측할 수 있는 기계. 지금 이 순간 당신의 삶이 얼마나 풍족하고 자유롭게 느껴지든 상관없다.

우주개발 프로그램이나 보스니아의 현 정세를 떠들어대는 언론의 드라마가 진정 중요하다고 여전히 믿는다면 당신은 실체 없는 해괴한 위기와 명분, 구호, 조작된 전율에 중독될 것이고 체크리스트에 따라 살아야 한다는 강박에 사로잡힐 것이다. 삶의 의미가 계절의 변화를 음미하거나 해변가를 따라 걷는 일에 있지 않고 학교 교육이나 정당, 병원, 기업, 중앙계획부처 같은 인공적 조직에 따라 결정된다고 존 듀이 같은 이들처럼 믿는다면, 당신은 (박사 학위를 가졌다 해도) 바보가 되고, (아무리 좋은 약을 먹는다 해도) 허약해지고, (아주 과학적으로 세워진 집을 가졌다 해도) 포근한 가정이 없는 신세가 될 수밖에 없다. 오랫동안 기계와 이야기하며 잘 지낼 수 있다고 생각한다면 당신은 필시 그러다 미쳐버릴 것이다.

무엇이 중요한지는 스스로 찾아야 한다. 이에 관해 다른 사람에게 의존한다면 당신의 삶은 망가지고 말 것이다. 우리 한 사람 한 사람에게는 이 문제를 해결할 힘이 있으며 우리의 경험으로부터 좋은 삶을 위한 배움을 꾸려갈 수 있다. 물론 쉬운 일이 아니며 우리는 각자 다른 퍼즐을 풀어가고 있다. 대중을 논하기 좋아하는 사회과학자들에게는 불편한 진실이겠지만, 모든 인간은 '독자적인' 존재이다. 그런 '독자성'을 돈으로 살 수 있다고 생각한다면 우리 세대가 팔아치우고 유행시키기 위해 기계로 찍어낸 것들의 아수라장을 둘러보라.

어디에서부터 시작할 것인가. 우리는 먼저 자기 자신을 찾아야 한다. 다른 길은 없다. 누군가 알려주기를 기다리다가는 지옥불이 다 얼어붙을 때까지 기다려야 할 것이다. 수십 년에 걸쳐 켜켜이 쌓이고 덧칠된 외부 프로그래밍을 벗겨내고 그 밑에 드러난 당신의 희미한 윤곽을 발견해야 한다. 고통스러울 것이다. 이는 흔히 '너 자신을 아는 것'이라고 일컬어진다.

학교는 자신을 발견할 시간과 기회를 갖지 못하도록 주도면밀하게 통제한다. 당신이 자신을 발견하기 위한 여정을 시작할 무렵에는 이미 당신이 찾아야 할 자아라는 게 존재하지 않으며, 자아가 있어야 할 자리에는 눈에 보이지 않는 사회공학자들이 조작하는 중계기와 스위치 조합만 있을 것이다. 반면에 우리가 무엇이 중요한지를 찾아낸다면, 그리고 그것을 위해 기꺼이 싸우고 심지어 죽을 각오가 되어있다면 우리는 진정으로 자유로워진다. 아무도 다시는 우리의 마음을 식민화하지 못한다.

우리 자신을 이해하는 중요한 방법 중 하나는 자신의 가족을 자세히 관찰하는 것이다. 그 책임에서 달아난 사람들은 놓쳐버린 그 지식을 대신할 만한 무언가를 결코 찾지 못할 것이다. 아무리 돈을 잘 번다해도 뿌리에서 잘려나간 삶은 평생 시들어가는 과정일 뿐이다. 홈스쿨링이 점점 늘어나는 가장 타당한 이유는, 모든 활동 속에서 자기 자신과 가족을 알아가는 가족 실습실이 탄생한다는 데 있다.

우리 자신을 알 수 있는 또 다른 방법은 자신이 무엇을 긍정하고 무엇을 거부하는지, 내면을 잘 살펴보는 것이다. 그렇게 하려면 자기 자신의 역사와 행동을 분석해야 한다. 그 힘은 고독과 명상을 통해 나온다. 자발적 고독은 지성과 인격의 깊이를 더하고 사람을 더욱 경건하게 만든다. 아이들이 학교에서 멍하니 있을 때가 자발적 고독에 빠지는 시간이다. 학교 교육은 이런 자발적 고독을 몰아내려고 병적으로 애쓴다. 고독을 견디지 못하는 사람들은 위험한 의존증을 갖게 된다는 사실에도 불구하고 학교는 고독을 회피하게 만드는 정규 교육을 실시한다.

당신이 할 수 있는 가장 급진적 거부 행위는 이 기술관료사회가 원하는 대로 '보잘것없는 존재'로 남기를 거부하는 것이다. 테레사 수녀를 생각해보라. 그녀는 자신이 늙고 못생겼으며 가난하고 힘이 없다는 사실을 받아들이기를 거부했다. 그렇게 함으로써 다른 사람들도 그녀가 하찮은 존재가 아님을 인정하게 만들었다. 무엇을 긍정하고 부정할 것인지가 중요하다.

당신에게 도움을 청하는 사람을 부정하면 자신의 고유한 인간성을 잘라내게 된다. 당신이 스스로 피와 살을 잘라내 버린 그 자리에는 생명 없는 기계가 들어설 것이다. 그러나 도움을 청하는 사람을 긍정하고 손을 뻗는다면 인간성이 사라진 그 자리에 새 살이 돋고 피가 돌 것이다. 그러면 당신을 차지했던 기계는 뒤로 물러설 것이다.

용서하는 법을 배우면 우리는 놀라운 긍정의 세계로 들어설 수 있다. 우선 당신 자신을 용서하라. 그리고 당신의 가족을 용서하라. 그렇게 하면 자존감과 절대적인 사랑의 토대를 구축할 수 있다. 절대적 사랑이란, 잘했다고 사랑하고 못했다고 빼앗을 수 있는 그런 사랑이 아니다. 아무런 조건 없이, 아낌없이 주는 사랑이다. 용서를 통해 우리는 영원한 부활의 비법을 발견하게 될 것이다.

당신에게 상처를 준 사람을 사랑할 때 그 힘은 대단히 심원하다. 앙갚음해야 한다는 과거의 집착에서 풀려나 완전한 인간애로 가슴이 부풀어 오를 것이다. 나는 우리 가족을 통해 용서를 배웠고 이제 용서는 내가 실천하려고 애쓰는 긍정의 행동 가운데 하나이다. 용서할 때, 나는 축복을 느낀다.

또한 진짜로 존재하기 위해서는 아무리 보잘것없고 고통스러웠을지라도 우리가 살아온 삶을 긍정해야 한다. 다른 사람이 어떻게 생각하는지는 중요치 않다. 중요한 것은 바로 우리의 생각이다. 당당하게 인정하라. 당신의 부모와 조부모가 대단히 훌륭한 사람이 아니었더라도 그들이 살아온 삶을 기려야 한다. 그들이 빚은 흙에서 당신이 나왔으니 그들을 부정하는 것은 당신을 부정하는 것이며, 그로부터 좋은 결과가 나올 리 없다.

당신의 것을 소중히 여기고 보호하고 지켜라. 외부 사람들의 평가에 흔들리지 마라. 당신의 가족이 최고인지 최악인지는 언론과 복지 관료들이 말하는 것만큼 중요하지 않다. 무슨 일이든 일등인지 꼴찌인지는 정말 중요치 않다.

박사학위 같은 학벌을 지닌 사람에게만 중요한 일을 맡기는 이 경제 질서 속에서 자신을 하찮게 여기는 마음을 품지 마라. 우리의 숲을 채벌하도록 허락해준 권위자들에게 분노하지 말고 차라리 그들을 경멸하라.

소득이나 지위로 사람을 평가하는 것은 정신의 폭이 좁다는 걸 보여줄 뿐이다. 소득이든 지위든 어느 선을 넘어서면 당신의 재산과 직함이 당신을 내리누르고 당신에게 명령하며 당신의 시간을 낭비하고 당신의 인간관계를 지배할 뿐이다. 그때가 되면 당신은 천천히 기계가 되어간다. 아무리 잘 먹고 안정된 삶을 살더라도 기계의 삶에 불과하다. 그런 삶을 사는 대신 일상의 모든 것을 신성하게 여기는, 도덕적 믿음의 세상을 긍정하라. 그렇게 하면 나뭇잎과 풀잎마저 환하게 반짝이며 어둠을 밝힐 것이다.

스스로를 믿어라. 기술발전이 곧 인류발전이라는 미친 주장을 거부하라. 그것은 인류의 운명과 기계의 발전이 함께 엮여 있다고 말하는 헛소리에 불과하며 결코 진실이 아니다. 냉소적인 세계 산업체제를 지탱하는 기계의 영혼들은 살아 있는 것들을 오염시켜 기계로 만들려고 한다.

증기 해머가 되기보다는 존 헨리(흑인 민담에 등장하는 전설적 인물로 뛰어난 완력과 체력으로 증기 해머와의 대결에서 이겼다고 함-옮긴이)가 되는 게 낫다. 새로운 세계 질서의 제단에 엎드린 숭배자가 되기보다는 차라리 추방자가 되는 게 낫다. 자유롭게 사는 법을 배우지 않는다면 우리는 결코 삶을 알지 못한다. 그리고 장담하건대 그것은 정말 중요한 문제이다.

신성한 것은 아무것도 없다고 가르치는 사람들과 제도를 거부하라. 그들의 유산이 우리 문화를 타락시켰다. 역사상 가장 부유한 이 나라는 지난 100년간 소비의 무아지경에 빠져 기계를 사들이느라 우리의 아이들과 가족, 언덕과 하늘과 물을 먹어

치웠으며, 학교 교육은 끊임없는 소비를 가르치는 '교회'가 되고 말았다.

이제 그것을 바꿔나가며 진정으로 중요한 것을 가르치기 시작해야 할 때이다.

존 테일러 개토John Taylor Gatto는 30년간 교사로 재직하면서 뉴욕 주 '올해의 교사상' 등 많은 상을 받았다. 그러나 학교를 그만두고 나온 뒤 세계를 돌며 교육제도의 근본적인 개혁을 촉구하는 한편 마늘 농사를 짓는 농부이자 작가로 살아가고 있다. 저서로는 『바보 만들기』, 『학교의 배신』, 『수상한 학교』 등이 있다.

지금이 아니면 할 수 없는 일

매리 앤 리저

　1년 전쯤 우리 가족은 3년간 살던 집을 떠나 이사를 했다. 우리가 살던 소도시는 중산층 고소득자가 많이 거주하던 지역으로, 대부분의 이웃들은 나보다 가처분소득이 훨씬 많았다. '최고'만을 찾으며 기꺼이 돈을 지불하려는 사람들의 입맛에 맞춰 많은 지역 산업이 호황을 누렸다.

　그곳에서는 대개 두 살부터 유치원 교육을 받았다. 많은 유치원들이 컴퓨터 교육을 포함해 (특히 강조해) 온갖 '심화'활동을 내세우며 교육 프로그램을 홍보했다. 우리 집 모퉁이를 돌아나가면 아장아장 걷는 아이부터 십대에 이르기까지 모두를 대상으로 한 컴퓨터 학원이 있었는데, 시간당 수강료를 받는 이 학원은 흔한 협박성 경고로 강의를 홍보했다. "어릴 때 시작하지 않으면 눈부신 정보시대의 미래에 속수무책으로 뒤처지게 됩니다."

어린 자녀에게 컴퓨터 교육을 시키는 걸 탐탁지 않게 여기던 부모들마저 이런 광고나 다른 부유한 부모들의 등쌀에 밀려 결국 학원에 등록한다. 다른 네 살짜리 꼬마들은 다 컴퓨터를 켜고 스크린에 그림을 그리는데 우리 꼬마 케이티만 학교에 가서 뒤처지면 어쩐단 말인가. 그렇게 케이티는 컴퓨터 학원에 다니게 된다.

나도 케이티가 시기를 놓칠까봐 걱정스럽다. 케이티(를 비롯한 수백만 명의 요즘 아이들)가 컴퓨터 능력에서 뒤처지지 않을 시기를 놓칠까 걱정스러운 게 아니라 컴퓨터 앞에 앉아있느라 놓칠 그 모든 것들이 염려스럽다. 또한 나는 컴퓨터 수업과 컴퓨터 놀이, 교육용 컴퓨터 프로그램 때문에 요즘 아이들이 세상과 사람을 바라보는 관점이 영원히 달라지지 않을까 두렵다.

아이들이 고등학교 때나 혹은 그 이후에 컴퓨터를 처음 접한다고 해서 쉽게 만회하지 못할 만한 무언가를 잃어버리는 것이 아니다. 따지고 보면, 지금 컴퓨터를 사용하고 컴퓨터를 디자인하거나 소프트웨어를 만드는 수많은 어른들도 어렸을 때 컴퓨터라는 것을 본 적이 없지 않은가. 몇 년간 집중적인 실무를 통해 배웠을 뿐 두 살부터 〈세서미 스트리트〉 소프트웨어를 틀어놓고 컴퓨터를 배우지는 않았다. 요즘 아이들은 그럴 마음만 있다면 20년 후에도 최첨단 기술을 따라잡을 수 있다.

그러니 우리는 이런 질문을 던져야 한다. '만약 아이들에게 지금이 아니라면 20년이 지난 뒤엔 영영 할 수 없는 것이 무엇일까?'

색칠하기, 오리고 붙이기, 동요 듣기, 뒷마당에서 나뭇가지로 장난감 집 짓기, 점토나 밀랍 혹은 플레이도우를 조물락대며 이런저런 모양 만들기, 더러워질 걱정 없이 진흙에서 뒹굴기, 풀밭에서 구르기, 나무 블록 쌓기, 개미와 벌과 메뚜기 관찰하기, 직접 만든 이야기로 꼭두각시 인형극하기, 장난감 음식과 돈으로 가게 놀이하기, 우스운 노래를 만들고 부르기, 그네 타기, 개와 고양이 같은 동물들과 대화하기, 자전거나 킥보드를 비롯해 바퀴 달린 장난감 타기, 오르고 뛰고 달리기, 이야기 듣기, 모래밭에서 길과 터널과 도시 만들기, 더 많은 이야기를 듣고 지어내기, 아이로 존재하기, 아이다운 속도와 방식으로 세상-소리와 냄새와 맛이 있는 진짜 세상-을 알아가기 등등. 간단히 말하자면 TV와 컴퓨터가 나오기 전에 여러 세대 동안 유년기를 구성했던 놀이다.

지난 수천 년간 아이들은 세상을 직접 경험하며 배웠다. 많은 아동발달 연구자에 따르면, 아이들은 자신의 성장에 도움이 되는 경험과 도전을 할 준비가 되었을 때 외부의 지도 없이 자발적으로 찾아서 하는 능력을 타고난 게 분명하다. 물론 아이들에게는 도덕적, 정신적 안내와 좋은 가정의 본보기가 필요하다. 그러나 컴퓨터와 TV로 매개된 경험을 통해 세상을 배우게 하는 것은 검증되지 않은 실험이며, 나는 그 실험에 우리 아이들을 내맡기고 싶지 않다.

어릴 때부터 컴퓨터를 사용해야 한다고 말하는 사람들은 대개 컴퓨터를 하나의 도구 정도로, 정보와 소통을 위한 또 다른 매체 정도로 생각한다. 그들에게 컴퓨터는 아이들의 경험을 넓혀주고 아이들이 더 풍요롭고 다채롭게 세상을 접하게 해주는 좋은 도구이다.

그러나 나는 컴퓨터를 경우에 따라 우리가 좋게 또는 나쁘게 이용하는 도구에 불과하다고 생각하지 않는다. 컴퓨터 역시 우리를 이용한다. 특히 아이들에게 컴퓨터는 단순히 현실의 부가물이 아니다. 컴퓨터는 사용자가 화면 앞에 앉아있지 않을 때도 그가 현실 세계를 보는 방식을 변화시킨다.

그래픽 출력이 아무리 정교하고 현란하더라도 (인정하건대 요즘 프로그램들은 상당히 멋있다) 컴퓨터를 통과하면 모든 것이 정보비트로 축소되고 만다. 그렇게 해서 우리는 눈앞에 펼쳐지는 신비로운 세상을 벗어나, 우리를 둘러싼 아름다운 세상과는 조금도 닮지 않은 2차원의 조악한 세상으로 들어가게 된다.

빠른 동작의 비디오 게임을 많이 하는 사람이 느리게 차츰차츰 넘어가는 석양의 아름다움을 감상하기 힘들어지듯 컴퓨터를 사용할수록 세상의 미묘하고 다면적인 아름다움을 보는 능력은 줄어들게 될 것이다.

아이들을 둘러싼 인공물도 세밀한 인식이 아닌 더 조악한 인식을 부추기는 방향으로 바뀌고 있다. 몇 해 전 딸아이가 집 근처 교회의 방학 성경학교에 참가했을 때, 이웃 친구였던 성경학교 진행자를 도와준 일이 있다. 아이들과 시간을 보내는 일은 즐거웠지만 그림을 그리거나 색칠하는 시간이 되면 나는 매일 좌절감을 느낄 수밖에 없었다. 크레용은 어디서도 찾을 수 없었고 사인펜이 그득한 통만 있었기 때문이다. 크레용보다 색깔도 더 선명하고 색칠하는 시간도 적게 들기 때문에 아이들도 사인펜을 더 좋아하는 것 같았다. 하지만 대개 색이 번져버리고 마는 사인펜은 아이들의 그림을 하나같이 진한 뒤범벅으로 만들어버리고 만다.

그 일이 있고 나서 미술용품 가게에 가서 크레용을 하나 사려고 찾아보았다. 줄줄이 놓인 사인펜 상자를 다 지나치고 나서야 크레용을 찾을 수 있었다. 예전에 크레용이 있던 자리에, 상상할 수 있는 모든 크기와 색깔의 사인펜이 크레용보다 다섯 배나 많은 공간을 점령하고 있었다. 그런데 크레용이 뭐 그리 대단하고, 사인펜이 뭐 그리 나쁘단 말인가?

우리가 아이들의 손에 쥐여주는 모든 것은 아이들에게 무언가를 가르친다. 크레용은 세상에는 다채롭고 미묘한 색깔이 있으며 작은 것이 중요하다는 것을 가르친다. 크레용을 많이 써 본

아이는 어떤 강도로 크레용을 누르는지, 어느 방향으로 획을 긋는지에 따라 그림이 달라진다는 것을 안다. 반면 어떻게 누르건 종이 위에 같은 농도로 표현되는 사인펜은 아이들에게 작은 것은 중요하지 않다고 가르친다.

사인펜은 부엌에서 엄마를 도우면서 '적음'과 '많음'의 개념을 배운 아이보다는 〈세서미 스트리트〉 방송을 보면서 배운 아이들에게, 빨래를 분류하면서 색깔을 익힌 아이보다는 컴퓨터 프로그램으로 색깔을 배운 아이들에게 더 어울림직한 도구이다. 나는 사인펜이 아이들에게 정말로 필요한 도구가 아니라고 생각한다.

아주 어릴 때부터 컴퓨터를 사용해야 한다고 말하는 사람들은 아이들이 컴퓨터 단말기 앞에 앉아 혼자 배울 수 있다는 것을 장점으로 내세운다. 특정 버튼을 눌렀을 때 스크린에서 어떤 일이 일어날지 예상할 수 있기 때문에 자신이 지배하고 통제할 수 있다는 느낌을 갖게 된다고 주장한다. 뿐만 아니라 다른 일에서는 어른처럼 할 수 없어 좌절하는 아이들이 컴퓨터 앞에서만은 어른처럼 버튼을 눌러 스크린에서 일어나는 일을 통제할 수 있다는 것이다.

이런 주장은 아이들이 통제한다고 느끼는 게 사실 전원에 연결된 기계에 불과하다는 사실을 무시한다. 전원을 내리면 아이가 마음대로 할 수 있는 건 하나도 없다. 아이가 컴퓨터에서 통제할 수 있는 건 미리 정해지고 미리 계획된 일련의 선택일 뿐이다. 요즘 나오는 정교한 소프트웨어는 상당히 다양한 선택을 제공하긴 해도, 다른 사람 또는 기계가 미리 결정한 선택만 제공되긴 마찬가지이다.

나는 우리 아이들에게 컴퓨터 대신 종이와 가위와 풀을 자유자재로 다루는 법을 가르친다. 여기에 아이들의 상상력이 더해지면 어떤 소프트웨어보다 훨씬 많은 것을 할 수 있다. 종이와 풀과 가위로는 무엇이든 창조할 수 있다. 네 살짜리 딸은 모자와 바구니, 퀼트, 날개, 갈대(아이가 직접 대본을 쓴 연극에 사용할), 생일카드, 외투, 망토, 앞치마, 인디언 머리 장식, 작은 배, 나뭇잎, 하트, 꽃 등을 자신이 직접 디자인하고 만들었다.

이런 물건을 창조하는 과정에서 아이들은 많은 것을 배우게 된다. 어떻게 계획하고 생각한 대로 실행하는지, 어떻게 구성하는지, 계획한 대로 되지 않을 때 문제를 어떻게 해결하는지를 배운다. 그리고 무언가를 완성했을 때, 세상에 없던 것을 창조해냈을 때, 세상에 둘도 없는 물건을 만들었을 때 느끼는 순수한 기쁨을 맛본다.

나는 아이들이 자신의 손을 사용해 3차원의 세상, 즉 현실에 존재하는 물건으로 무언가를 만들어가며 이 모든 것을 배우는 게 중요하다고 생각한다. 이런 일은 플라스틱 키보드를 눌러 컴퓨터 프로그램 메뉴에 있는 항목을 선택하는 '창의성'과는 비교할 수 없다.

어린아이들에게 컴퓨터를 가르치는 일은 안 그래도 점점 커지는 세대 간의 단절을 가속화한다. 나는 도시의 큰 공공도서관에서 일하면서 늘상 그것을 경험했는데, 노인들은 컴퓨터를 보면 진저리를 치거나 피하면서도 손자들이 얼마나 컴퓨터를 잘 다루는지 자랑하곤 했다.

또 왠지 모르지만 젊은 세대는 컴퓨터를 다루는 능력을 타고났다고 생각하는 분도 있었다. 사실 젊은 세대가 컴퓨터를 쉽게 다루는 것은 그만큼 컴퓨터에 많이 노출되고 친숙해졌기 때문이고 나이 든 세대가 컴퓨터를 두려워하고 불신하는 것은 당연히 컴퓨터를 많이 접해보지 않았기 때문이다.

다른 많은 문화에서 노인들은 지혜와 지식의 전수자로 존경을 받는다. 그러나 지혜와 지식을 가치 있게 여기지 않고 정보를 선호하는 (또는 심지어 숭배하는) 문화는 노인을 그다지 존경하지 않는다.

그렇다면 컴퓨터를 다루는 법은 고사하고 컴퓨터를 켜는 법도 배울 생각이 없는 할아버지는 젊은 세대에게 무엇을 주어야 할까? 할머니 할아버지는 우리 모두를, 특히 아이들을 짓누르고 있는 '정보'를 정말로 이해할 만한 것으로 만드는 폭넓은 경험의 토대를 제공할 수 있는 존재들이다.

어릴 때부터 컴퓨터를 접하게 해야 한다는 사람들은 경험을 넓힐 수 있다는 구실로 컴퓨터를 홍보한다. 하지만 그 대신 포기해야 하는 것은 무엇인가? 과거와 현재와 미래의 연결고리를 지탱하고 있는 할머니 할아버지 세대와의 관계는 20년이 지난 뒤에는 경험할 수 없는 것이다. 컴퓨터가 아이들의 어린 시절에서 삭제하기 시작한 다른 모든 차원의 경이로움처럼 말이다.

—

매리 앤 리저Mary Ann Lieser는 「플레인」지의 편집장으로, 오하이오 주 반즈빌에서 아이를 키우며 글을 쓴다. 「커밍 홈」, 「플레인」, 『연필 클럽의 기록』(빌 헨더슨 엮음)에 글이 실렸다.

메마르고 상처 입은 이 세상에

진 록스던

라일리와 수즈는 여느 때보다 신나게 김매기를 도왔다. 김을 매고 시간이 남으면 할머니가 노래하는 시내에 데려간다고 약속했기 때문이다. 어려서부터 홈스쿨링으로 자란 라일리와 수즈는 자신들의 놀이터이자 교실인 이 동네에 노래하는 시내처럼 자신들도 모르는 특별한 것이 있다는 사실이 믿기지 않았다.

일을 마친 라일리와 수즈는 할머니와 함께 농장을 가로질러 시냇가로 향했다. 노래하는 곳은 어떻게 생겼을까? 어떤 소리로 노래할까? 아이들의 가슴은 기대로 부풀었다. 모험을 하게 되리라는 건 분명했다. 할머니가 다른 사람들이 별거 아니라고 생각하는 것에서 극적인 모험과 흥분을 찾아내는 데 천재적이라는 것을 아이들은 잘 알고 있었다. 아이들은 원래 할머니들은 다 그렇다고 생각했다.

"저기 야생 아스파라거스밭 좀 보세요." 열한 살 라일리가 할머니에게 말했다.

"우리 농장에는 열두 개의 아스파라거스밭이 있고 모두 여든네 개의 아스파라거스가 자라고 있어요. 벌써 쉰일곱 줄기를 잘랐고요. 아, 아스파라거스는 정말 맛있어요. 저는 특히 버섯과 같이 먹는 걸 좋아해요. 아빠는 지금까지 크고 노란 아스파라거스를 144개나 찾았는데 저는 하나도 못 찾았어요."

열 살 수즈는 할머니의 손을 끌고 속이 빈 나무 앞으로 데려가 위쪽을 가리켰다. "저기에 늙은 수리부엉이가 새끼 두 마리를 낳았어요. 새끼들이 가끔 둥지 밖으로 얼굴을 내미는데요, 눈처럼 하얘요."

"자라면 갈색으로 변하지." 라일리가 만형다운 의젓한 목소리로 덧붙였다.

"할미와는 정반대구나." 할머니가 말했다.

할머니는 아이들이 보여주고 말하는 것에 대해 세상에서 가장 흥미진진한 뉴스를 들은 것처럼 반응했는데, 할머니에게는 실제로 그랬다. 할머니는 직접 보고 냄새를 맡고 만지고 맛보고 듣는 세상, 그러니까 일상의 삶이 펼쳐지는 세상이야말로 진정한 지식에 도달하는 깊은 배움이 일어날 수 있는 유일한 곳임을 알고 있었다. 세계적 사고란 전자기술이 만들어낸 신화일 뿐이며 아예 모르느니만 못한 설익은 지식을 낳을 뿐이다.

"어제는 엄마 부엉이가 애기 부엉이들에게 토끼를 먹이로 줬어요. 토끼가 불쌍해요!" 수즈가 말했다.

"토끼는 원래 부엉이의 먹이란다. 우리는 서로를 먹지 않으면 살아갈 수 없지. 죽음에서 생명이 시작하는 법이야." 할머니가 대답했다. 할머니의 말에서 어떤 의미를 깨달았는지는 몰라도 아이들은 내색하지 않았다. 할머니도 새삼 강조하지 않았다. 때가 되면 다 알게 될 테니까.

"이 숲에는 542그루의 나무가 있어요. 작은 나무들은 빼고요." 숫자와 과학을 좋아하는 라일리가 말했다.

"아마 저 나무처럼 대부분 히코리 나무들이겠지." 할머니가 짐짓 모르는 체 물었다.

"할머니, 저건 히코리가 아니라 물푸레나무예요." 라일리가 학생의 잘못을 바로잡아주는 선생님처럼 살짝 목소리를 높이며 말했다.

"그런가?" 할머니는 얼굴에 번지는 만족스러운 표정을 감추며 놀란 듯 물었다. 손자들은 이미 대부분의 고교 졸업생들보다 진짜 세상에 대해 더 많이 알고 있었다.

"그럼, 저기 저 나무는 백참나무겠구나."

"아뇨. 적참나무예요. 나뭇잎이 둥글지 않고 뾰족하잖아요." 수즈가 대답했다.

"그럼 똑똑한 너희가 저기 하얀 꽃이 흐드러지게 핀 작은 나무가 뭔지 할미한테 알려주런?"

두 아이 다 몰랐다.

"나도 모르겠구나. 그럼 저 나무를 뭐라 부를까?" 할머니가
말했다.

"이름 없는 나무라고 불러요." 수즈가 말했다.

"그거 좋구나." 할머니가 맞장구쳤다.

"교육이라는 것의 절반은 그냥 이름만 배우다 끝나지. 하지만
이름을 안다고 그것에 대해 아는 건 아니란다. 저 꽃에서 무엇이
나오나 지켜보자꾸나."

그러는 동안 세 사람은 시냇가에 도착했다. 아이들은 기대에
가득 찬 눈빛으로 할머니가 조심스레 강둑을 따라 길을 찾는 모
습을 바라보았다. 마침내 걸음을 멈춘 할머니가 어리둥절한 표
정으로 시냇물을 위아래로 훑어보았다.

"사라져 버렸네. '노래하는 시내'가 홍수에 휩쓸려 가버렸어."
할머니가 말했다.

"할머니, 어떻게 된 거에요?" 수즈가 궁금하고 다급한 목소리
로 물었다.

"바로 여기였단다. 시냇물이 저기 조용한 웅덩이 아래로 빠르
게 떨어지는 곳에 바위들이 있었지. 물이 그 바위들을 통과하면
서 작은 폭포와 급류들을 만들었단다. 시냇물이 바위를 만나 철
벅대고 자그락거리고 콸콸대면서 음악을 만들었어. 그래서 내가

너희들만 할 때 이곳을 노래하는 시내라 불렸던 게야."

세 사람은 실망스러운 표정으로 조용히 흐르는 시냇물을 쳐 다보았다.

할머니가 문득 손가락을 튕기며 말했다. "이건 어떨까? 우리 가 시냇물이 다시 노래하게 만드는 거야."

말이 끝나자마자 할머니는 장화와 양말을 벗고 바지와 소매 를 걷어붙이고는 강둑과 시내 바닥의 돌을 들어 빠른 물살 속으 로 풍덩풍덩 던져 넣었다. 곧 할머니의 손길에서 작은 급류들이 탄생했고 시냇물이 철썩대고 자그락대며 재잘거렸다.

"자, 어떠냐? 이제 음악이 시작되는 걸 들을 수 있지. 돌을 더 던져 넣으면 교향악도 들을 수 있단다. 요기에 바이올린 몇 대, 저기에는 트롬본과 플루트, 저 멀리에는 피아노."

아이들은 할머니의 말을 금방 이해했다. 돌을 주워와 시내 바 닥에 내려놓고는 시냇물 음악의 전문 작곡가가 된 것 마냥 할머 니보다 더 진지한 분위기로 심사숙고했다.

"자, 할머니." 라일리가 지시했다. "어느 소리가 더 좋은지 잘 들어보세요. 이 초록 바위를 여기에 놓고 이 회색 바위를 그 뒤 에 놓을까요?" 할머니가 소리를 듣는 동안 라일리는 잠시 멈추 었다. "아니면 이렇게 위치를 바꿀까요?"

"초록 바위를 조금 왼편으로 옮기면 좋을 것 같구나." 할머니 가 충분히 듣고 나서 대답했다. "그러면 음악이 좀 더 경쾌하게 재잘거릴 것 같은걸."

수즈가 환하게 웃더니 들기도 힘든 큰 바위를 굴려 와서 귀를 쫑긋 세우고 들었다. "여기에서는 자그락대는 소리가 충분하지 않아요."

수즈는 그 큰 바위를 다른 바위 가까이 옮겨놓았다. "아, 여기에요! 이제 진짜 시내처럼 콸콸 흘러가요."

바위에 철썩대며 흐르는 물 만큼이나 빠르게 한 시간 동안의 오케스트라 연주가 지나갔다. 세 사람은 물을 뚝뚝 흘리고 진흙을 여기저기 묻힌 채 기진맥진해서는 만족스럽게 강둑에 앉아 자신들이 만든 교향악을 들었다. 노래하는 시내가 복원된 것이다.

"눈을 감으면 더 잘 들려요. 시냇물이 '양키 두들 댄디' 노래를 부르는 것 같아요." 수즈가 말했다.

"어쩌면 그냥 말을 하는 걸지도 몰라요. 물고기한테. 아니, 어쩌면 우리한테 뭔가 말하는 게 아닐까요?" 라일리가 눈을 동그랗게 뜨며 상상의 나래를 펼쳤다.

"시냇물은 사실 노래하는 게 아니야. 그냥 흥얼거리는 거지." 수즈가 단호하게 말했다.

"글쎄다. 나는 단어나 곡조는 알아들을 수가 없구나." 할머니가 학교 선생님처럼 진지하게 말했다.

"내가 듣기에 첫 번째 급류는 '자그락 자그락, 철썩 졸졸 철썩'

하고 노래하는 것 같고, 두 번째 급류는 그걸 더 빨리 반복하는 것 같구나. '자그락자그락, 철썩졸졸철썩' 이렇게 말이다."

　세 사람은 할 수 있는 한 혀를 빨리 움직이며 그 소리를 반복해서 흉내 냈다.

　　자그락 자그락
　　철썩 졸졸 철썩
　　자그락 자그락
　　철썩 졸졸 철썩

　이렇게 세 번을 부르더니 할머니가 덧붙여 노래했다.

　　바위 너머로
　　물길이 피리를 불며 가네

　그러자 라일리가 맞장구를 치며 새로운 가사를 붙였다.

　　바위 아래로
　　가재가 기어가네

　이에 질세라 수즈가 덧붙였다.

바위 주위로

작은 물고기가 첨벙대네

　세 사람의 웃음소리가 시냇물의 노랫소리와 어우러지며 희망의 찬가가 되어 울려 퍼졌다. 만약-아, 만약에- 이 메마르고 상처 입은 세상 속 조용하고 외딴 곳에 어린 아이처럼 경이와 평화로 가득한 할머니들이 더 많다면, 세상 모든 이가 노래하는 시냇물 소리를 들을 수 있으리라는 희망의 찬가가.

—

진 록스딘Gene Logsdon은 오하이오 주 와이언도트 카운티의 30에이커 면적의 땅에서 농사를 지으며 십여 권의 책과 수백 편의 에세이를 썼다. 저서로는 『외고집 농부』, 『신성한 똥』, 『다시 집으로 돌아갈 수 있다』 등이 있다.

소박한 삶에 대한 에세이

우선 이 책의 이력에 대해 이야기를 해야 할 것 같다. 이 책은 미국의 오하이오 주에 자리 잡은 '소박한 삶을 위한 모임'에서 발행한 잡지 「플레인」에 실렸던 좋은 글들을 모아서 엮은 책이다. '소박한 삶을 위한 모임'은 이 책의 엮은이자 「플레인」의 편집인이기도 한 스콧 새비지와 그의 아내 매리 앤 새비지가 주축이 되어 현대의 기술과 소비사회의 미친 속도에서 물러서서 소박한 삶을 살려는 사람들을 돕기 위해 만든 모임이다.

원래 '소박한 사람들Plain People'이나 '소박한 공동체Plain Community'는 주로 현대의 기술문명과 떨어져 소박하게 살아가는 아미쉬나 메노파 교도들의 공동체를 일컫지만 「플레인」을 발행한 사람들은 처음부터 그런 공동체에 태어나서 자라지는 않았고, 주류사회에서 태어나서 살다가 대안적인 생활방식을 찾아 소박한 삶을 선택한 사람들이다.

그들은 자신들처럼 대안적 생활방식을 찾는 사람들을 돕고 소박한 삶을 살아가는 다른 사람들과 소통하기 위해 「플레인」을 만들었다. 자신들의 철학에 따라 현대기술에 의존하지 않고 손으로 조판하고, 태양열로 움직이는 수동 인쇄기로 인쇄했다. 손으로 엮은 이 아름다운 잡지가 입소문을 타면서 구독을 원하는 사람이 늘었지만 발행인들은 소박한 방식으로 제작할 수 있는 규모를 유지하기 위해 발행부수를 5,000부로 제한했다.

이렇게 물을 사람도 있을 것이다. 더 쉽고 편리하게 만들 수 있는데 왜 그리 힘들게 만든단 말인가? 좋은 글을 더 많은 사람에게 전하면 좋을 텐데 왜 발행부수를 제한한단 말인가? 좋은 글을 5천 명에게 전달하는 것보다 만 명에게 전달하는 것이 더 낫지 않은가? 더 적은 인력으로, 더 편리하게, 더 빨리, 더 많이 만들 수 있는 신기술을 왜 사용하지 않는단 말인가? 이 책에 실린 글들을 읽으면 그 답을 찾을 수 있다.

권두에 실린 추천의 글에서 빌 맥키번은 이 책을 "이 시대에 상상할 수 있는 가장 불온한 삶의 기록"이라 요약한다. 주류 소비사회를 벗어나 되도록 낮은 수준의 기술에 의존해 소박하게 살아가는 이 사람들의 삶이 어떻게 불온할 수 있을까? 그런데 책을 읽다 보면 이 사람들이야말로 진정으로 불온하다는 생각을 하게 된다. 그것은 이들이 질문을 던지기 때문이다. 이 책에 소개된 어느 아미쉬 농부는 자신들의 삶을 이렇게 정의한다. "내 영혼에 도움이 되지 않는 것은 기꺼이 포기하는 삶." 영혼에 도움이 되지 않는 것을 기꺼이 포기하려면 먼저 그것이 영혼에 도움이 되는지 되지 않는지 물어야 한다.

그래서 이 책은 무엇보다 '묻는 책'이다. 질문을 던지고 길을 찾는 책이다. 이 책을 읽다 보면 많은 질문을 마주치게 된다. '현대기술의 진보는 진정한 진보인가? 누구를, 무엇을 위한 진보인가? 우리에게 편리함을 준다는 자동차와 컴퓨터를 비롯한 많은 기계 덕택에 우리의 삶이 나아졌는가? 우리의 영혼이 풍요로워졌는가? 의료 기술의 진보로 우리는 더 건강해졌는가? 병원은 정말 치유하는 곳인가? 치유는 무엇이고 건강은 무엇인가? 농업의 현대화로 농부들의 삶이 나아졌는가? 학교는 우리를 지혜롭고 성숙한 사람으로 만들어주는가?' 끊임없이 질문을 던져대는 아이처럼 이 책은 묻고 또 묻는다.

이렇게 끊임없이 묻는 이유는 그들이 인간을 불완전한 존재로 보기 때문이다. 이 책은 기술을 거부하자고 말하지 않는다. 단지 인간은 불완전한 존재이기 때문에 기술도, 자연도 완전히 통제할 수 없다고 말할 뿐이다. 우리가 기술을 쓰는 것 같지만 실은 기술도 우리를 쓴다고, 우리의 존재를, 우리의 영혼을 쓴다고 말한다. 그러니 '더 빨리! 더 많이! 더 편리하게!'를 외치는 신기술에 환호하기 전에 그것이 우리의 영혼에, 우리의 삶에, 우리의 공동체에 도움이 되는지, 우리가 그 기술의 대가를 감당할 수 있는지 겸손하게 물어야 하는 것이다.

이 책을 읽는 동안 독자는 마음이 불편해질 수도 있다. 누구나 언젠가 한 번쯤 품어 보았겠지만 지금은 잊고 사는 문제들을 묻고 또 묻기 때문이다. 영혼 없이 바쁘게 하루하루를 살아가는 우리 대부분은 이런 질문을 던질 여유를 갖기도 힘들다. 어쩌면 질문하는 법조차 잊어버렸는지 모른다. 뉴욕에서 30년간 교사로 살아온 존 테일러 개토는 현대의 기술과 소비사회가 우리에게서 '자발적 고독'의 시간을 강박적으로 빼앗아가고 있다고, 그렇게 우리의 삶을 빼앗고 결국 우리를 무력하고 보잘것없는 존재로 만들고 있다고 말한다.

"우리는 온갖 기계로 무장한 채 외로움의 터널 속에 길을 잃고 말았다. 서로 단절되고 자신을 혐오하며 더 좋은 기계를 가진 사람을 질투하는 한편, 자존과 삶의 의미를 찾아 헤매고 있다. …… 물리적 기계든 학교나 제도 혹은 세계적 기업 같은 사회적 기계든, 기계를 중심으로 살아가는 사람들은 속속들이 그 기계의 영향을 받는다. 냉정하게 말해서, 자신이 지나치게 의존하는 그 기계를 섬기는 노예 기계가 되고 만다." 존 테일러 개토의 말처럼 영혼 없는 노예 기계로 살지 않으려면 어떻게 해야 할까? 개토는 스스로 '무엇이 중요한가?'라는 물음을 던지고 답해야 한다고, 그러기 위해서는 기계에 빼앗긴 시간을 되찾고 '자발적 고독'의 시간을 가져야 한다고 말한다. 그러니 이 책을 읽는 동안만이라도 플러그를 뽑고 자발적 고독의 시간을 가져보는 것도 좋을 것이다.

이렇게 묻고 답하다 보면 어떤 선택을 하게 될까? 아미쉬들은 소비사회의 화려한 이미지와 가치관을 전파하는 TV를 집안에 들이지 않기로 선택했다. 또한 최첨단 농기계를 소유하지 않기로 선택했다. 그런 기계를 갖게 되면 이웃의 도움 없이 혼자서 넓은 땅을 차지하고 농사를 지으려는 오만한 마음을 품을 수 있기 때문이다. 그래서 그들은 낮은 수준의 기술을 이용해 농사를 지으며 공동체를 지킨다.

농부이자 작가인 빌 듀싱은 '고용'의 세상으로부터 자유롭기 위해 화폐경제로부터 되도록 떨어져 사는 삶을 선택했다. 삶의 여러 필요를 '돈'으로 해결하기 위해 '돈'을 벌어야 하는 삶이 아니라 자기 힘으로, 우정의 힘으로, 이웃의 도움으로 해결하는 길을 선택한 것이다. 그렇게 그들은 더 많이 생각하고, 더 많이 움직이고, 더 많은 지식을 구하고, 더 많은 관계를 맺는 삶을 선택했다.

그들처럼 '내 영혼에 도움이 되지 않는 것은 기꺼이 포기하는 삶'을 살기로 마음먹는다면 우리는 어떤 선택을 하게 될까? 우리가 하는 일과 우리가 먹는 먹을거리, 타고 다니는 교통수단, 듣고 보는 것들이 우리의 영혼에 영향을 미칠 테니 우리는 일상의 여러 부분에서 새로운 선택을 하게 될 것이다. 그런 선택이 하나둘씩 쌓여서 우리도 그들처럼 소박한 삶을, 빌 맥키번의 표현을 빌자면 '이 시대에 상상할 수 있는 가장 불온한 삶'을 살게 될지도 모른다. 더 나아가서 '내 영혼에 도움이 되지 않는 것은 기꺼이 포기'하는 사람들이 많아진다면 우리의 동네는, 우리의 도시는, 우리의 지구는 또 어떻게 달라질까?

이 책의 앞부분에 소개된 제2차 러다이트 회의가 1996년에 열렸고 이 책이 1998년에 출간되었으니 이 책을 쓰고 엮은 사람들이 현대의 기술과 소비자본주의의 맹목적인 전진에 질문을 던진 뒤로도 20년 가까운 시간이 흘렀다. 하지만 이 책이 던지는 질문들은 여전히 유효하다. 어쩌면 지금 그 울림이 더 크게 느껴진다. 이 책에 실린 여러 삶의 이야기가 독자들의 삶에 가닿을 수 있었으면 좋겠다. 아니, 분명 그러리라 믿는다. 삶으로 쓴 글이니 이 책을 읽는 사람은 누구든 자신의 삶으로 이해하고 응답하게 될 것이다.

그들이 사는 마을

좋은 삶을 살아가는 아미쉬 공동체의 기록

초판 1쇄 발행 2015년 10월 2일
초판 3쇄 발행 2015년 11월 24일

엮은이 | 스콧 새비지
옮긴이 | 강경이
편집자 | 김예슬
디자인 | 윤지혜
종이 | 월드페이퍼
인쇄 | 미광원색사
제본 | 에스엠북

발행인 | 임소희
발행처 | 느린걸음
등록일 | 2002년 3월 15일
등록번호 | 제 300-2009-109호
주소 | 서울시 종로구 내수동 72
       경희궁의 아침 3단지 330호
전화 | 02-733-3773
팩스 | 02-734-1976
이메일 | slow-walk@slow-walk.com
블로그 | http://slow-walk.com
페이스북 | facebook.com/slow-walkbooks

ISBN 978-89-91418-19-6 03300

이 도서의 국립중앙도서관 출판예정도서목록(CIP)은
서지정보유통지원시스템 홈페이지(http://seoji.nl.go.kr)와
국가자료공동목록시스템(http://www.nl.go.kr/kolisnet)에서
이용하실 수 있습니다.(CIP제어번호: CIP2015025709)

느린
걸음

단순하게 단단하게 단아하게